KB201230

신성종 인생강론

목적이 이끄는 성공적인 삶

도서출판 안글

찬송하는 삶에서 천국생활을 하자

신성종(크리스천 문학나무 편집인)

이 세상에서 제일 불행한 사람은 노래가 없는 사람이다. 이것은 신앙생활에서도 마찬가지이다. 찬송은 입술의 열매요, 소망을 가진 자의 보증수표이다. 시편에 보면 하나님은 이스라엘의 찬송 중에 거하신다고 하였다. 우리가 다 취미가 있듯이 하나님께도 삼대 취미가 있다. 첫째는 창조요 둘째는 재생케 하시는 것이요 셋째는 찬송이다. 하나님이 얼마나 찬송을 좋아하느냐 하면 세상 만물을 창조하기 전에 하늘의 성가대인 천군 천사들을 먼저 창조하셨다. 그뿐만 아니라 세상의 모든 것들이 다 찬송을 하도록 만드셨다. 눈을 들어 하늘을 보라. 음악에 도취한 지휘자의 손처럼 음악적으로 아름답게 율동하고 있는 구름을 볼 수 있을 것이다. 또 조금만 귀 기울여 보라. 꾀꼬리는 소프라노, 매미는 알토, 나무 가지로 지나가는 바람은 테너, 까마귀는 베이스. 어디 그뿐인가? 산에서 흐르는 물소리며 바다의 파도소리며 모두 다 하나의 웅장한 오케스트라이다.

그러나 그 중에서도 사람은 최고의 악기이다. 그러므로 찬송이 없는 인생은 무의미한 것이다. 그러나 소리로만 찬송을 하는 것은 아니다. 나는 예배드릴 때마다 말을 하지 못하는 장애자들이 손으로, 아니 온몸으로 찬송을 부르는 것을 보면서 감동을 받고는 한다. 그러므로 하나님이 우리들에게 찬송 부를 수 있는 기회를 주셨을 때 우리는 마음껏 하나님께 영광을 돌려야 한다.

내가 은혜 받은 찬송은 무엇인가? 찬송은 나이와 형편에 따라 변하는가 보다. 처음 내가 예수 믿고 나서는 "성자의 귀한 몸 날 위하여"나 "예수로 나의 구주삼고", "나의 갈 길 다가도록", "하늘가는 밝은 길이" 등 주로 은혜찬송을 좋아했다. 그러나 내가 성장하면서 환난을 당하는 일이 많아지면서 "내 진정 사도는"이라든지 "주여 뜻대로 행하시옵소서" 등을 많이 부르게 되었다. 그러나 하나를 꼭 집어서 말한다면 347장의 "겸손히 주를 섬길 때"를 꼽을 수 있다. 이 찬송은 나의 목회찬송이라고 할 수 있기 때문이다.

목회를 하다 보니 왜 그렇게 시험이 많고, 가시가 많고, 염소가 많은지 모르겠다. 어떤 때에는 주여 차라리 나를 데려 가옵소서 하고 기도할 때도 있다. 그러나 지나고 나면 다 합력해서 선을 이루는 것을 보면서 왜 나는 이렇게 참지를 못하는가 하고 후회를 할 때도 많다. 나는 성도들에게 가능하면 찬송을 외워서 하라고 가르친다. 악보와 가사를 보고 하는 것과 외워서 하는 것 사이에는 많은 차이가 있기 때문이다. 보고서 부르면 입술로 끝나고 말지만 외워서 부르면 각자의 간증이 되고 고백이 되고 마침내는 눈물이 되고 은혜가 된다.

겸손히 주를 섬길 때 괴로운 일 많으나 구주여 내게 힘 주사 잘 감당하게 하소서

인자한 말을 가지고 사람을 감화시키며 갈 길을 잃은 무리를 잘 인도하게 하소서

구주의 귀한 인내를 깨달아 알게 하시고 굳건한 믿음 주셔서 늘 승리하게 하소서

장래의 영광 비추사 소망이 되게 하시며 구주와 함께 살면서 참 평강 얻게 하소서(347장)

347장은 나그네 인생 속에서 괴로운 일이 얼마나 많다는 것을 말해준다. 그러나 주님이 힘을 주시면 잘 감당할 수 있다는 확신이 1절에 잘 나타나고 있다. 2절은 내가 제일 많이 하는 기도제목이다. 말을 많이 하는 목사요 교수이기 때문인지 모르지만 항상 구설수가 많다. 그래서 야고보는 선생이 되지 말라(약3:1)고 권면했는지도 모른다. 정말 혀를 바로 관리하고, 사용할 줄 안다면 그는 온전한 사람이다. 그래서 나는 주여 내 혀를 재갈먹여주옵소서 하고 기도한다. 혀가 불처럼 위험하지만 그러나 그럼에도 불구하고 말을 통해서 교인들을 가르치고 인도해야 하는 것이 목회자의 삶이다. 교인들은 역시 이 입을 통해 나오는 하나님의 말씀으로 은혜를 받고, 위로를 받고, 인도함을 받기 때문이다. "인자한 말을 가지고, 사람을 감화시키며 갈 길을 잃은 무리를 잘 인도하게 하소서", 나는 이 찬송의 2절에 이르면 언제나 눈물이 난다. 그래서 나의 목회철학으로 에베소서 4장 12절의 말씀을 정하고 목회를 하고 있다. 거기에 보면 세 가지를 언급하고 있다. 첫째는 성도를 온전케 하는 것이라고 하였고, 둘째는 이웃에 대한 관심을 가지고 섬기는 종의 삶을 살도록 하는 것이라고 하였고, 셋째는 개인주의적 삶이 아니라 공동체적 삶을 이루도록 하라는 것이다.

목회자에게 제일 어려운 것은 참는 일이다. 그래서 나는 요한복음 12:24절의 말씀을 좋아한다. 이 구절에서 목회의 성공의 비결을 발견하였기 때문이다. 그것은 바로 나 자신을 죽이는 일이다. 한 알의 밀처럼 땅에 묻히는 것이다. 사실 죽은 자는 말이 없고, 자신을 위한 욕심이 없으며, 묻힌 자는 남에게 밟혀도 불평 없이 참을 수 있다. 그래서 목회자는 자신을 죽여야 하는 것이다. 그런데 나는 아직도 혈기가 있고, 욕심이 있고, 변명이 있다. 그래서 3절을 부르면서 회개를 한다. "구주의 귀한 인내를 깨달아 알게 하시고, 굳건한 믿음 주셔서 늘 승리하게 하소서." 오 주여 나도 바울처럼 날마다 죽게 하옵소서.

찬송가를 보면 마지막 절은 언제든지 천국에 대한 소망이나 위를 바라보게 하는 구절로 끝난다. 347장도 마찬가지이다. "장래의 영광 비추사 소망이 되게 하시며 구주와 함께 살면서 참 평강 얻게 하소서." 이 구절처럼 우리에게 천국의 소망이 없다면 나는 목회를 할 마음이 없다. 그러나 내 생명이 끝날 때 소망과 상급이 기다리고 있기에 다시 태어나도 나는 목회를 하고 싶고, 그래서 역경 중에서도 긍지를 느끼면서 목회를 한다.

만약 찬송이 없다면 이 세상은 얼마나 암담하고 고통의 가시밭길일까? 그래서 나는 지금 이 글을 쓰고 있는 순간에도 찬송을 주신 하나님을 찬송한다. 나는 자주 기도 중에 내 찬송을 듣기를 원하시는 하나님의 인자한 음성을 듣는다.

"성종아, 네 노래가 듣고 싶구나. 찬송 하나 부르렴."

"네, 주님. 무슨 찬송을 부를까요?"

때로는 경중경중 뜀박질하는 마음으로, 때로는 밀려오는 파도처럼 내 영혼에 휘몰아치는 구원과 베푸신 은총에 대한 감격으로, 때로는 주님의 십자가를 생각하며 가슴 찢어지는 통증을 뜨거운 눈물에 실어서 찬송을 한다.

"이와 같은 때엔 난 노래하네. 사랑을 노래하네 주님께. 주님 사랑해요. 주님 사랑해요. 주님 사랑해요.

목차

머리말······ 3

제1부 ‖ 목적이 이끄는 성공적인 삶······ 9

목적이 이끄는 삶·····11

목적이 이끄는 직장·····16

꼭 알아야 할 것 세 가지·····21

인생의 성공은 꿈꾸는 자의 것·····31

꼭 해야 할 것은?·····36

쉐마 교육을 통해 SQ를 높이라·····40

성공적인 시작을 위하여·····47

세계 최초의 찬송가, 아리랑·····54

문학으로서의 성서·····59

우리는 왜 국가적 금식회개 운동을 해야 하는가?·····66

하나님의 경영철학·····71

영성개발의 원리·····80

십계명의 현대적 의미·····104

제2부 ‖ 기도와 신앙 중심의 삶·····115

마구간에 태어나신 예수님·····117

응답받는 기도·····123

예수님의 우선순위·····130

불평과 원망의 철학·····136

시험을 당하거든·····144

축복받는 비결·····153

푯대를 향하여·····159

주 안에서 자랄지라·····162

배움은 기대의 소망······165

에바브로디도처럼 필요한 인물이 되자······169

그리스도의 마음을 품자······171

디모데의 연단······174

나를 본받으라······177

6.25의 의미와 우리의 사명······181

타임아웃(Timeout)······187

축복의 사닥다리······193

네 장막 터를 넓히라······206

후회 없는 목회자······214

사도신경을 고백하지 않으면 이단인가?······219

장요나의 신교방법과 특징······223

하나님의 문화명령과 장로의 사명······235

야베스의 기도······240

복음에 합당한 생활······245

내 신을 만민에게 부어 주리니······248

그리스도의 종들이 꼭 가져야 할 것 세 가지······254

종려주일의 의미······259

목사와 선교······263

예수님의 기도······277

오직 양 무리의 본이 되라······282

삼박자 감사······288

히브리 시의 특징과 찬송가 가사의 개발······293

행복한 직장······296

제1부
목적이 이끄는 성공적인 삶

목적이 이끄는 삶

(요17:4)

　여러분은 '왜 사느냐?'고 질문을 받았을 때, 만약 죽지 못해 억지로 산다고 하면 그 사람은 불행한 사람이다. 일제 때 많은 청년들은 우리 민족의 독립을 위해 사는 것이 가장 보람 있는 삶이며 성공이라고 생각했다.

　그런데 지금은 무엇이 보람 있고 의미 있는 삶인가? 일반적인 질문으로 '여러분은 성공적인 삶을 살고 있는가?'라고 묻는다면 성공적인 삶이 어떤 것이라고 대답하겠는가. 내가 최근에 쓴 시 한 편을 소개하겠다.

무엇이 성공인가

가진 지식과 돈이 얼마든
남을 도울 수 있다면
그것은 성공입니다

그러나 아무리 많은 것을 가져도
남을 도울 수 없다면
그는 가난한 자요
실패자입니다

그러기에 내가 존재함으로 인해
남들이 행복해지고

기뻐한다면
누가 뭐라 하든
나는 성공자입니다.

짧은 구절이지만 여러분도 동감하기 바란다.

웨스트민스터 소 요리문답 제1번에는 이런 말이 나온다.

'인생의 제일 되는 목적이 무엇인가? 그것은 하나님을 영화롭게 하고, 영원토록 그를 즐거워하는 것이다.'

아주 분명하게 두 가지로 말씀하고 있다. 여기서 주목할 것은 하나님을 즐겁게 해드리는 것이 아니라 우리가 하나님을 즐거워하는 것이라고 한 점이다. 하나님을 찬송하고, 기도하고, 그의 말씀을 묵상하고, 그를 자랑하고 사랑하는 것이란 뜻이다.

지난 10년간 가장 많이 팔린 책이 릭 워렌이 쓴 『목적이 이끄는 삶』이란 책이다. 3천만 부나 팔렸다. 이 책은 본래 그의 교회, 새들백 교인들의 훈련과정으로 40주간 배우도록 만든 것이다. 물론 그 책이 최근에는 개혁주의신학자들에게서 가장 많은 비판을 받고 있기 때문에 그 내용을 그대로 따라갈 필요는 없다. 예를 들면 기독교의 5대 근본교리인

① 성경의 무오
② 그리스도의 신성
③ 예수 그리스도의 동정녀 탄생
④ 예수 그리스도의 대속적 죽음
⑤ 그리스도의 재림에 대해 전혀 언급이 없는 점이다.

그러기에 그 책은 신학적으로 문제를 안고 있지만 그럼에도 불구하고 우리가 한번 꼭 읽어볼 만한 책임에는 틀림없다. 실용적으로 교인들을 위해 쓴 책이기 때문이다.

1. 내 삶의 목적은 무엇인가?

이 질문은 여러 가지로 들 수 있다. 왜 나는 사는가? 나는 왜 이 세상에 존재하는가? 나의 비전은 무엇인가? 등등.

우리가 꼭 알아야 할 것은 세상에 존재하는 모든 것은 반드시 목적이 있다는 점이다. 예를 들면 옷의 목적은 무엇인가? 춥지 않고, 덥지 않고, 활동하는데 불편하지 않고, 모양세도 좋게 하려고 입는다. 하물며 하나님의 형상대로 지음 받은 우리는 다 하나님의 창조의 목적이 분명히 있다. 무엇인가? 사실 이 세상에는 우연히 부모가 되는 사람은 많이 있다. 그러나 이 세상에 우연히 태어난 사람은 하나도 없다. 자신에게 말해 보자.

"나는 우연히 태어난 사람이 아니야. 하나님의 창조의 목적이 있어." 믿는가?

현대를 살아가는 우리들에게 가장 문제가 되는 것은 목적 없이 인생을 살고 있다는 점이다. 여러분의 삶의 목적은 무엇인가? 여기서 목적이란 말과 목표란 말을 구분하여 이해할 필요가 있다.

목적이란 Vision. 하고 싶은 것, 방향을 말하는 것이고 목표란 Mission. 해야만 되는 것. 달성하려고 하는 구체적 설정을 말한다. 목적이 추상적이라면 목표는 구체적이란 점이 다르다.

인생의 목적에 대해 웨스트민스터 소요리 문답은 아주 짧게 대답하고 있다. 첫째 하나님을 영화롭게 하고, 둘째, 영원토록 그를 즐거워하는 것이다. 따라 해보자.

"오직 하나님께 영광" 합3:18절을 함께 읽어보자. "나는 여호와로 말미암아 즐거워하며 나의 구원의 하나님으로 말미암아 기뻐하리로다." 이 말을 믿고 지키기 바란다.

2. 어떻게 해야 하나님께 영광이 되는가?

먼저 '영광'이란 말의 뜻부터 살펴보자. 히브리어로는 '카보 드', 헬라어로는 '독사'인데 그 뜻은 무겁게 여긴다, 가치가 있다는 뜻이다. 중요한 것은 영광이란 말은 오직 하나님께만 사용할 수 있는 단어다. 그러나 오늘날 인간들이 영광을 차지하고 하나님 중심이 아니라 인간중심, 나 중심으로 살고 있다. 다 같이 따라 해보자.

"하나님께 영광(Sola Deo Gloria)."

사회가 점점 무질서해지고 세상이 요란해지는 이유가 무엇인가? 하나님의 영광이 아니라 나의 영광, 사람의 영광을 구하기 때문이다.

2005년 개신교 갤럽조사를 했다. 왜 믿는가? 가장 많은 것이 '마음의 평안을 위해서'(60%). 다음은 건강(50%). 다음은 가정이 즐거운 것(31%), 돈 많은 것(30%).

왜 10계명에서 세 번째로 하나님의 이름을 망령되게 부르지 말라고 한 것인가? 인본주의를 경고한 것이다.

그러면 무엇이 하나님께 영광이 되는가?

(1) 하나님만 경배하고 섬기는 것이다. 십계명에서 강조하는 것이 바로 이 점이다. 자신에게 물어보자. 나의 궁극적 관심은 무엇인가? 나, 나의 가정과 직업이라면 아직 우리는 멀었다.

(2) 하나님께 합당한 찬양과 경배를 드리는 것이다.

(3) 함부로 하나님의 이름을 이용하거나 대하지 말아야 한다.

(4) 선한 행실을 통해 하나님의 사랑을 실천하는 것이다.

(5) 하나님께서 행하신 크신 일, 즉 창조와 구원, 사랑을 온 세상에 전파하는 것이다.

(6) 하나님께서 주신 직분을 귀히 여기고 충성하는 것이다. '아버지

께서 내게 하라고 주신 일을 내가 이루어 아버지를 이 세상에서 영화롭게 하였사오니'(요17:4). 이 구절은 예수님의 기도제목이었다. 다 같이 오직이란 말을 통해 하나님께 우리의 신앙을 고백하자. "오직 성경, 오직 믿음, 오직 은혜. 오직 예수, 오직 하나님 영광" 다 같이 두 손을 들고 결심하는 마음으로 아멘 합시다.

3. 하나님께 영광 돌리는 자에게 주시는 축복은?

(1) 요12:26. "나 있는 곳에 나를 섬기는 자도 거기 있으리니 사람이 나를 섬기면 내 아버지께서 그를 귀히 여기시리라" 다시 말해서 주님이 항상 함께해주시고, 하나님께서 귀히 여겨주신다는 것이다.

(2) 신28:1-6 하나님의 모든 축복을 받는다. 신명기 28장은 최고의 축복 장이다. 1절에 "내가 오늘 네게 명하는 그의 모든 명령을 지켜 행하면 네 하나님 여호와께서 너를 세계 모든 민족 위에 뛰어나게 하실 것이라." 성읍과 들에서도 복을 받을 것이요. 자녀와 소산에도 복을 받을 것이며 들어와도 나가도 복을 받을 것이라고 했다.

(3) 딤후2:10. 구원과 영광을 받게 한다. 우리가 그리스도의 좋은 군사가 되면 "그들도 그리스도 예수 안에 있는 구원을 영원한 영광과 함께 받게 하려 함이라"고 했다. 중요한 것은 우리의 구원이 죽은 뒤에만 이루어지는 것이 아니라 이 세상에 사는 동안에도 그 구원의 행복과 기쁨이 우리에게 주어진다는 사실이다.

또 우리가 잘 아는 요한3서 2절의 말씀처럼 "네 영혼이 잘 됨같이 네가 범사에 잘되고, 강건하기를 내가 간구하노라" 이것은 영혼의 구원, 세상에서 번영의 복, 건강의 복을 주신다는 것이다. 믿는가?

목적이 이끄는 직장

(고전10:31-33)

고전31-33절의 말씀이 저의 목회철학의 하나이고, 평생 이것을 실천하려고 애써왔기 때문에 여러분들에게도 오늘은 이것을 함께 나누려고 합니다.

저는 먼저 여러분들에게 질문을 하고 싶습니다.

(1) 여러분들은 지금 행복하십니까? 행복하다면 어떻게 행복하고, 행복하지 않다면 왜 행복하지 않습니까? 월급이 적어서 불행합니까?

(2) 여러분들은 왜 사십니까? 죽지 못해 삽니까? 아니면 어떤 목적이 있어서 삽니까?

(3) 여러분들은 왜 이 직장에서 일합니까? 지금 만족하십니까? 아니면 불만입니까? 그래서 기회만 있으면 더 좋은 직장으로 가고 싶습니까? 저는 오늘 여러분들의 생각의 문제점을 함께 살펴보면서 정말 행복한 삶을 살 수 있기를 바랍니다.

먼저 인간은 아브라함 매슬로우의 말을 빌리면 인간의 모든 욕구를 요약하면 5가지가 있다고 했습니다. 생리적 욕구/ 안전욕구/ 소속감과 애정욕구/ 존경받고 싶은 욕구/ 자아실현의 욕구라고 했습니다.

그러나 이 다섯 가지를 다 이룬 사람은 그렇게 많지 않습니다. 좀 죄송한 말이지만 저는 그 다섯 가지를 거의 다 이루었다고 믿고 마지막 다섯 번째인 자아실현을 향해가고 있습니다. 그래서 저는 지금 너무 너무 행복합니다. 왜 행복할까요? 돈이 많아서? 유명해서? 그래서 행복할까요?

1. 행복은 목적이 있는 삶을 살아야

참 행복은 목적이 있는 삶을 살아야 합니다. 오늘 본문 31절을 보면 인생의 참된 목적이 무엇인가를 말씀하고 있습니다. "무엇을 하든지 다 하나님의 영광을 위해서 하라"는 것입니다. 우리의 목적은 내 영광이 아니라 나를 만드신 조물주 되시는 하나님의 영광을 위해서 하라는 것입니다.

그래야 우리는 행복할 수 있다는 것입니다. 그러나 지금 많은 사람들은 목적 없이 방황하고 있습니다. 지구가 태양의 궤도를 벗어나면 사라지고 말듯이 인생도 그렇습니다. 인생의 목적 궤도는 매우 중요합니다.

2. 모든 사람을 기쁘게 해줄 때

둘째는 33절에 '모든 사람을 기쁘게 하여'라고 했는데 그렇게 살아가야 나도 기쁠 수가 있습니다.

인간은 누구나 기쁨을 구하지만 문제는 자신만의 기쁨을 구하는 데 있습니다. 그러나 인간의 참 행복은 타인을 행복하게 하려고 애쓸 때 부산물로 주시는 것입니다. 기억할 것은 행복은 부산물이란 사실입니다. 믿습니까? 행복은 매슬로우가 말한 다섯 가지를 이룰 때 오는 부산물입니다. 그러면 언제 어떻게 할 때, 모든 사람의 기쁨이 됩니까?

여섯 가지의 경우에 기쁨이 됩니다.

(1) '화목할 때' 기쁨을 줍니다. 보면 똑똑한 사람들이 많이 배운 사람들이 남들에게 기쁨을 주지 못하는 경우가 많습니다. 자신만을 위하기 때문입니다. 그러므로 우리는 마치 '꿀벌처럼' 서로를 위해 살아야 합니다. 그것이 바로 조화를 이루는 삶입니다. 직장에

는 색깔이 다른 많은 사람들이 있기 때문에 서로 다투고, 불화할 때가 많습니다. 그러나 꽃은 여러 색깔의 꽃이 함께 있을 때 더 아름답습니다. 아무리 돈이 많아도 화목하지 못한 가정, 화목하지 못한 직장은 불행한 것입니다.

(2) 무엇을 창조할 때 기쁨을 줍니다. 하나님께서 세상을 창조하실 때 "하나님이 보시기에 좋았더라."고 말씀했습니다. 창조할 때 기쁨이 온다는 것입니다. 그런데 우리도 문화를 창조할 수 있습니다. 그러나 그것은 누구나 다 할 수 있는 것은 아닙니다. 그런데 누구나 다 할 수 있는 것이 있습니다. 그것은 자기가 있는 곳에서 더 좋은 분위기를 창조하고 서로가 남을 배려하는 마음을 가지면 그것이 바로 사랑이요 기쁨이 됩니다. 그러므로 직장생활을 할 때 남을 배려하는 마음을 가지면 여러분도 행복하고 우리 모두가 행복해집니다.

(3) 성장할 때 기쁨을 줍니다. 자녀들이 무럭무럭 자랄 때 부모에게 기쁨이 있습니다. 저는 여러분들이 다 믿음을 가진 크리스천이 되고, 또 그 신앙이 무럭무럭 자랄 때 제일 큰 기쁨을 느낍니다. 저는 여러분들이 돈은 잘 버는데 믿음이 없거나 식으면 슬퍼집니다. 왜 그런지 아십니까? 그것은 그 결과로 여러분들이 불행해진다는 것을 알기 때문입니다. 그러므로 회사가 성장할수록 더욱 힘쓰는 우리가 되기를 바랍니다.

(4) '열매를 맺을 때' 기쁨이 충만케 됩니다. 성령의 열매를 맺을 때는 물론 세상적인 것이라 해도 열매 맺으면 기쁨이 생깁니다. 회사를 성장시키고, 여러분들의 급이 올라가고 가정이 행복의 열매를 맺으면 기쁨이 충만한 삶을 살 수 있습니다.

(5) '자랑감이 될 때' 기쁨이 있습니다. 자녀들이 학교에서 공부를 잘

해서 상을 받으면 기쁨이 있습니다. 자랑감이 되기 때문입니다. 우리는 뭔가 자랑할 때 가장 기쁩니다. 바라기는 저와 여러분들이 다 하나님의 자랑감이 되고 회사의 자랑감이 되고, 국가의 자랑감이 되기를 축원합니다.

(6) 저는 아주 쉬운 방법을 하나 더 말씀드리겠습니다. '항상 웃는 모습과 인사 나누기'를 하시면 회사의 분위기가 변하고 하나님이 기뻐하십니다.

3. 많은 사람의 유익을 구하여

자기 개인의 유익을 구하면 참 기쁨과 행복은 결코 오지 않습니다. 그러면 어떻게 할 때 다른 사람들의 유익을 줄 수 있을까요?

(1) 어디서든지 '공헌할 때' 유익을 줄 수 있습니다. 여러분들이 사회에 공헌하는 방법은 사회에 공의의 빛을 비추고, 사랑을 통해 사회를 따뜻하게 할 때입니다. 회사에 공헌할 때 직장이 확장되어 많은 사람들의 일자리가 더 생기게 되면 그것이 많은 사람의 유익을 주는 것입니다. 성공한 많은 사람들의 공통점이 있습니다. '큰 회사보다 작은 회사에서 일하라. 공헌할 기회가 더 많다'고 했습니다. 작은 회사에서는 조금만 힘쓰면 누구든지 공헌할 기회가 많기 때문입니다.

(2) '원가절감을 통해서' 즉 원가 절감의 아이디어를 창출하면 회사와 사회에 유익을 줄 수 있습니다. 최근 기름 값이 얼마나 비쌉니까? 지난주부터 기름 값이 좀 떨어졌지만 그것은 오래 가지 않습니다. 그래서 가능한 한 등 끄기 운동을 하고, 쓰레기도 줄이고, 쓰레기는 가능한 한에서 재활용을 하고, 그러면 그것이 바로 남들에게 유익을 줄 수 있습니다. 퇴근하면서 불도 끄지 않고,

담배꽁초가 여기저기 있으면 그것은 회사의 손해일 뿐 아니라 결국은 나 자신의 손해가 됩니다.

(3) '나누어 주면' 유익을 줄 수 있습니다. 사회에 큰 공헌하는 것은 아무나 다 할 수 없지만, 그러나 나 한 사람 한 사람이 자기의 등불 빛을 비추고, 소금 맛을 낼 수는 있습니다. 그런 꼭 필요한 여러분들이 다 되시기를 축원합니다.

4. "저희로 구원을 얻게 하라"고 하심

성경에 나오는 구원의 개념은 아주 폭이 넓습니다. 치유나, 건강의 회복이나, 위기에서의 탈출, 영혼의 구원 등. 본문 여기서는 넓은 의미의 구원을 말하고 있는 것입니다. 지금의 시대를 일본의 하타무라 요타로는 '실패의 시대'라고 정의하였습니다.

이런 때에 우리는 성공을 통해서 하나님께 영광을 돌려야 합니다. 지금 모든 것이 다 본래의 궤도에서 벗어나고 있습니다. 이런 때에 다시 '회복운동'을 일으키면 나 자신은 물론 내 가정과 회사를 구원할 수 있습니다. 그러므로 우리 모두가 구원하는 일에 협력할 수 있기를 축원합니다. 불경기 속에서 회사를 구하고 사회를 구해야 합니다.

이제 설교를 맺습니다. 바라기는 이 시간을 통해 여러분의 삶이 목적이 이끄는 삶이 되고, 직장이 되기를 바랍니다. 저의 목회철학이 여러분들의 철학이 되고, 여러분 모두 철학이 되면 우리 기영약품 회사는 글자 그대로 에덴동산 같은 아름다운 직장, 기쁨이 넘지는 직장이 될 줄로 믿습니다. 그런 여러분과 직장이 되기를 축원합니다.

꼭 알아야 할 것 세 가지

(창3:8-10)

최근 일본 아베의 어렵고 혐오스러운 망언으로 인해 괜히들 충분하고, 김정은의 전쟁놀이와 입에 담을 수 없는 폭언에 언론들이 흥분하고 게다가 윤 아무거시의 섹스 스캔들로 인해 온 나라가 난리인데 왜 그런지 아는가? 이유는 모두가 역사의식이 없기 때문이다.

정보 홍수시대에 우리가 모든 것을 다 알 수는 없지만, 그러나 적어도 세 가지는 꼭 알아야 한다.

(1) 정체성 : 나는 누구인가?

(2) 역사의식 : 나는 지금 어디 있는가?

(3) 비전 : 나는 어디로 가고 있는가?

왜 지금 한일관계가 문제되는지 아는가? 근본적으로 말하면 일본 정치가들이 역사의식이 없고 문화적 열등감으로 인해 생긴 것이다. 사실 일본 문화의 뿌리는 백제문화이다.

일본의 고대문화의 시조는 백제인 왕인박사다. 그는 백제의 가장 위대한 왕인 근초고왕에 의해 아직기와 함께 일본으로 가서 일본 태자의 스승이 되어 한자(천자문)/ 유교(논어)/ 일본의 글자인 '가나'를 만듦/ 불상=미륵불상(일본 국보 1호)을 남겼다.

일본에 최초의 한류를 만든 것이다. 일본의 찬란한 아스카문화를 꽃피우게 했다(그래서 일본은 백제를 '구다라'(큰 나라)라고 부른다.

역사를 보면 백제가 망한 후 백제 부흥에 실패하자 의자왕의 아들 부여충 등이 일본에 망명, 왕족, 궁인들, 귀족들이 일본으로 건너가 오사카시에 몰려 살면서 백세주를 만들었다.

재미있는 것은 일본 황실의 조상이 백제에서 건너갔다는 점이다. 그것은 일본 밀실의 무덤에 '조상의 무덤이 있는 곳을 어떻게 다시 갈 수 있겠는가?'란 기록이나 또 지금의 일본 천황이 자기의 피에는 백제인의 피가 흐르고 있다고 고백한 점.

이밖에도 일본에 끼친 문화의 영향은 크다. 벼농사/ 언어와 음식문화(주방도구, 술, 두부, 스시 등)/ 기모노는 백제인들의 옷의 영향/ 일본의 엔카는 한국의 트로트가 뿌리이다.

왜 일본이 한국을 비하하는지 아는가? 문화적 열등감이 우월감으로 변했기 때문이다. 그래서 일제 때 한국인을 비하하여 엽전이란 말로 표현했다. 한국인들의 역사의식을 없애려('우리는 못해')란 철학을 통해 민족의 자부심을 없애기 위한 꼼수였다. 그래서 지금은 위안부를 매춘부로까지 비하하고 있다. 왜 그런가? 근본은 문화적 열등감에서 비롯한 것. 그래서 그들은 지금도 부끄러운 731마루타 부대(생체실험)을 부인한다.

일본의 꿈은 다시 신동아 제국을 건설하려는 야망이다. 그래서 일본 헌법 9조에 ① 전쟁이나 외국에 영구적으로 무력포기 ② 자위대만 가지고 군대는 갖지 않는다는 조항을 아베 정권이 헌법을 개정하려고 발광이 난 것이다.

또 중국의 지도자들도 역사의식을 왜곡시켜 자기들의 역사를 미화시키고 있다. 중국의 동북공정이 바로 그것이다. 동북공정은 2002년에 시작하여 5년 동안에 끝났는데 그 핵심이 무엇인지 우리들은 잊고 있다. 그것은 동북삼성이 중심이 되어 고구려는 단순히 중국의 지방정권이었다고 주장한다.

왜 그런 억지를 하는지 아는가? 이유는 세 가지이다. 첫째 남북이 통일되었을 때 옛날 고구려 영토를 문제화할까봐, 둘째 만약의 경우 북한이 망했을 경우 북한 지역에 대한 연고권을 주장하기 위해서, 셋째 특히 중국의 다민족 국가론을 새우기 위해서이다.

지금 북한의 핵개발을 중지시키려고 미국을 비롯한 일본, 한국이 여러 가지 당근을 북한에게 주면 잘 될 거라고 착각하고 있다. 절대로 안 된다. 이유는? 그것은 북한이 지금 중국이 핵개발 후에 대만을 내쫓고 국제정치에서 승리한 중공을 모델로 하고 있기 때문이다. 그러나 그것은 북한의 지도자들이 역사의식이 없기 때문이다.

그들은 헤겔의 변증법을 사용한 유물론에 따라 '정' : 봉건주의. '반' : 자본주의. '합' : 공산주의 세계란 허구를 아직도 모르고 있다. 보라, 1917년 10월 공산주의의 혁명이, 1991년 12월 25일에 붕괴된 현질적 증거가 있지 않는가? 마르크스 레닌의 공산주의 원산지인 소비에트 연방이 15개국으로 분열되고 망하지 않았는가?

공산혁명을 일으켰을 때 국가의 부채를 잡기 위해 알라스카를 미국에 720만 달러에 팔고 발광했지만 결국 80년 만에 망했다. 한반도를 결국 중국처럼 핵무기를 만들어 한국을 국제무대에서 내쫓고 미국만 남한에서 쫓아내면 공산화를 이룰 수 있다는 것은 결국 김정은의 자충수인데 북한 지도자들은 아직도 그 역사적 흐름을 보지 못하고 있다. 그래서 중국의 김정남 대안론이란 시나리오가 나오고 있는 것이 아닌가?

그러면 우리가 꼭 알아야 할 것이 무엇인가?

1. 정체성 : 나는 누구인가?

창3:9절에 보면 하나님께서 아담에게 네가 어디 있느냐고 물은 것은 하나님이 몰라서 물은 것이 아니다. 아담이 자기의 정체성을 모르기 때문에 깨우치기 위해 물은 것이다. 여러분들의 정체성은 무엇인가? 벧전

2:9절에 답하고 있다. "너희는 택하신 족속이요, 왕같은 제사장들이요, 거룩한 나라요, 그의 소유된 백성이니"라고 했다. 그러나 그 정체성은 역사의식을 가질 때보다 더 분명해진다. 영적으로만은 부족하다.

2. 역사의식 : 나는 지금 어디 있으며 어디로 가야 하는가?

Time이 '20세기의 가장 위대한 인물은 누구인가?'에 영국의 윈스턴 처칠을 꼽았다. 왜? 본래 처칠은 신체적으로 언어장애가 있었고 대학에도 두 번이나 낙방한 머리가 둔한 사람이었으나 노력하여 결국 세계적 웅변가가 되고 2차 세계 대전에서는 영국을 구한 영웅이 된 것이다.

그냥 노력만으로 된 것이 아니다. 그의 위대한 역사의식 '과거는 역사에 맡기는 편이 훨씬 좋다. 그러나 과거 일을 과거일로 처리하면 미래까지도 포기하게 된다.' 우리가 집을 만들지만, 그러나 그 후에는 집이 우리를 만든다.(인간은 환경의 영향을 받는 동물이란 말이다.) 바른 역사관을 가진 사람은 절대로 서두르지 않고 어떤 역경에서도 여유를 가진다.

한번은 어떤 여자가 처칠을 망신주려고 이렇게 말했다.

'총리님, 바지 점퍼가 열렸습니다.' 그러나 처칠은 아무렇지도 않은 듯 대답했다. '이미 죽은 새는 새장이 열렸다고 밖으로 나올 수 없습니다.' 얼마나 멋진 유머인가?

그런데 우리는 말을 함부로 한다. 그러나 말이 씨가 된다는 것을 잊지 말아야 한다.

가수들 보니까 노랫말처럼 되는 것을 보았다.

① 권혜경 : KBS에서 '대니보이'를 불러 전속가수가 되었다. 6일 만에 일약 스타가 되었으나 문제는 노래가사가 문제. '아무도 날 찾는 이 없는 이 외로운 산장에/ 단풍잎만 차곡차곡 떨어져 쌓여 있네. 세상에 버림받고 사랑마저 물리친 몸, 병들어 쓰라린 가슴을

부여안고 나 홀로 재생의 길 찾으러 외로이 실 아가네' 결국 위암
과 심장병으로 노랫말처럼 죽었다.

② 차중락 : 미스터 코리아 출신. 엘비스 프레슬리를 빼다 박은 뛰어
난 모창으로 60년대 폭발적 인기를 누림. 그러나 그의 노래가 문
제였다. '낙엽 따라 가버린 사랑'을 발표하고 1주년에 되는 27세
의 젊은 나이에 뇌막염으로 세상을 떠났다. 노래 가사를 보면 알
수 있다. '찬바람이 싸늘하게 얼굴을 스치면/ 따스하던 너의 두 뺨
이 몹시도 그리웁구나/ 푸르던 잎 단풍으로 곱게 고이 간직하였더
니/ 아 그 옛날이 너무도 그리워라/ 낙엽이 지면 꿈도 따라 가는
줄 왜 몰랐던가? 사랑하는 이 마음을 어찌 하오 어찌 하오/ 너와
나의 사랑의 꿈 낙엽 따라 가 버렸으니.'

③ 송대관 집사(해 뜰 날) '꿈을 안고 왔단다. 내가 왔단다./ 슬픔도 괴
로움도 모두 모두 비켜라/ 안 되는 일 없단다 노력하면은 / 쨍하
고 해 뜰 날 돌아온단다.

④ 이종영 '바보처럼 살았군요. 어느 날 난 낙엽 지는 소리에 갑자가
텅 빈 내 마음을 보았죠. 그냥 덧없이 흘러버린 오 그런 세월을
느낀 거죠. 저 떨어지는 낙엽처럼 그렇게 살아버린 내 인생을 예
예 예 예예, 예예. 난 바보처럼 살았군요.' 대마초 사건에 연루되
어 감옥에 갔다가 회개하고 목사가 되어 미국에서 코너스톤 교회
목사가 되었다.

한국 부모들은 자녀들에게 말을 함부로 하는 것이 문제다. '말할 놈의
새끼.' 그러니 자녀들이 어떻게 성공할 수 있나? 그러나 다 망하지 않는
것은 그래도 부모들이 자녀들 코 풀어 줄 때 '야, 흥해라 흥해'하기 때문
이다.

우리나라의 문제가 무엇인가? 모두들 Money 뭐니 해도 돈이야. '경

제가 문제지. 맞다 급하다. 그러나 경제는 '정치'를 바로 해야 한다. 정경유착을 버리고 분식회계를 하고 정직하게 사업을 해야 하다.

그러면 어떻게 정치를 바로 할 수 있나? 역사의식과 '철학'을 바로 가진 사람들이 정치를 해야 한다. 권력에 눈 먼 사람들이 정치를 하니 잘 되나. 성 상납이나 하니 나라꼴이 되겠나? 정치인이 철학을 갖게 하려면 교육이 바로 되어야 한다. 그런데 우리의 교육은 미국의 존 듀이의 철학을 따르다 망쳐놓았다.

아이들이 원하는 것을 주라. 다 전문가에게 맡겨라. 그래서 학교에만 교육을 맡기니 바로 되나? 교육은 부모가 중심이 되어야 하고, 교회가 중심이 되어야 하고 교육이 윤리 위에 바로 서야 하는데 지금은 미풍양속도 사라지고. 삼강오륜도 남은 게 없다. 궁극적으로 윤리를 종교가 바로 세워야 하는데 기독교가 빛과 소금의 역할 못하고 있으니 어찌 할꼬? 아! 형제들아 어찌 할꼬?

구체적으로 어떤 역사관이 잘못되었나?

이승만의 경우 : 해방 후 여운영 등의 공산주의자들로 인해 나라가 어지러울 때 그래도 공산화를 막아주었고 6.25 때는 유엔군을 참전시켜 나라를 살렸다. 그러나 문제는 그가 해방 후 친일파들을 척결하여 매듭을 짓지 못하고, 오히려 그 사람들을 정치적 목적하에 심복으로 사용한 것, 또 권력 욕심에 3.15부정선거를 함으로써 4.19가 일어나게 한 점은 시대의 흐름의 정신인 주권 재민의 민주주의란 역사의식이 약했기 때문.

박정희의 경우 : 4.19로 인해 나라는 혼란해졌고, 당시 지도자들의 공백을 이용해서 김일성이 남한을 공산화하려는 그 위기에서 당시 유일한 엘리트 집단인 군대가 쿠데타를 통해서 질서를 회복했고, 보릿고개를 해결하기 위해 새마을운동을 하여 산업혁명을 한 것이다. 그러나 그

도 주권재민이란 철학을 망각하고 유신정권을 세워 결국 마지막에는 심복에게 저격을 당한 것은 참으로 안타까운 일이다. 이것이 쿠데타인가? 아니면 혁명인가?

우리는 당시 역사의식을 바로 가졌던 장준하 선생의 말에 귀를 기울여야 했다. 그는 1960년 사상계 6월호 서두문에서 '4.19는 민주혁명이었고, 5.16은 민족혁명이었다'고 했다. 그러면 무엇이 혁명인가? 근대화 사회로 간 결정적 계기를 이루었을 때 사용하는 정치적 표현이 혁명이다. 그래서 이집트의 낫셀이 쿠데타를 했을 때에도 세계의 모든 학계가 만장일치로 그것을 혁명이라고 불렀던 것이다.

5.16은 당시 엘리트 집단이었던 256명의 장교들이 3600명의 소수 군대로 쿠데타를 이끌 수 있었던 것은 첫째 학생들이 침묵했고, 더구나 서울대학총학생회가 5.16을 지지했고, 둘째로 윤보선 대통령은 '올 것이 왔다'고 말했고, 셋째로 미국은 앞장서서 막지 말라고 하면서 전작권을 사용하지 않고 한국의 여론에만 신경을 써서 간접적으로 지지하게 되었고, 넷째로 더구나 무능한 장면은 이한림 1군 사령관에게 쿠데타를 막으라고 명령은 하지 않고, 자기 살 길만 찾아 수녀원으로 도망가 있었기 때문에 5.16은 성공이 가능했던 것이다.

어제 우리는 5.18의 33주년이 넘었는데 그것에 대한 바른 역사의식을 가져야 한다. 당시 전두환은 5.17에 광주에 비상계엄을 내려 특전사와 20사단을 보내어 과잉대응, 수많은 민중을 학살한 만행으로 인해 광주민주항쟁의 원인을 제공한 것은 '나도 할 수 있다'는 잘못된 정부관계자들이 제창하지 않은 것을 가지고 문제 삼는 것은 무지의 소치이거나 북한이 5.18을 반미항쟁으로 선전하는 것을 생각 없이 따르는 종북세력들의 주장일 뿐이다. 그 노래의 배경은 월북했던 황석영이 가사를 썼고, 윤이상이 곡을 붙인 것인데 여기서 말하는 임이란 본래는 전남도청에서 죽은 윤상원을 말한 것인데 문제는 북한의 선전영화(김일성의 돈으로 만든 것)인 '임을 위한 교향시'에서 주제곡으로 삼아 그 임은 김일성으로 정치적으로 도용하기 때문에 우리가 조심해야 한다.

그러면 광주사태의 주역인 윤상원과 그를 따르는 사람들은 어떤 사람들인가? 그는 40여 개의 무기고를 탈취하여 경찰과 계엄군에게 난사하고, 광주세무서를 방화하고 좌익수들이 많이 갇혀 있는 광주교도소를 공격하여 무장봉기와 인민봉기를 하여 남조선을 해방하려는 북한의 조종을 받았다는 것은 부인할 수 없는 수많은 증거(황장엽, 최은희 등)들이 있다. 그렇다고 군부독재를 타도하기 위해 투쟁하다 죽은 수많은 사람들을 폭도로만 볼 수는 없는 것이다. 그래서 우리들에게는 바른 역사의식이 필요한 것이다.

3. 비전 : 나는 어디로 가고 있는가?

나는 역사를 단재 신채호(사회주의적 무정부주의자):조선상고사, 조선혁명선언, 연세대에서는 김동길 교수에게서 배웠고, 특히 그의 '태평양 시대와 한반도의 사명'이란 칼럼에서 큰 깨달음을 받았다.

지구의를 보면 둥글다. 그러므로 어디를 중심으로 보느냐에 따라 동서남북이 결정된다. 나는 그것을 보면서 'History repeats itself'란 진리를 배운다. 그리고 역사발전의 원칙은 '빛은 동방으로부터'임을 본다. 지중해시대에서 대서양시대로 그리고 다시 돌고 돌아 태평양시대로 온 것을 확신한다. 그리스제국이 끝나면서 지중해가 역사의 주도권을 가지면서 로마가 천년 동안 지배. 그러나 분열하여 멸망, 그 후에 스페인이 무적의 함대를 중심으로 브라질을 제외한 남미를 지배, 그러나 영국의 엘리자베스 여왕에게 무너지면서 대서양의 시대가 오게 된다.

영국은 산업혁명을 중심으로 세계를 지배. 런던의 그리니치가 세계시간의 표준이 된 것은 상징적으로 큰 의미, 영국의 국기는 해가 지지 않는다는 말대로 영국의 영향력이 커짐. 그러나 퓨리턴이 신대륙 미국으로 감으로써 미국이 세계의 지배자가 되게 된 것이다. 그러나 미국의 도덕적 부패는 이제 미국의 시대가 끝난 것을 보여준다.

슈팽글러의 Decline of the West, 토인비의 Study of the History(12권)와 시련에 직면한 문명(Civilization on Trial), 영국의 바라클라우는 대서양의 시대는 이미 지났고, 태평양의 시대가 등장했다고 선언했다. 따라서 태평양의 나라인 중국과 일본과 한국이 서로 협력해야 하는데 이미 그러기는 틀렸다.

왜? 예일대학의 폴 케네디는 세계의 주역이 되려면 세 가지가 있어야 한다고 했는데 그것을 다 가진 나라는 한국뿐이기 때문이다.

(1) 높은 수준의 민주주의

(2) 높은 수준의 도덕

(3) 높은 수준의 생산성(경제력)

일본은 '나'라는 개인을 독립적으로 볼 줄 모른다. 따라서 민주주의에 결격이 있다. 군국주의로 다시 갈 것이다. 중국은 진시황 때 절대권력을 가졌으나 역사가 보여주는 것은 절대 권력은 절대적으로 부패했다는 점이다. 독재자인 모택동, 등소평 등으로 계속 이어지고 있으나 천안문 사태가 보여주었듯이 중국은 절대로 민주주의를 못한다.

나는 몇 년 전에 청와대, 북경대, 인민대를 졸업한 중국의 200여 명의 교회지도자들을 불러 한 시간 동안 왜 중국은 망할 수밖에 없는가를 강의했다. 따라서 앞으로의 역사의 주역은 한국이 돼야 한다. 그것은 한국은 케네디 교수가 말한 세 가지를 다 갖추고 있기 때문이다. 더 중요한 것은 영적으로 한국은 하나님의 손이 되어 사용되고 있기 때문이다. 6.25때 순교자가 300여 명이나 되고, 비록 부패한 교회 지도자들도 있지만 더 많은 위대한 교회지도자들이 있기 때문이다.

결론적으로 우리가 가져야 할 비전은 벧전2:9절에 나온다. 벧전2:9절 "이는 너희를 어두운 데서 '불러내어' 그의 기이한 빛에 들어가게 하신 이의 아름다운 덕을 '선포하게 하려 하심이라'"

이 말씀에 불러내라는 말은 하나님께서 우리 한국을 쓰시기 위해 불러냈다는 말이다. 선포하게 한다는 말은 주님의 재림의 준비자가 된다는 뜻이기 때문이다. 선교사적 사명이 역사의 마지막 주자로서의 사명을 말한 것이다.

주님의 재림준비를 우리에게 맡겨주신 것이다. 이것을 믿고, 함께 참여하여 하나님의 뜻을 이 땅에 이룩하자. 이것이 성경이 말하는 우리의 비전이다.

인생의 성공은 꿈꾸는 자의 것

(창37:5-11: 잠11:14)

오늘 우리는 요셉의 삶을 통해 성공의 비결을 배우자. 먼저 기억할 것은 꿈이 없는 자는 절대로 성공하지 못한다는 점이다. 꿈이 있는 것과 없는 것은 영어 스펠링으로 보면 똑같다. 다만 띄어쓰기가 다를 뿐이다.

Dream is nowhere. Dream is no where. 나는 여러분들 중에서 누가 성공할 것인지 누가 실패할 것인지 금방 알 수 있다. 간단히 말해서 꿈이 있는 자는 성공하고 꿈이 없는 자는 실패한다.

그러나 모든 꿈이 다 성공하는 것은 아니다. 꿈 중에는 하나님이 기뻐하시는 선한 꿈도 있지만 에스더서에 나오는 하만처럼 남을 죽이려고 하는 악한 꿈도 있다.

하만은 모르드개를 달기 위해서 꿈꾸었던 그 나무에 그 자신이 달려 죽고 말았다. 하나님의 뜻을 거역하는 꿈의 결과이다.

1. 선한 꿈을 꾼 사람들은 다 성공했다.

(1) 에드먼드 힐러리는 1943년에 에베레스트 산 등정에 실패했다. 그 때 그는 에베레스트 산을 보며 이렇게 말했다. "너는 더 이상 자라지도 못하지만 나는 더 자라고, 힘과 능력도 생길 거야. 그러니 언제인가는 할 수 있어." 10년 후 마침내 에드먼드 힐러리는 1953 년 5월 29일에 에베레스트 산을 최초로 등정했다. 결국 꿈은 버리지 않는 한 반드시 이루어진다.

(2) 미국의 치즈 왕 크라프트는 언제인가는 그가 반드시 미국에서 제일가는 치즈 왕이 될 것이라는 꿈을 가지고 있었다. 그는 마차에 치즈를 싣고 다니며 장사를 했다. 그러나 그는 매일 나가기 전에 반드시 지혜를 달라고 하나님께 기도를 했다. 마침내 그는 치즈 왕이 된 것이다. 그는 그 비결을 이렇게 말했다. "나는 하나님을 신뢰하고 그에게 지혜를 구했다. 기도하는 그에게 하나님께서는 지혜를 주셨고, 그는 그것을 실천했던 것이다."

(3) 나폴레옹은 말하기를 "이 세상은 꿈과 환상을 가진 자에 의해서 만들어진다."고 했다.

(4) 일본이 언제 근대국가가 되었는지 아는가? 그것은 바로 명치유신 때이다. 그때 일본에 큰 정신적 영향을 준 사람이 윌리엄 스미스 클라크 박사이다. 그는 미국의 매사추세츠 농과대학의 학장으로 있다가 일본 정부의 초청을 받고 일본 호카이도 대학의 총장으로 일 년 간 취임했다. 그는 일본의 청년들에게 성경을 가르치고, 많은 종교적 감화를 학생들에게 주었고 이때 공부한 사람이 일본의 대표적 지도자인 내촌감삼, 즉 우찌무라 간조이다. 내촌은 일본적 기독교를 찾고자 한 사람이다. 소위 '무교회주의자'였다. 17권의 성경주해를 저술하였다. 어렸을 때 나의 정신적 지도이기도 하다. 클라크 박사는 일본을 떠나면서 유명한 말을 남겼다. Boys. be ambitious! 필자 일생의 좌우명을 준 사람이기도 하다. 일본이 근대화되는데 명치유신의 정신적 역할을 한 사람이기도 하다.

(4) 영국 웨스트민스터 사원의 벽에는 'Attempt great things for God.'란 글이 새겨져 있다. 이것을 읽은 어느 선교사가 그 뒤에 한 구절을 더 써놓았다고 한다. Expect great things from

God! 그가 바로 영국 선교의 문을 연 윌리엄 케리(W. Carey)이다. 그는 이렇게 외쳤다. "Attempt great things for God and Expect great things from God."

(5) 자동차 왕인 헨리 포드는 어렸을 때 어머니가 급한 병에 걸려 위독하게 되었을 때 말을 타고 의사를 모시러 갔다. 그러나 의사를 모시고 집에 왔을 때에는 어머니가 돌아가신 후였다. 그래서 그는 말보다 더 빨리 달릴 수 있는 자동차를 만들기를 꿈꾸고 마침내 포드차를 만들었다. 그는 초등학교도 못 나온 무식한 사람이었지만 연구결과 자동차를 만든 것이다. 그는 죽은 후에 디트로이트에 기념관을 세웠는데 포드 사진 아래에는 The Dreamer! 라고 씌어 있다고 한다. 그러므로 꿈과 비전을 가진 사람은 어떤 난관이 와도 노력해서 그 꿈을 이루어 간다.

(6) 가난했던 디즈니는 하숙집에서 다니는 쥐를 주인공으로 미키마우스를 의인화해서 성공하였고, 마침내는 디즈니 월드라고 하는 아이들의 꿈의 나라를 만들었다.

2. 요셉이 성공한 이유

(1) 요셉은 어려서부터 꿈이 있었다(창37:5-11). 두 번이나 거듭해서, 형들은 요셉의 꿈이 실현되지 않도록 죽이려는 음모까지 세웠다. 그러나 르우벤과 유다의 마음을 움직여 그의 생명을 보존케 했다. 노예로 팔려가 보디발의 집에 있었을 때에도 억울하게 누명을 쓰고 감옥에 갇혀 있었으나 가장 어려운 시기를 통과하면서도 요셉은 죽지 않았다. 이처럼 하나님의 하시는 일에 주인공이 되는 경우 절대로 죽지 않고 실패하지 않는다. 우리가 드라마를 보면 주인공은 드라마 끝까지 살아남는다. 역사에서도 그렇다.

그러나 꿈이 없으면 흐르는 물 따라 떠내려가는 죽은 물고기처럼 된다. 그러나 아브라함, 요셉, 모세, 다윗, 바울은 다 꿈을 가지고 살았고, 성공했다. 물론 그들의 꿈은 하나님께 대한 절대적 신앙에서 나온 것이다. 좁은 내 가슴을 내어드리고, 넓고 넓은 만왕의 왕이신 주님의 심장을 은혜로 덧입고 살 때 그 꿈은 이루어지는 것이다.

(2) 그러나 누구에게나 낙심은 온다. 꿈을 가진 사람에게도 온다. 인간이기 때문에. 그러나 이때 중요한 것은 '기도의 끈을 놓지 않는 일이다.' 환란과 핍박과 어떤 역경에서도 기도의 끈만 놓지 않으면 살아남고 결국 성공한다.

(3) 꿈이 이루어지는 가장 중요한 원동력은 '용기에 있다.' 에스더가 히브리 민족을 구원할 수 있었던 것은 '죽으면 죽으리라'라는 용기에서 온 것이다. 그것은 죽음을 두려워하지 않는 데서 온 것이다. 나는 환상 중에 '지옥과 천국'을 본 후에 죽음을 이기는 용기를 갖게 되었고, 내가 가진 모든 것을 다 내려놓게 된 것이다. 남보다 더 배웠고, 학자로서 더 많은 책을 썼고, 높은 직위도 다 가져 보았지만 깨달은 것은 결국 다 내려놓을 때 하나님께서 영광을 받으시고, 하나님께서 쓰신다는 점이다. 나는 고등학교 때 라빈드라나드 타고르(d.1941)의 '동방의 등불'에 매료되어 시인이 되려는 꿈을 가진 적이 있었다. 이 시는 한국을 한번 방문해 달라는 동아일보의 기자의 청을 받아들일 수가 없어서 답례로 종이에 써준 시의 한 부분이다. 주요한 선생이 번역하였다고 한다.

'일찍이 아시아의 황금시기에
빛나던 등불의 하나인 코리아
그 등불 다시 한 번 커지는 날에
너는 동방의 밝은 빛이 되리라.'

이 시는 1929년 4월 2일자에 동아일보에 발표되어 일제강점기에 우리 민족에게 큰 희망과 꿈을 준 시이다. 그러나 홍은택 영문학자가 '타고르에 대한 불편한 진실'이라고 계간 시전문지 시평에서 쓴 대로 '코리아'란 말을 덧붙인 것이다. 그러나 그 시는 나뿐 아니라 수많은 사람들에게 감명을 준 것을 부정할 수 없다. 타고르의 또 하나의 시, '패자의 노래'는 나에게 지금도 감명을 주고 있다.

타고르는 일본에 호감을 가져 무려 5번이나 방문을 했다. 특히 일본의 다도와 꽃꽂이, 그리고 하이쿠를 좋아했다. 하이쿠란 5.7.5의 음절로 된 한 줄짜리 정형시이다. 생략하는 것과 말을 하다 마는 것이 하이쿠 시의 특징이다. 생략과 함축미를 가진다.

우리는 이 시대를 위해 꿈을 가져야 한다. 태평양시대에 하나님이 쓰실 만 한 그릇이 되는 꿈을 가져서 이 복음을 전 세계에 수출하는 그런 꿈을 키워 가자. 기도의 끈을 가지면, 그리고 죽음을 초개와 같이 여기고, 모든 명예를 버리면 하나님께서 우리를 통해서 영광을 받으실 것이다. 할렐루야 아멘. 잠언 11:14절에 '지략이 없으면 백성이 방자하여도 지략이 많으면 평안을 누리느니라.'고 했다.

여기서 나는 '지략'이란 말 대신 'vision이 없으면'이라고 번역하는 것이 옳다고 본다. 비전이란 바로 꿈이다. 지금 우리 국민들이 방자한 것은 꿈, 비전이 없기 때문이다. 큰 꿈을 가지고 새 한국을 건설하자.

꼭 해야 할 것은?

(살전5:16-18)

아메리칸 드림은 어떻게 이루어지는가? 독립선언서의 두 가지 권리 중 하나는 자유이고 다른 하나는 행복의 추구라고 했다. 이것이 아메리칸 드림이다. 그 방법은 본문에서 말한 "하나님의 뜻이니라." 이 세 가지를 이루는 것이다.

1. 항상 기뻐하라.

이 말은 참 난감한 말이다. 어떻게 항상 기뻐할 수 있는가? 우리의 경험은 그것을 불가능하다고 말한다. 그러나 성경에 불가능한 것을 하라고 한 것은 하나도 없다.

중요한 것은 우리가 기쁨의 본질과 근원을 잊고 있는 것이다. 기쁨은 사물 안에 있는 것이 아니라 우리 안에 있다는 것을 잊고 있는 것이다.

(1) 항상 기뻐하는 것은 성경 말씀처럼 '주 안에 있을 때' 항상 기뻐할 수 있다. 그래서 빌4:4절에 "주 안에서 항상 기뻐하라"고 했다. 여기서 중요한 것은 '기도의 순서'이다. 영어의 JOY처럼 먼저 예수님을 앞자리에 두고, 다음은 타인을 놓고, 맨 나중에 자신을 두면 항상 기뻐할 수 있다. 즉 기쁨은 순서를 어떻게 놓느냐에 따라 결정된다.

(2) '작은 것'에서 기쁨을 구하면 된다. 우리는 항상 큰 것에서 기쁨을 구하려고 한다. 그래서 항상 기쁨이 없다.

(3) '주는 데서' 기쁨을 구하면 된다. 나는 부자도 아니고 배운 것도

많지 않기 때문에 줄 것이 없다고 생각하지만 사실 우리는 남에게 줄 것이 많다. 저의 가족들은 자주 데스칸소 공원에 가는데 거기서 미국 사람들은 처음 만난 사람에게도 '굿모닝'하고 인사한다. 서로 기분이 좋다. 미소와 웃음만큼 남을 행복하게 하는 것도 많지 않다. 병든 사람이나 어려움에 처한 사람을 위해서 기도하면 서로가 행복해진다. 전도하면 더 행복해진다. 그러므로 우리는 항상 이런 작은 것들을 통해서 기뻐하자.

(4) 항상 긍정적 사고(Positive Thinking)를 하면 항상 기뻐하는 삶을 살 수 있다. 우리를 불행하게 만드는 것 가운데 가장 큰 것은 부정적 사고(Negative Thinking)이다.

(5) "주 음성 외에는 더 기쁨 없도다. 날 사랑하신 주 늘 계시옵소서. 기쁘고 기쁘도다. 항상 기쁘도다. 나 주께 왔사오니 복 주옵소서." 날마다 성경을 읽고 묵상하면 주의 음성이 살아서 움직인다.

2. 쉬지 말고 기도하라.

이것은 우리를 더욱 난감하게 한다. 과연 이것이 가능한가? 문제는 사고방식이 문제다. 불가능한 것을 하라고 했겠는가? 어떻게 하면 되는가?

(1) 다니엘처럼 뜻을 정하여 시간을 정해놓고 기도하면 된다. 단 6:10. "다니엘이 이 조서에 어인이 찍힌 것을 알고도 자기 집에 돌아가서는 그 방의 예루살렘으로 향하여 열린 창에서 전에 행하던 대로 하루 세 번씩 무릎을 꿇고 기도하며 그 하나님께 감사하였더라."

(2) 릴레이식으로 기도하면 된다. 24조로 나누어 기도시켜 성공한

적이 있다

(3) 개인적으로도 할 수 있다. 막10장에 나오는 바디매오처럼 "주 예수여 나를 불쌍히 여기소서."라고 계속 기도하면 나중에는 호흡과 맥박이 하나가 되어 계속 기도가 연결된다.

(4) 영성개발을 통해서 할 수 있다.

첫 단계 : 모든 것을 '하나님께 내려놓고' 부르짖는다.

둘째 단계 : 끊임없는 상념으로 '지속적으로 하나님과 대화'한다.

셋째 단계 : 묵상과 '명상적 삶의 훈련을 통해 하나님의 음성을 듣게 된다.'

3. 범사에 감사하라.

감사는 인간관계에 있어서나 하나님과의 관계에서 끈끈한 풀처럼 연결시켜주는 끈이다. 왜냐하면 상대방의 마음에 기쁨을 느끼게 해주고 하나님께는 큰 영광이 되기 때문이다. 그래서 본문에서도 "이는 그리스도 예수 안에서 너희를 향하신 하나님의 뜻이니라." 했다.

(1) 감사헌금의 실례 : 목회의 체험담 / 어떤 교인이 자동차 사고가 나서 한쪽 다리가 부러졌는데 감사헌금을 냈다. 그런데 멀쩡하게 건강한 사람은 내지 않았다. 왜 그런가? 깨달음이 없기 때문이다. 그러므로 하나님의 은혜에 대한 깨달음에서 감사가 시작된다. 그뿐 아니라 앞으로 받을 것을 생각하며 하나님께 감사한다. 그것이 바로 믿는 자의 자세이다.

(2) 롬8:28 "우리가 알거니와 하나님을 사랑하는 자 곧 그 뜻대로 부르심을 입은 자에게는 모든 것이 합력하여 선을 이루느니라"

지금은 힘들고 어려워도 결국 '다 합력하여 선을 이룬다'는 것을 믿어야 범사에 감사할 수 있다.

(예화) 1981년도 아내의 「한국일보」의 신춘문예 단편소설 '양로원'이
　　　당선되어 수상하였다.

(3) 감사는 기적을 낳는다.

(예화) 감사의 시(부, 지식, 명예, 하나도, 그러나 누구보다도 많이 받았나이다).

그러므로 "항상 기뻐하며 쉬지 말고 기도하며 범사에 감사하면 행복
해진다. 꼭 해야 할 것, 이 세 가지는 잊지 말자.

쉐마 교육을 통해 SQ를 높이라

(신 6:4-9)

사람은 3Q가 있다.

(1) Q(Intelligence Quotient),

(2) EQ(Emotional Quotient),

(3) SQ(Spiritual Quotient)

1. IQ의 역사와 IQ를 높이는 비결

IQ가 좋아야 높은 교육을 받을 수 있고, 좋은 직장을 가진다.

IQ란 말은 독일어 (Inteligenz Quotient)에서 비롯됨. 심리학자인
William Stem에 의해 개발된 것이다. 70-130으로 나눈다.
보통 사람은 95-100이다.

IQ를 높이는 비결은?

(1) 독서

(2) 자연과학 영화 및 비디오게임

(3) 크로스워드 퍼즐 놀이(Cross-word Puzzle)

2. EQ의 역사와 EQ를 높이는 비결

바이올라 대학에서 교육학 박사를 받은 현용수 박사가 인성교육 의
중요성을 강조하고 다닌다. 그것이 바로 EQ이다. 그는 지금 수평문화
(software)로 인해 수직문화(hardware)가 죽어서 유대인처럼 많은
인재를 못 키우고 있다고 말한다. 아이들은 13세 이전에 소프트웨어를
넣어주어야 하는데 그것이 바로 수직문화(전통)을 넣어주면 세대 차이가

안 난다고 했다. "이 해가 안 가면 내년은 안 온다." 지금 세대 아이들은 조금만 해도 "못해 먹겠다"고 말한다(노무현이 대표적 인물). 그것은 수직적 문화가 없기 때문이다.

왜 유대인들이 노벨상(32%)을 많이 받았는가? 1999년에 세계인물을 4사람 뽑았는데 아인슈타인, 칼 마르크스, 프로이드, 뉴턴을 뽑았다. 뉴턴만 영국인이고, 3사람은 다 유대인이다. 그러나 근세사에서 위대한 인물을 보면 유대인이 많다. 키신저, 울브라이트, 스필버그, 록펠러, 로이터 통신, 멘델스존, 루빈슈타인, 빌게이츠, 스티브잡스 등. 그러나 유대인들의 인구는 세계 인구의 0.2%에 불과하다.

그런데 역사를 보면 유대인과 한국은 유사점이 많다. 첫째는 강대국 틈에 있다는 것과 둘째는 자원이 부족하다는 점이다. 이것을 우리는 독일광부 파송, 월남파송, 중동에 파송을 통해 해결했다. 그러나 자녀교육에 투자를 하는 것은 한국이 앞선다. 그런데 왜 우리는 노벨상을 못 받고 있는가? 이유는 두 가지 차이점 때문이다.

(1) 유대인들은 세대차이가 없다. 왜냐하면 이들은 어디를 가든 3대가 같이 다닌다. 예배도 그렇다. 그러나 우리는 주일예배는 따로 따로 한다. 그래서 70%가 언어가 달라 세대 차이가 심하다.

(2) 유대인들의 교육처럼 가정이 중심이 되어야 한다. 이것을 알기 위해 나는 이스라엘에 있을 때 오랫동안 유대인 가정에 있었다. 얼마나 가정교육을 열심히 하는지 모른다. 자녀는 항상 대가족이다. 열 자녀를 둔 가정도 많다. 한 살 먹은 아이에게 히브리어로 된 퍼즐을 가르쳐 22자의 히브리어를 깨우친다. 다음에는 노래로 외우게 한다. 심지어 어머니는 아이들과 함께 빵을 만든다. 물론 아이들에게는 하나의 놀이인 것이다. 가장 중요한 것은 부모, 특히 어머니의 자세이다. 유대인이 되려면 아버지가 어느 나

라 민족이든 상관없다. 엄마만 유대인이면 된다. 왜냐하면 어머니의 교육이 절대적이기 때문이다. 어머니는 절대로 화를 내거나 때리는 법이 없다. 그러자면 아이를 존중하고(하나님의 자녀란 심정을 가짐) 칭찬하며 인내해야 한다. 가장 중요한 것은 반복교육이다.

유대인들의 교육은 3살 때부터 시작한다. 그 이전은 놀이식 교육이다. 유대인들은 텔레비전을 보지 않는다. 집에 텔레비전이 없다. 문설주에 쉐마를 기록해 놓은 Mezuza를 붙여놓는다. 들어갈 때 나갈 때 손을 대며 인사한다. 유대인들은 하루에 4번 기도를 하는데 그냥 하는 것이 유대인들의 고대풍습대로 머리에 키파(하나님을 경외하는 표시)를 쓰고 어깨에는 소울을 쓰고 손에 끈을 감고 앞뒤로 흔들며(정신집중을 위해) 기도한다.

그러나 우리는 미국의 존 듀이(d. 1952)의 교육철학을 따른다. 그는 실용주의(Pragmatism)의 대표적 철학자이며 민주주의에 대한 확고한 신념을 가진 사람이다. 그는 실용적 교육을 주장했다. 그래서 첫째 모든 것은 아이들이 원하는 것을 하라고 했다. 그러나 유대인들은 부모가 원하는 것을 한다. 쉐마 교육, 코셔 음식(레위기 11장에 따라서 만든 음식). 옷까지 같이 입는다. 둘째 아이를 낳으면 전문가(학교)에 맡겨라. 그래서 한국 부모들은 데려다 주는 것만 잘한다(학교, 교회, 학원 등등). 그러나 듀이의 교육철학이 미국을 망쳤고 한국을 망치고 있다는 것을 알아야 한다. 우리는 유대인들의 교육방법을 따라야 세대 간의 격차, 좋은 전통의 계승을 할 수 있다.

유대인들의 학교에서는 3가지 언어(히브리어, 영어, 고대 히브리어인 이디쉬어)를 사용한다. 그러므로 유대인들은 외국어에 익숙하며 영어는 모국어나 다름없이 한다. 학교에서는 10살부터 미시나 15살부터는 탈무드를 가르친다. 학교에 성적표가 없다. 다만 배우고 있는 부분(탈무드 등)을 기록

할 뿐이다. 유대인들은 나라 없이 많은 것을 빼앗겨 왔기 때문에 지식을 가장 소중히 여긴다. 지식은 아무도 죽을 때까지 빼앗을 수 없기 때문이다. 장사를 해도 작고 가지고 다니기 편리한 것, 즉 다이아몬드와 금을 주로 취급한다.

지금 아이들은 수평문화로 인해 특히 영상문화로 인해 부모에게 덤벼들고 선생에게도 덤벼든다. code가 안 맞으니 세대차이가 난다. 우리도 좋은 게 많은데 서양문화로 인해 다 버렸고, 잊었다. 가정에서의 효나 부모에게 순종하는 것은 우리의 미풍양속인데 우리의 좋은 점은 지금은 없다. 그래서 나쁜 것 이혼, 저출산, 자살 같은 것만 일등을 한다.

EQ란 두 가지를 말한다. Educational Quotient와 Emotional Quotient. 여기서는 감성지수로 사용한다. EQ는 1985년 Wayne Payne의 박사학위 논문에서 시작되었다.

이것에 대해서는 비판도 없지 않다. 지금은 133항목으로 조사한다.

그것을 높이는 비결은 클래식 음악, 요가, 관상기도 등이 있으나 최고는 쉐마 교육이다.

3. SQ란 무엇이며 어떤 작용을 하는가?

영성(spirituality)이란 심령주의(spiritualism)와는 다르다. 여러 가지 다른 뜻으로 사용하는데 많은 사람들은 종교에 참여하는 것으로, 교회에 가는 것으로 생각한다. 놀라운 것은 의학에서 이 영성문제를 다루고 있다는 점이다. 그러면 영성이란 무엇인가? 영성의 관심은 5세기부터 시작하여 중세에 이르러 보다 수도원 운동을 통해 깊어졌다. 그 역사를 보면 수도원적 영성운동에서 시작하여 중세에 와서는 신비적 영성운동으로 그 후에는 생활의 영성 강조를 한 토마스 아 킴피스의 그리스도 모방운동(imitation of Christ)으로 갔으며 이것은 종교개혁가들에게 큰 영향을 주었다.

문제는 최근에 와서 영성관심의 고조로 인해 심지어 '해방의 영성'이
니 '동성애의 영성' 등 큰 혼란을 일으키고 있다는 점이다. 현재의 경향
은 풀러의 조직신학 교수인 이정석이 3가지로 잘 요약하고 있다.

  (1) 17세기의 이성과 교리주의에 반발하여 일어난 묵상과 기도, 경
     건생활을 중심하여 일어난 요한 웨슬리 대표되는 운동
  (2) 19세기 자유주의의 아버지인 슐라이엘마허의 '기독교의 본질은
     종교적 feeling'이라고 규정하고 그것을 추구한 합리적 영성
  (3) 1960연대의 포스트 모던이즘(Post-Modernism)과 미국의 반전운동.
     히피운동, 그리고 힌두교의 구르(산스크리트어로 선생이란 뜻)를 중심한
     뉴 에이지 운동 등. 여기서 20세기 초에 일어난 오순절운동(은사
     를 강조하고 신비적 영성을 추구)이 일어났다.

한국에서는 엄두섭의 수도적 관심과 함께 종교다원주의자인 김경재
의 『영성신학 서설』(1985)과 『종교다원시대의 기독교 영성』(92년)이 있
다. 재미있는 사실은 영성운동이 신자유주의운동에서 출발하여 복음주
의의 계열로 확산해 가는 과정이란 점이다.

이정석은 몇 가지로 영성의 개념을 구별하고 있다.

  (1) 자연주의적 영성: 가톨릭의 토마스 머튼처럼 동양종교로 향한다.
  (2) 신비적 영성: 하나님과의 수직적 교통을 통한 신비한 능력과 엑
     스타시적 종교체험을 추구.

테레사는 하나님과의 약혼. 결혼의 7단계로 보았다. 한국에서는 성령
수술을 강조한 김계화의 '할렐루야 기도원'을 들 수 있다. 그의 성령수
술이나 생수치료는 이단적 방법이다. 이들은 비성경적 예언까지 용납한
다. 여기서 시한부 종말론이 나왔다.

또 다른 것은 안동민의 유체이탈(혼이 육체를 잠시 떠나 죽었다 깨어나 그 기간을

꿈처럼 겪었던 순간을 체험한 것처럼 느낀다고 함)이다. 그는 1997년에 사망했으며 사람들의 전생을 보고 심령치료의 붐을 일으켰다. 옴 진동수를 통해 육각수를 만들어 팔았다. 육각수는 세계적 물 박사인 전무식 교수(한국 과학 기술원)이 주장한 것이다. 그는 물속에는 6각형 고리 구조로 되어 있는데 체내 세포가 가장 좋아하는 것이라고 한다. 효능으로는 성인병 예방, 뇌졸중. 당뇨병, 신장병, 피부청결에 좋다고 한다. 6각형 물을 옴 진동을 쪼이면 6각수가 된다는 것은 과학적으로 증명된 것은 아니다.

필자는 영성을 인간의 삼대 성품인 지성·감성·영성의 하나로 구별한다. 그러나 중요한 것은 영성은 영혼의 한 작용이란 점이다. 여기서 말하는 영성은 영혼의 한 면이지만 인간이 타락함으로 상실한 하나님과 교통하는 흔적 작용(이성)과 구별되는 영적 작용으로 본다. 이 영적 작용은 영혼 속에 잠자고(혹은 죽어) 있다.

4. 쉐마 교육의 유익과 방법은?

(1) 쉐마란? 신6:4-9/11:13-21/민15:37-41

"Shema Yisrael Adonai eloheinu Adonai ehad"(4절). Shema: hear, listen. accept.

(2) 교육방법은?

talit란 숄을 입고, 왼손 4개를 붙들고 소리 내어 읽는다. 꼭 히브리어로 읽을 필요는 없다. 다 읽고는 손에 키스를 한다. 쉐마는 248개의 글자로 되어 있다. 몸의 구조의 숫자와 같다. 매일 두 번씩 아침과 저녁으로 외워야 하며 축복의 처음과 나중에도 읽어야 한다. 기도할 때, 아침 축복할 때, 인식일, 축제일에도 외우고 잘 때나 죽을 때에도 외워야 한다.

(3) 쉐마 교육의 유익은?

(1) 유대인들의 역사가 그것을 증명한다.

(2) 영성개발을 통해 얻는 것은? 자아의 본질을 발견케 하여 참 자아에 이르게 됨/영감을 받음/ 가치와 의미를 깨닫게 하여 삶의 방향을 알려주는 원천이 됨/신적 영역과 연결됨.

(3) 방법은? 명상(meditation)/ 관조(contemplation: 고요한 마음으로 담담하게 대상을 관찰하거나 살피는 것)/ 기도/ 성경연구/ 반복과 3세 전에 어머니로부터의 교육이 가장 중요하다.

성공적인 시작을 위하여

(욥8:5-7)

말도 않고 사고도 많았던 한 해도 이제 영원한 과거가 되고 있습니다. 이제 우리는 광복 70주년이 되는 을미년, 양띠의 2015년의 새해를 시작하면서 우리 모두가 나름대로의 꿈과 계획이 있을 것입니다.

그러나 저는 지금 '똥 누고 밑을 막 나가 손에 똥이 묻은 기분'입니다. 왜냐하면 2014년의 문제를 해결 못하고 그냥 지나가기 때문입니다. 그것은 '세월호로 인한 슬픔과 분노'는 그대로 둔 채 그냥 지나가는 것이 너무도 아쉽기 때문입니다. 세월호만 침몰한 것이 아니라 대한민국이 침몰하고 있기 때문입니다. 그것을 깔끔하게 해결했다면 국가적 에너지로 승화할 수 있어서 한 계단 더 선진국으로 갈 수 있는 기회를 놓쳤기 때문입니다.

더구나 새 해를 맞아 우리가 마냥 희망의 꿈만 가질 수 없는 것은 2015년을 북한이 적화통일의 해로 선포했기 때문입니다. 많은 분들은 그것은 다 김정은의 미친놈 잠꼬대 같은 소리로 치부하지만 그럴 수만 없는 것은 방귀도 자주 뀌면 똥을 싸기 때문입니다.

더구나 소니사의 '인터뷰'라는 영화가 북한의 해킹으로 인해서 초강대국인 미국까지 위협했기 때문입니다. 결과는 삼류 영화인 인터뷰를 세계적으로 광고한 결과가 되었지만 북한의 위협은 여기서 끝나지 않고 있습니다.

지금 북한의 악성코드 배포로 우리나라 원전의 문서와 도면과 사진들이 유출 당했고, 아직도 그것을 해결 못하고 있기 때문입니다.

사실 역사를 보면 크고 번창했던 나라들과 없어진 언어들이 무수히 많기 때문입니다. 예를 들면 페니키아와 앗수르가 대표적 예입니다.

그러나 제가 새 해에 희망을 가지는 것은 우리 민족은 고난이 올수록 더 단결하고 뭉치기 때문이고 더 중요한 것은 하나님은 지금도 살아계시고, 아직도 우리나라를 역사의 마지막 선교적 주자로 쓰실 것이라는 믿음이 있기 때문입니다.

그러면 '어떻게 하면 성공적인 시작이 될 것인가?'를 성경의 말씀을 중심으로 함께 살펴보면서 은혜를 나누려고 합니다.

영어에 1월을 January라고 하는데 그 말은 로마의 신화에서 나오는 제이너스(Janus) 우리말로는 야누스란 말에서 유래했습니다. 이 야누스란 신은 얼굴이 앞과 뒤에 있어서 양쪽을 동시에 보았다고 합니다. 여기서 로마의 두 번째 황제가 역법을 개혁할 때 1월을 야누스에게 바친다는 뜻으로 라틴어로 야누리우스, 영어로는 January라고 했습니다. 왜냐하면 1월은 지나간 한 해를 뒤돌아보고 다가올 한 해를 계획하는 달이기 때문입니다. 그러므로 우리는 오늘 내가 2014년에 실패한 이유가 무엇인지 그것을 반면교사로 삼고, 새해인 2015년을 어떻게 시작할지 계획을 세우는 날이 되기를 바랍니다.

1. 시작의 중요성

시작의 중요성부터 살펴보겠습니다. '시작이 좋아야 끝이 좋다'는 독일의 속담이 있습니다. 또 한국 속담에는 '시작이 반'이란 말도 있습니다. 또 미국의 속담에는 '양복의 첫 단추가 제 위치에 잘 맞아야 다음의 모든 단추가 맞게 되어 있다'란 말도 있습니다. 이처럼 시작은 중요합니다.

유대 인들은 새로운 해의 첫날을 나팔절이라고 해서 나팔을 불어 기념했습니다(레23:24). 왜 나팔을 불었을까요? 그것은 잠자는 자들은 다 '깨어 일어나라'는 뜻입니다. 또 새로운 시작은 미래를 걱정하는 중요한 시간이기 때문입니다. 오늘 본문의 말씀에도 미약한 시작과 장대한 나중의 차이점을 비교하고 있습니다. 그러므로 우리도 지금 시작은 미약하지만 나중은 창대할 수 있기를 축원합니다.

개인의 믿음도 그렇고, 가정의 화목도 그렇고, 사업도 그렇고, 교회도 금년 말에는 창대해지는 축복이 넘치기를 축원합니다. 그러면 2015년을 어떻게 하면 성공적으로 시작할 수 있을까요?

2. 성공적 시작을 위해 우선순위를 바로 하라

성공적인 시작을 위해서는 먼저 할 것, 즉 우선순위를 정해야 합니다. 마태복음의 산상설교에 보면 먼저 할 것, 즉 우선순위에 관한 세 마디의 말씀이 5장에 하나, 6장에 하나, 7장에 하나씩 나옵니다.

첫 번째 말씀은 마5:23-24절에 나옵니다. "우순순위를 바로 하라'는 것입니다. 그러므로 예물을 제단에 드리다가 거기서 네 형제에게 원망들을 만한 일이 있는 줄 생각나거든 예물을 제단 앞에 두고 '먼저' 가서 형제와 화목하고 그 후에 와서 예물을 드리라"고 했습니다. 예배가 가장 중요하지만 순서상으로는 예배보 다 형제들과의 화목이 우선순위에서 앞서야 한다는 말씀입니다.

두 번째 말씀은 마6:33절에 나옵니다. 성공적인 시작을 위해서 '초점을 바로 가지라'는 것입니다. "너희는 '먼저' 그의 나라와 그의 의를 구하라. 그리하면 이 모든 것을 너희에게 더하시리라" 인간이 추구해야 할 것의 우선순위를 말씀한 것입니다. 민저, 즉 시작으로 추구해야 할 것이 그의 나라와 그의 의라는 것입니다. 나의 왕국이 아닙니다. 다시 말해서 신앙의 생활 목표로서 그 나라와 그의 즉 '하나님과의 바른 관계'를 구해야 한다는 것입니다.

3. 나의 잘못부터 해결

새해를 시작하면서 고지할 것이 많은데 무엇부터 개선해야 하는가를 가르쳐 줍니다. "외식하는 자여 '먼저' 네 눈 속에 있는 돌보를 빼어라. 그 후에야 밝혀 보고 형제의 눈 속에서 티를 빼어라" '나의 잘못부터 먼저 고치고 그 후에' 남의 문제를 해결하라는 말씀입니다. 그러나 우리는 남의 약점만 봅니다. 나의 약점은 몇 배나 많은데 그것은 무시합니다. 그러므로 우리의 시작은 나의 잘못과 약점부터 해결하는 데서 시작해야 합니다. 개선이니 개혁이니 하는 것은 자신에게서 먼저 시작하라는 것입니다.

4. 성공을 위해 세 가지를 먼저 하라

다음으로 본문 읍기서에 보면 성공적인 시작을 위해서 세 가지를 하라고 했습니다. 아주 작은 것처럼 보이지만, 그러나 그것이 모든 것을 결정하기 때문입니다. 여러분들은 『하멜의 표류기』를 읽어보셨습니까?

그것은 1643년에 하멜이란 사람이 화란에서 동인도회사 상선을 타고 일본 나가사키로 가다가 난파되어 제주도에서 36명의 선원들과 함께 잡혀서 일어났던 이야기입니다. 그들은 13년 동안 노예처럼 제주도에서 일하다가 어느 날 몰래 제주도에서 탈출하여 일본으로 건너갔습니다. 이들은 총을 만드는 기술자들이었는데 일본 사람들은 그들에게서 총 만드는 법을 배워서 우리보다 먼저 개화한 것입니다.

그 당시 한국에는 한 사람도 화란어를 배우려고 하지 않았고, 총 만드는 법도 배우려고 하지 않았습니다. 활이면 다 된다고 생각한 것입니다. 이 사건은 아주 작은 실수였지만, 그러나 결과는 우리를 후진국으로 만들고 마침내는 나라를 잃게 하였습니다. 그래서 작은 일이 큰일을 그르치는 것입니다. 작은 구멍이 큰 배를 침몰시키는 것입니다. 이것은 국가도, 회사도, 개인도 마찬가지입니다.

그러면 어떻게 해야 할까요?

(1) 본문에 보면 하나님을 부지런히 '구하라'고 했습니다. 놀라운 것은 경제가 중요하니 돈을 부지런히 구하라고 하지 않고, 먼저 하나님을 부지런히 구하라는 것입니다. 왜 그럴까요? 그것은 세상의 모든 것은 하나님의 심리 속에서 이루어지고, 하나님의 능력 속에서 성취되기 때문입니다.

(2) 다음은 '전능하신 이에게 빌라' 즉 기도하라는 것입니다. 새 해엔 기도 많이 하세요. 왜냐하면 기도는 천국 창고문을 여는 열쇠이고, 하나님의 축복을 받는 손이요 채널이기 때문입니다.

(3) 청결하고 '정직하게 살라'고 했습니다. 정직하게 사는 것이 세상에서는 가장 어리석게 보이지만, 그러나 중요한 것은 거짓은 아름다운 열매를 맺지 못하기 때문입니다. 도산 안창호는 죽어도 거짓말을 하지 말라고 했습니다. 사실 한국인은 두뇌가 세계적으로 뛰어납니다. 저도 미국에서 공부하면서 여러 나라 학생들과 경쟁해 보았습니다. 그래서 우리의 두뇌는 세계적이란 것을 확신합니다. 그러나 우리의 오늘날의 문제는 정직하지 못한 것이 문제입니다. 한국의 탈세율이 26.8%이고 국가의 신용도가 46위입니다. 세계적으로 볼 때에 정직과 공정함이 없는 나라며 그런 국민이란 뜻입니다. 그럼에도 불구하고 제가 새 해에 대한 희망을 갖는 것은 세계의 지도적 국가인 미국, 영국, 독일은 후진국을 가르치는 데만 익숙할 뿐 그들에게서 배우는 데는 게으르지만 반대로 우리 민족은 여전히 배우려고 하고, 따라 가려고 힘쓰는 민

족이기 때문입니다. 바라기는 저를 비롯한 미생과 같은 우리들, 시작을 잘 해서 양의 해인 내년에는 완생이 되고 다 행복할 수 있기를 바랍니다.

금년에 가장 인기가 있었던 화두는 첫째는 이순신이고(명량이란 영화로 1700만 명을 돌파), 둘째는 200만 부를 판 『미생』이란 웹툰 만화였습니다. 여기서 웹툰이란 '연재 인터넷 만화'를 말합니다. 이순신의 말 중에 '신에게는 아직 12척의 배가 남아 있습니다.'란 말은 우리들에게 생명이 있는 한 희망과 꿈이 있다는 교훈을 줍니다.

또 미생이란 윤태호의 연재만화와 이것을 드라마화한 미생이 한류바람을 일으킨 '별에서 온 그대'를 물리치고, 2014년의 최고의 드라마로 뽑혔습니다.

미생이란 말은 '아직 죽지 않은 자' 또는 '아직 살아 있지 못한 자'란 뜻인데 바둑 용어로 집이나 대마가 살아 있지 않는 상태를 말하는 것입니다. 많은 사람들이 이 만화를 보면서 '나는 미생이야'라는 생각을 갖게 하여 공감을 가지게 하는 인생을 통찰력 있게 그린 만화요 드라마입니다. 그 드라마가 TvN에서 20회로 끝났는데 이삼십 대의 젊은이들에게 폭발적인 인기가 있었습니다. 저는 그 내용을 보면서 이렇게 인생을 깊이 있게 바둑 철학적으로 생각하는 작가가 있다는데 놀랐습니다.

바둑기사가 되려던 한 청년, 아는 것은 바둑뿐인 장그래란 청년이 하루하루를 고뇌하고 자책하고 회사라는 굴레 속에서 혹사당하면서 살아가는 것을 너무도 잘 리얼하게 그린 점에서 지금의 우리의 모습을 보는 것 같았습니다. 많은 좋은 이야기가 있지만 '싸움은 기다리는 것부터 시작이야' '비터, 시작했으면 버티라구. 버티는 것은 완생을 말하는 거야'란 말이 저의 가슴에 와 닿았습니다.

바라기는 2015년의 새해에는 우리 모두가 뜻을 이루어 완생이 되는 한 해가 되기를 주님의 이름으로 축원합니다.

맺는 말

저의 설교는 이것으로 마치고, 여러분과 함께 건배사를 드림으로써 저의 순서를 끝내려고 합니다. 죄송하지만 다 함께 일어서 주시기 바랍니다. 미국에서는 cheers(즐겁게)라고 건배합니다. 특히 작년에 유행했던 건배사는 '오바마'란 건배사였습니다. 뜻은 '오 바라만 보아도 좋은 마이 프랜드'란 뜻입니다.

그러나 한국에서는 새해엔 '진달래'입니다. 무슨 뜻이냐고요? '진하고 달콤한 미래를 위하여'란 뜻입니다. 오늘은 전에 해왔던 건배사를 제가 하면 여러분들은 다 같이 '위하여'라고 제창하겠습니다. '오직 주님을!' (위하여) 박자가 맞아야지요. 한 번 더 '창조문예사를(기영약품회사를)' '위하여!' 감사합니다.

세계 최초의 찬송가, 아리랑

(창10:21-31)

아리랑은 작사자도 작곡가도 없는 세계 최초의 찬송가이다.

오랜 이동과 방황 속에서 나온 욕단과 그의 후손들이 그들의 신앙고백으로 함께 불렀고 불러서 구전으로 내려온 찬송가이다. 그래서 아리랑은 각 지방마다 가사가 다른 것도 바로 그 후손들이 이리저리 부르면서 덧붙였기 때문이다.

아리랑 찬송에서 중요한 것은 '하나님'이란 단어이다. 하나님이란 말은 '하나'에 '님'자를 붙여서 만든 조립된 말이 아니다. 최근에는 애국가에는 물론 모든 사전에도 '하느님'이라고 표시한 건 틀린 표현이다. 왜냐하면 하나님이란 말과 하느님이란 말은 그 어원이 다르기 때문이다. 하느님이란 말은 '하늘'에다가 존경하는 인격체에 붙이는 '님'자를 넣어서 만든 말이기 때문이다. 하나님을 하느님이라고 부르면 그것은 성경이 말하는 야훼 즉 삼위일체의 인격적 신이 아니기 때문이다.

그러면 하나님이란 말은 무슨 뜻인가? 그 어원은 '한알님'서 온 것이다. 왜냐하면 '한알님'이란 말은 '한' '크다'란 말과 '알' 즉 하나님이란 말의 고어인 한 알을 붙이고, 끝에 '님'(인격체에 대한 존칭어)이란 말을 붙여서 된 '한알 님' 즉 하나님이란 말이다. 여기서 중요한 것은 '알'이 왜 하나님을 뜻한다고 보는가이다. 히브리어에서는 하나님을 '엘'(El)이라고 했고 삼위일체 하나님을 말할 때는 복수형인 '엘로힘'이라고 했다. 아람어에서는 하나님을 '알라'(Alah)라고 부른 것은 결코 우연의 일치가 아니다.

재미있는 것은 한국의 전설에 보면 광개토대왕이 부란이생(알을 깨고 나왔다)의 난생(卵生)설화가 있다. 물론 하늘에서 왔다는 천생설화도 있다. 둘 다 그의 출생을 신격화한 것이지만 중요한 것은 난생설화는 남방문화에 속한다. 또 신라를 세운 박혁거세도 알에서 나왔다는 전설이 있다. 신라의 전설에 보면 임금이 없어 백성들이 방송한 것을 보고 마을지도자들이 모여 덕이 있는 사람을 임금으로 세우고 나라를 다스리도록 하자고 했는데 높은 산에 올라가 보니 산 아래에 이상한 기운이 땅에서 감돌아 자세히 보니 흰 말 한 마리가 꿇어서 절하는 것이 보였다고 한다. 내려가 보니 자줏빛 나는 알 한 개가 있어 쪼개어 보니 사내아이가 나왔는데 그가 바로 신라의 초대왕인 박혁거세라는 것이다.

물론 이 이야기들은 다 나라를 세운 왕들에 대한 신격화에서 나온 사람들이 만든 전설일 뿐이다.

그러나 여기서 필자가 말하고자 하는 것은 '알'이란 말이 본래 존귀한 존재, 하늘로부터 온 신적 존재라는 뜻으로 사용했다는 점이다. 그것은 본래 '알'이란 말이 하나님을 뜻하는 말이었기 때문이다.

그런데 재미있는 것은 한국의 민요인 아리랑 노래를 보면 우리 민족이 얼마나 신본주의(神本主義)였던가를 알 수 있다. 물론 이 아리랑 노래는 지방마다 조금씩 다르다. 경기 아리랑, 진도 아리랑, 정선 아리랑, 밀양 아리랑 등이 있다. 먼저 일반적으로 부르는 경기 아리랑의 가사를 보자. 1절은 '아리랑, 아리랑 아라리요 아리랑 고개로 넘어간다. 나를 버리고 가시는 님은 십리도 못 가서 발병 난다'. 2절은 '청천 하늘엔 별도(혹은 잔별도) 많고 우리네 가슴에 꿈도 많다.' 3절은 '저기 저 산이 백두산이라지, 동지섣달에도 꽃만 핀다지.'

여기서 주목할 것은 일반적으로는 후렴이 뒤에 나오지만(노래 곡조 끝에 붙여서 부른다는 뜻으로 후렴이라고 하지만) 아리랑에서는 앞에 나온다는 특징이 있다. 그래서 2절과 3절 시작에도 후렴을 먼저 부른다.

여기서 아리랑을 어원적으로 분석해 보자. '아리랑(알이랑. 즉 하나님과 함께), 아리랑 아라리요(알알이요), 아리랑(알이랑 즉 하나님과 함께) 고개(알타이산맥. 한 붉산=태백산=백두산)로 넘어 간다'는 뜻이다. 다음에 나오는 '나를 버리고 가시는 님은 십리도 못 가서 발병 난다'는 말에서 '나를 버리고 가시는 님'이란 말은 하나님을 버리고(불신하고 배척하고) 떠난 불신 무리들을 말한다.

중요한 것은 '발병 난다'란 말이 악담이나 저주가 아니라 사랑하는 님이 발병이라도 나서 하나님 품으로 돌아오라는 인정(사랑)의 표현이며 희귀원망(回歸願望)의 표현이란 점이다. 발병이란 말도 문자적인 그런 뜻이 아니라 고개를 넘은 후에 발에 물집이 잡히거나 상처가 나는 것을 의미한다. 중요한 것은 여기서 넘어간 사람이 누구인가이다.

그는 창세기 10:21절과 25-26절에 나오는 셈의 셋째 아들 아르박삿의 손자 아벨의 둘째아들인 욕단이다. 그는 해 떠오르는 붉(밝)의 땅 끝에 도달하여 나라를 세우고 왕이 된다. 그가 바로 붉달(단. 檀)의 임금(君)인 단군(檀君)왕검일 가능성이 많다. 즉 성경에 나오는 욕단이 단군이란 말이다(창10:25).

부언하면 욕단의 후손들은 '붉의 땅'에서 즉 배달. 광명의 본원지에서 빛 밝은 땅을 중심으로 살면서 산정제사(산위에서 드리는 제사)를 드리면서 살아온 부족들이다. 놀라운 것은 강화도에 가면 마니산(472.1미터)이 있고, 단군이 제사를 지냈다는 참성단(塹星壇)이 남아 있다. 그래서 개천절(10월 3일)이 되면 사람들이 이 참성단에 많이 몰려든다.

그러면 강화도 하점면 부근에 있는 고인돌(사적 137호)은 무엇을 했던 곳인가? 지금까지 많은 고인돌이 발견되었지만 마니산의 고인돌은 그 중에 하나에 속한다. 길이가 650cm, 너비가 520cm, 두께가 120cm,

무게는 약 80톤이나 된다. 이 고인돌을 보면 두 개의 돌을 세우고(그것은 '天地' 사상에 근거한 것) 그 위에 큰 돌 하나를 덮어서 제단을 만들고 희생제물을 올려놓고 번제를 드렸던 곳이다. 이것은 모세 이전에 돌 위에 제물을 바쳤던 제단과 같은 형태이다. 한국에서 발견된 가장 큰 고인돌은 고창 문곡리에서 발견된 높이가 4m, 무게가 200톤이나 되는 것이다. 어떤 이들은 이 고인돌이 족장들의 무덤으로 보기도 하지만, 그러나 지금까지 고인돌 부근에서 유골이나 부장품들이 발견된 적이 없기 때문에 그 학설은 증명되지 않은 가설일 뿐이다.

그러면 왜 우리민족을 배달의 민족이라고 했는가? 그것은 해가 뜨는 곳인 백두산과 그 변두리에 나라를 세워 살아온 민족이기 때문이다. 배달이란 말은 발달이란 말에서 온 것인데 그 뜻은 '밝은 땅'이란 말이다. 우리 민족을 백의민족이라고도 하는데 그것은 흰옷을 입기를 좋아했기 때문이다. 어떤 학자들은 왕이나 왕족들이 죽었을 때 백성들이 흰 옷을 입다가 너무 자주 입게 되어 그것이 버릇이 되어 백의민족이 되었다고 말하기도 한다.

그러나 그것은 흰옷의 진정한 의미를 모르기 때문이다. 왜냐 하면 부모가 죽었을 때 입는 옷은 검은색 옷이다. 흰옷이 아니다. 흰옷은 성경에도 나오지만 흰 세마포 옷을 뜻한다. 이 옷은 천국에서 입는 옷(계 7:910: 19:14)이기 때문이다. 따라서 흰옷을 많이 입었던 것은 우리 조상들이 하나님께 제사를 드리던 관습에서 온 것이기 때문이다.

여기서 희미하게나마 우리 민족의 기원을 짐작할 수 있다. 셈의 4대 후손인 에벨에게는 두 아들이 있었는데 첫 아들은 벨렉이요. 둘째 아들의 이름은 욕단이다. 벨렉('나뉘다'란 뜻)은 선민인 유대민족의 조상이며 욕단은 우리 민족의 조상이다. 그는 창 10:30절에 보면 스발로 가는 길의 동쪽 산 주변에 거주했다고 했는데 여기서 스발이란 말은 Sephal, 즉

'새 벌'. 새 땅을 의미 한다. 그래서 그 후손을 '붉달의 자손'(배달의 자손)이라고 부르게 된 것이다. 따라서 우리 민족은 유대민족과 함께 하나님의 특별한 택하심을 받은 셈족이다. 위에서 살펴본 대로 배달이란 말은 빛의 근원이신 하나님을 섬기는 민족이요 광명의 본거지인 동방의 해 뜨는 땅을 찾는 꿈을 가진 민족이란 뜻이다.

우리 말 가운데 특이한 것은 '우리'란 말이다. 다른 어떤 나라에서도 볼 수 없는 점이다. 심지어 자기의 아내를 '우리 아내'라고까지 부른다. 이것은 '울이' 즉 '울타리'란 말에서 온 것으로 공동체적인 표현이다. 놀라운 것은 하나님이 자신을 '우리'(삼위 일체 하나님)라고 한 점이다(요 17:11:21-22). 따라서 '우리'란 말은 단순히 '나'의 복수형이 아니다. 삼위 일체 하나님 자신을 표현한 말이다.

고대사를 보면 단군왕검이 '홍익인간'을 개국 이념으로 삼았다는 것이나 제천신앙(祭天信仰)을 가지고 마니산에 고민 돌을 만들어 제사를 지냈다고 기록되어 있다. 그 산을 지금은 마니라고 부르지만 본래는 '마리산'이었는데 세월의 흐름에 따라 와전된 것이다. 마리란 말은 '머리'란 뜻으로 '한 알 님'께 제사 드리는 우두머리 산이란 뜻이다.

따라서 우리 민족의 아리랑은 단순한 민요가 아니라 한국에서 세계 최초로 기록된 찬송가며 복음송이다. 그런 점에서 우리는 하나님의 택하신 민족이란 자긍심과 사명감을 가져야 할 것이다.

끝으로 우리의 얼굴에 때가 묻지 않는 삶을 살아야 한다. 얼굴이란 '얼이 들어 있는 굴'이란 말인데 이 얼은 알, 즉 창조주 하나님께서 넣어주신 혼이다. 그러므로 '얼빠진 삶'을 살아서는 안 된다. 얼빠졌다는 말은 '혼이 빠진 삶'을 말한다. 그런 점에서 영성계발을 통하여 지금의 침체된 삶에서 그리스도를 닮은 삶으로 변화되어 작은 예수가 되어야 할 것이다.

문학으로서의 성서

성서를 문학으로 보기 시작한 것은 르네상스 이후 특별히 19세기의 소위 고등비평에서부터이다. 소위 자유주의 신학자들이 이에 앞장서 왔다. 그러나 보수신학이 대세를 이루고 있는 한국에서는 아직도 성서를 문학의 한 장르로 보는 것에 대해 알레르기성 반응을 하고 있다.

그것은 성서를 어떻게 인간의 작품인 문학과 동일시할 수 있느냐? 그것은 성서의 영감성을 무시하는 것이란 편견에서 온 것이다. 왜냐하면 성서의 무오류성과 절대성이란 기초가 무너질 것이란 두려움에서이다. 그러나 필자는 보수신학자의 한 사람으로 분류되고 있지만 이제는 성서를 문학으로 보지 않고는 성서의 그 무궁무진한 문학적 가치와 메시지를 알 수 없다는 점에서 문학적으로도 연구되어야 한다고 본다.

왜냐하면 성서를 문학으로 본다고 해서 하나님의 말씀으로서의 성서관이 무너지는 것은 아니다. 솔직히 말하면 성서를 문학으로 본다고 해서 하나님의 말씀으로서의 성서관이 무너지지는 것은 결단코 아니기 때문이다.

마13:34절에 보면 예수님께서 "비유가 아니면 아무 것도 말씀하지 아니하였으니"라고 한 것은 예수님께서 문학의 장르인 비유문학으로 천국의 비밀을 가르쳤다는 것인데 그것은 필자의 주장 즉 성서는 하나님의 절대적인 말씀이기도 하지만 또한 인간을 통한 문학이기도 하다는 것을 증명해주는 말씀이다.

필자가 쓴 『예수님의 비유와 이적』이란 책에서 비유연구의 방법으로 제1의 삶의 정황 즉 그 비유의 'Sitz im Leben' 속에서 예수님이 표현하려고 한 비유의 의미를 찾아내고 또 한 걸음 더 나아가 제2의 삶의 정황을 통해 오늘의 우리들에게 주시는 저자가 뜻하는 비유의 의미를 찾으려고 했다.

그러나 필자의 그 시도는 보수신학의 기본인 하나님의 말씀의 절대성을 무너뜨리지 않았고, 오히려 비유의 그 풍성한 문학적 가치를 찾아 지금도 살아서 역사하는 하나님의 말씀으로 체험케 한 것은 하나님의 말씀으로서의 성서관과 문학으로서의 성서관이 결코 둘 중에 하나(ehther or)가 아니라 둘 다(both and) 함께 양립할 수도 있다는 것을 잘 말해준다.

솔직히 말해서 역사를 보면 성서를 문학의 하나로 본 견해들이 성서의 영감성에 많은 상처를 준 것은 사실이지만, 그러나 그렇다고 문학으로서의 성서적 접근을 외면하면 지금도 살아 움직이는 성서의 깊은 문학적 가치를 상실하고 있다는 점도 눈여겨보아야 한다.

사실 성서해석학에서 볼 수 있는 대로 보수신학이 성서의 알레고리칼 해석(allegorical interpretation)이라는 함정에 빠지는 이유도 성서의 문학적 가치를 무시한 보수신학의 약점이기도 하다.

꼭 성서를 문학적으로 연구해야 하는가? 그 질문은 잘못된 질문이다. 성서는 하나님의 말씀으로 연구해야 하지만, 그러나 그 저자들이 역사와 문화 속에서 실제로 살았던 사람들이기 때문에 문학적 면도 살피라는 것이다. 예를 들면 시편을 우리가 문학적으로 안 보면 그 장르나 특징을 절대로 볼 수 없다. 그런 점에서 Robert Rowth가 1788년에 쓴 시편연구의 책은 그것을 구체적으로 증명해 준다. 즉 히브리 시는 대구법으로 표현되어 있는데 크게 세 가지. 즉 동의적 대구법과 반의적 대

제1부 목적이 이끄는 성공적인 삶 61

구법과 종합적 대구법 등이다. 또 묵시문학을 모르고는 예언문학과의 차이점을 알 수 없고, 결과적으로 계시록을 바로 해석할 수 없다는 말이다.

문학으로서의 성서분야를 개척한 사람은 R. G. Mouton(d.1924)이다. 그러나 이것에 관해 참고될 만한 책으로는 존 B『문학으로서의 성서』가 있고, 국내 서적으로는 조신권의『성서문학의 이해』(1978), 현길언의 『문학과 성경』. 김봉군의『기독교 문학 이야기』등을 들 수 있다.

지금 많은 목회자들의 설교를 들으면 솔직히 무미건조한 면을 볼 수 있는데 그것은 성서를 하나님의 말씀으로만 강조하고 그것을 삶의 정황 속에서 해석하지 않기 때문이다. 그런 점에서 우리 기독교 문인들이 앞장서서 성서의 문학적 가치를 소개하고 연구해야 할 분야라고 생각한다. 왜냐하면 성서는 문학 중에 문학이라고 할 만하기 때문이다. 그러나 또한 잊지 말아야 할 것은 성서가 문학이기는 하지만 다른 일반 문학과 다르다는 점도 강조하고 연구되어야 한다.

문학으로서의 성서가 다른 일반 문학과 다른 점은 무엇인가? 성서는 한 권의 책이지만, 그러나 66권이 서로 다른 주제와 내용으로 되어 있으며 더욱 놀라운 것은 각 책마다 그 장르가 서로 다르고 다양하다는 점이다.

성서는 약 30명의 저사들이 1500년간에 걸쳐서 기록했다는 점도 특수하다. 성서는 크게 보면 구약과 신약으로 나누어지는데 언어도 구약은 히브리어와 아람어(다니엘서 같은 경우)로 기록되었고, 신약은 헬라어 그것도 고전 헬라어가 아닌 코이네 헬라어로 기록되었다.

이 성서는 호머의 오디세이(Odyssey)처럼 처음에는 구전으로 내려오다가 나중에 그 자료들이 기록되었다는 것이 특이한 점이다. 즉 처음에는 구전 혹은 단편적 기록들이 순회되다가 그것이 수집되고 편집되어 기록

한 것이 정경으로 결정된 것이란 점도 특이하다. 성서가 어려운 것은
그 다양성과 통일성을 동시에 가지고 있다는 점이다.

어떤 면에서 성서는 신문과 같다. 신문을 보면 정치면, 경제면, 사회
면, 문화면이 있는데 그 한 신문의 글들은 여러 가지 장르로 글을 쓰고
있듯이 성서도 그렇다.

우리가 문학을 이야기할 때 장르(genre)로 나누는데 이 장르란 말은
우리가 잘 아는 대로 본래는 불어에서 온 말로 유형(type) 혹은 종류
(kind)란 뜻이다. 성서의 특성은 그 장르가 다양하다는 점인데 예를 들
면 역사, 율법, 지혜, 시, 예언, 묵시, 복음, 서신, 비유 등 아주 다양하
다.

그래서 성서를 해석할 때에는 그 장르에 따라 해석해야 저자의 뜻을
분명하게 해석할 수가 있다. 단순히 하나님의 말씀으로만 이해하면 평
신도 수준 이상의 성서적 지식을 가질 수 없다. 성서를 잘못 해석하는
것은 예를 들면 묵시문학으로 된 계시록을 예언서로 해석하는 경우나
예수님의 비유를 오늘날의 시각으로 해석하는 것은 문학에 대한 이해
없이는 성서를 바로 이해할 수 없음을 말해 준다.

따라서 플라톤이 그의 공화국에서 시민들을 추방한 것처럼, 혹은 문
학을 외면한 교부들처럼 되지 않기 위해서는 우리는 성서의 문학적 면
에 대한 바른 이해가 필요하다. 그러면 성서가 문학작품이란 말은 무슨
뜻인가? 그것은 성시가 사람들에 의해, 구체적 청중들을 향하여 메시지
를 전달하려는 의도로 기록되었다는 뜻이다.

따라서 성서는 하나님의 말씀이지만 사람의 말로 기록된 것이다. 그
러므로 우리는 일차 독자들이 속한 삶의 자리와 그들이 사용한 언어와
문학적 기법을 이해하지 않고는 성서의 깊은 뜻을 이해할 수 없는 것이
다.

성서는 문학형식을 취하고 있다. 문학의 언어로 기록되었다는 말이다. 지금도 초대 교부들처럼 성서가 문학이란 말을 성서에 대한 하나님의 말씀이란 신념을 뒤엎는 일이라고 생각하는 것은 시대적 착각이다.

지금 우리가 미국이나 유럽에 가보면 기독교문학이니 성서문학이란 말을 아주 자연스럽게 듣고 있고 사용하고 있고, 또 그런 과들이나 대학들이 생기고 있는 것을 많이 볼 수 있다. 그럼에도 불구하고 우리가 아직도 문학으로서의 성서를 말하는 것에 대해 알레르기 반응을 하는 것은 프란시스 베이컨이 말한 동굴의 우상(idol of cave) 속에 우리가 살고 있음을 말해주는 것이다.

바울은 그의 제자이며 후배인 디모데에게 보낸 편지에서 자신의 목회 철학을 말하는 가운데 딤후2:15절에서 "진리의 말씀(성서)을 옳게 분변하며"라고 강조한 것은 성서에 대한 해석을 바로 하라는 권면이다. 헬라어 원문을 보면 '옳게 분변'하라는 말은 orthotomunto, 즉 두 단어가 아니라 한 단어로 되어 있다. 이 말은 성서를 해석할 때 장르를 바로 분변하지 못하는 것에 대한 경고이기도 하다.

우리는 C.S. Lewis가 『시편상고(Reflections on Psalms)』란 책에서 성서는 문학이라고 규정한 말을 주목해야 한다. 그러면서도 그는 성서는 일반문학과 다르다고 했다. 우리가 문학이라고 할 때 거기에는 3가지의 특징이 있다는 뜻이다.

첫째는 인간의 체험을 기록한 것이란 말이고,

둘째는 인간의 체험을 묘사한 것일 뿐 아니라 또 그 의미를 해석하고 있다는 점이다.

셋째는 문학은 예술의 형태이기 때문에 숙련된 기술과 아름다움이 있다는 말이다.

따라서 성서를 읽을 때 성서가 하나님의 말씀이란 믿음과 함께 문학이란 렌즈를 통해서 읽어야 보다 더 분명하게 그 뜻을 알 수가 있다. 유대인 학자인 Meir Sternberg는 성서는 그 특징이 종교적이며, 역사적이며 문학적이라고 주장했다. 예를 들어서 창세기에 나오는 가인과 아벨의 이야기(창4장)는 1-6절은 역사적 기록이고, 7-11절은 신학적(종교적) 기록이며 15-30절은 문학적 기록이라고 했다. 또 사사기 3:12-30절에 나오는 에훗의 암살 이야기나 시편 104편을 보면 성서의 문학적 특징을 알 수 있다고 했다.

Reland Ryken은 『How to read the Bible as literature』란 책에서 성서는 그냥 읽어서는 그 참뜻을 이해할 수 없고 문학으로 읽어야 그 참뜻을 충분히 이해할 수 있다고 했다.

그러나 필자는 그들의 이야기를 이해하고 부분적으로 따르면서도 또 한편으로는 성서의 또 다른 면, 즉 영성을 가지고 읽는 면을 그들이 보지 못한 점을 아쉬워한다. 그래서 성서는 기도 없이는 이해할 수 없고, 문학적인 면만으로는 부족하다는 것을 또한 지적하고 싶다. 그래서 성서는 문학이기는 하지만 일반 문학과는 다른 특수 문학이다.

필자는 성서를 평생 연구하면서도 욥기를 잘 이해하지 못했다. 그러나 욥기의 장르가 극시로 되었다는 것을 발견하고 문학으로 접근하면서부터 필자가 접한 글 가운데 욥기보다 더 위대한 시(극시)가 없음을 알게 되었다.

우리가 천재적 문학가로 영국의 윌리엄 셰익스피어와 독일의 요한 볼프강 폰 괴테(von Goethe)를 꼽는데 주저하지 않는다. 그런데 괴테의 경우 최고의 작품은 『파우스트(Faust)』인데 그 작품은 욥기에서 그의 환상을 가져온 것이다.

끝으로 사회학자로 유명한 E.H. 카는 '역사란 과거와 현재의 부단한 대화'라고 했는데 그런 점에서 고전인 성서와 현재(우리)의 부단한 대화

없이는 우리는 성서의 진수를 알 수가 없다고 생각한다. 그 대화는 영적인 것이 중심이지만 그것만으로는 부족하며 문학적 연구가 필수적으로 함께해야 한다.

왜냐하면 성서는 하나님의 말씀임과 동시에 또한 하나의 문학적으로 표현되었기 때문이다. 그러나 위에서 말한 대로 필자의 입장은 양면성을 가진 연구, 즉 영적, 문학적 연구를 함께함으로 인해 성서를 보다 깊이 알 수 있다고 생각한다. 그런 점에서 문학으로서의 성서연구는 특히 보수적 경향을 가진 한국에서는 보다 깊이 연구되어져야 우리가 빠져 있는 알레고리칼 해석의 함정에서 벗어날 수 있을 것이다.

우리는 왜 국가적 금식회개 운동을 해야 하는가?

금년은 우리가 아는 대로 루터의 종교개혁 500주년이 되는 해입니다. 지금 저는 『성서적으로 본 세계사』란 책을 '크리스천 문학나무'에 연재하고 있습니다. 그 글을 쓰면서 저는 역사를 통해서 들려주시는 하나님의 음성을 들었습니다. 그것은 500년을 한 주기로 해서 세계의 역사는 변해 왔고 또 앞으로도 변한다는 것이었습니다.

따라서 금년은 세계가 변할 것입니다. 그러나 문제는 우리가 준비하지 않으면 하나님께서 북쪽에 준비한 원자탄과 수소탄과 미사일로 남한을 비롯한 여러 나라를 불바다로 만들 것이란 경고도 함께 주셨습니다.

그러나 우리가 금식하며 회개하면서 이 시대에 하나님께서 주신 사명을 감당하면 북한이 복음으로 통일될 뿐 아니라 태평양시대에 한국이 영적으로 세계의 중심이 된다는 것입니다. 아멘.

따라서 지금 우리는 준비해야 합니다. 먼저 금식하면서 회개부터 시작해야 합니다. 아멘.

지금 우리 한국교회는 1884년에 복음이 들어온 후에 860만 명의 교인들을 가지고 있습니다. 세계 10대 교회 가운데 7개가 한국에 있습니다. 선교사는 2만 1천 명이나 되고 비공식적으로는 4만 명이나 되는 세계 최대의 선교국가가 되었으니 얼마나 자랑스럽습니까? 그러나 그것은 외형만 본 것입니다. 기독교윤리 실천운동에서 발표한 바에 의하면 종교 호감도가 천주교가 1위이고, 불교가 2위이고 기독교는 꼴찌입니다. 그것은 대형교회의 물량주의와 충현교회에서 시작한 부자간의 세습 문제와 매주 한번씩 신문과 잡지에 나오는 성직자들의 비윤리적 모습에 얼굴을 들 수가 없습니다.

그러므로 한국교회는 먼저 진지하게 회개하여 거듭나야 합니다. 십자가의 정신을 잃어버린 교회는 더 이상 교회가 아닙니다. 지금은 사회가 교회를 걱정하고 염려하는 시대가 되었습니다.

얼마 전에 영국의 설교가인 데니스 레인 목사의 충고를 귀담아 들어야 합니다. 그는 한국교회의 부흥과 성장을 자랑하지 말라고 말했습니다. 왜냐하면 100여 년 전에 영국은 한국과 비교할 수 없을 정도로 교회의 전성기를 가졌지만 지금은 그 화려한 교회건물들이 술집이 되고 박물관이 되고, 심지어 이슬람사원으로 변했음을 기억하라는 것입니다. 얼마 후에는 한국교회도 영국교회처럼 되지 않는다는 법이 있느냐는 것입니다.

왜 영국교회가 그렇게 망했을까요? 이유는 간단합니다. 교회가 교회답지 못했기 때문입니다. 교회의 본질이 변했기 때문입니다. 그런데 지금 한국 교회가 비본질적인 것으로 변하고 있는 것이 보입니까? 기도하면 보입니다. 본질에서 벗어난 교회, 비본질적인 '번영의 신학'(theology of Prosperity)이 판을 치는 한국교회는 지금 변해도 너무 변했습니다. 너무 샤먼이즘화 되었습니다.

우리는 선배인 개혁주의자들의 충고를 잊지 말아야 합니다. 그들이 뭐라고 했습니까? Ecclesia Vefermata semper reformanda. 개혁교회는 항상 개혁되어야 한다는 말입니다.

세계역사를 보면 지중해를 중심으로 했던 그리스와 로마가 망하고 영국과 스페인의 대서양의 시대가 지금은 역사가인 김동길 교수의 말씀처럼 태평양시대로 접어들었습니다. 누가 주인공이 될 것입니까? 힘과 경제적으로 본다면 중국입니다. 그러나 중국은 역사의 중심이 될 수 없습니다. 왜냐하면 역사 중심이 되려면 민주화가 이루어져야 하고, 경제적 힘을 가져야 합니다. 중국은 경제적 힘은 있지만 민주화가 이루어질 가능성이 전혀 없습니다.

다음은 일본입니다. 그러나 일본은 정직성이 없습니다. 그러므로 민주화뿐 아니라 경제적 힘과 복음이 있는 한국이 태평양 시대의 중심이며 하나님이 택하신 선민입니다. 여러분, 우리는 동이민족인 단군조선이란 위대한 황제의 나라 후손입니다.

중국대륙의 중심이었던 삼한의 후손입니다. 지금 잘못된 역사관인 중화사상이나 일제의 식민사관이나 유물론적인 역사관을 버리고 단재 신채호가 가졌던 민족사관을 통해서 세계를 보고 선민의식을 가져야 합니다.

따라서 우리는 오늘부터 시작해서 철저한 금식과 회개의 기도를 통해서 다시 선민의식을 회복해야 합니다. 거짓과 원망. 분노의 영이 이 땅을 덮고 있는 이 암울한 현실을 보아야 합니다. 남을 탓하기에 바쁘고 내 편, 네 편을 갈라서 내 편이 아니면 벌떼처럼 무자비하게 달려들어 돌을 던지는 분열의 영이 광풍처럼 몰아치는 현실을 보아야 합니다.

많은 나라가 하나님을 아는 지식이 없어 망하기도 하지만 하나님의 뜻을 깨닫지 못해서 망할까봐 두렵습니다. 깨닫지 못하는 백성은 역사에서 버림을 받습니다. 그러므로 우리는 먼저 지금 우리가 서 있는 이 역사적 위치를 보고 회개하며 하나님 앞으로 나아가야 민족이 살고 한국교회가 살고 또 내가 삽니다. 우리의 소망은 하나님께서 우리를 불쌍히 여겨 주셔야 합니다. 그것은 바로 회개뿐입니다. 두 손 들고 하나님께 나아가 금식하며 울면서 부르짖어야 합니다.

저는 열 가지 기도 제목을 제시합니다. 모두가 함께 기도합시다.

첫째로 느헤미야와 다니엘처럼 눈물로 금식하며 이 땅에 무너진 진실과 정의가 바로 서고 사랑으로 하나 되도록 기도합시다.

둘째는 하나님을 믿는다는 우리가 먼저 기도의 자리에서 나라와 위정자들의 죄를 나의 죄로 여기고 눈물로 기도하며 회개하게 해달라고 하나님께 매어 달립시다.

셋째로 나라를 이끌어가는 위정자들이 살아계신 하나님을 두려워하는 마음을 갖게 해주시고 자아를 버리고 오직 나라와 민족을 위해 정치하게 해주소서.

넷째로 인터넷과 신문, 방송 등 보도매체들을 통해 쏟아지는 보도 내용들이 과도하게 편향적이고, 선동적이어서 국민들의 분노를 부추기고 있습니다. 그러므로 사실에 근거하여 국가와 민족의 안위를 위하여 생각하고 사려 깊은 판단을 할 수 있도록 민족적 양심을 가지고 보도할 수 있게 하옵소서.

다섯째로 주말마다 서울의 도심이 촛불시위와 태극기 집회로 변한 것이 너무도 가슴 아픕니다. 모든 국민들이 진정으로 나라를 사랑하는 마음으로 참과 거짓을 옳게 분별하여 이성적으로 판단할 수 있는 분별력을 주시옵소서.

여섯째로 국민을 속이고 있는 거짓 영, 분노의 영에 속지 않게 하시고 하나님이 주시는 말씀 위에 서서 올바른 분별력을 갖게 하소서.

일곱째로 자신의 영달과 출세를 위해 편향된 시각으로 인기에 영합하는 지도자가 아니라 진정으로 나라의 앞날을 걱정하는 마음과 하나님을 경외하고 나라와 민족을 진심으로 사랑하는 정치지도자들이 일어나 이번 선거에서 뽑히게 하옵소서.

여덟 번째로 김정은의 마음을 변화시켜 원자탄을 이용한 전쟁이나 분쟁을 일으키지 않도록 하나님의 권능으로 그를 붙잡아 주옵소서.

아홉 번째로 이번 선거에 하나님이 기뻐하시는 국민의 대표가 대통령으로 뽑혀 더 이상 우리나라가 분열되지 않고, 연합하고 화목하는 계기가 되게 하소서.

열 번째로 한국교회가 복음중심의 나라가 되게 하시고, 모든 교회들이 빛과 소금이 되게 하시며 민족복음화의 운동이 일어나 복음으로 통일되고 태평양시대에 하나님이 쓰시는 일꾼들이 되게 하소서.

추가

열한 번째로 이번 플로리다에서 열린 미중회담에서 결정된 것이 1945년 흑해 연안에 있는 얄타회담에서 미·소·영 세 나라가 38선을 결정해서 우리 민족을 분단한 것처럼 안 된다는 보장이 없습니다. 사드문제로 인해 중국과의 문제가 더 이상 확대되지 않게 하소서.

열두 번째로 대선이 얼마 남지 않았는데 안보의식이 없는 지도자가 대통령이 되지 않도록, 설령 된다 해도 안보의식이 확고해지도록 하여 강권적으로 하나님께서 역사하여주옵소서. 아멘.

하나님의 경영철학

(잠16:1, 3, 9, 33)

도입

나는 사업가가 아니기 때문에 경영학 같은 것은 배울 필요가 없다고 생각했다. 그러나 작년에 미국 스포츠 대학에서 경영학을 강의해 달라고 부탁해서 어쩔 수 없이 30여 권의 책을 읽고 그것을 요약해서 강의했다.

그 후 나의 생각은 변했다. 경영학도 모르고 당회장이 되고, 대교회를 목회한 것이 얼마나 잘못 되었는가를 후회했는지 모른다. 왜냐하면 우리가 사업을 하지 않아도 누구나 '시간경영', '건강경영', '재정경영', '가정경영', '인간경영'은 해야 하기 때문에 우리는 적어도 경영학의 기초지식은 가져야 열매 맺는 성도가 될 수 있기 때문이다.

경영학이 오늘날의 학문의 여왕이 된 것은 결코 우연이 아니다. 경영학이란 학문은 기업을 경영하는 방법을 연구하는 분야인데 이 경영학은 모든 사회활동에 다 적용된다. 심지어 교회에서도 이 경영학을 모르고는 큰일을 할 수가 없다. 그래서 오늘날의 성공적인 교회는 다 'marketing의 원리' 시장의 원리를 적용하고 있다.

나는 장사를 해본 경험이 있는데 무엇이 가장 잘 팔리는가? 즉 고객이 원하는 것이 무엇인가? 질 좋은 물건을 어디서 싸게 구입할 수 있는가?를 통계를 통해서 살펴보곤 했다. 교회도 그래야 성장한다는 말이다.

경영학(business administration)에서는 정치·경제·사회는 물론 심지어 심리학까지 깊이 연구하고 있다. 오늘날의 경영학의 핵심은 프로세스, 즉 과정을 중심으로 연구하고 있다는 것이 특징이다.

왜 연합군이 제2차 세계대전에서 승리했는지 아는가? 가장 중요한 이유는 전쟁에 필요한 전쟁물자들을 분업화하고 전문화해서 생산했기 때문이다. 쉽게 말하면 아담 스미스의 국부론에서 주장한 분업화 이론을 전쟁에 적용, 실천했기 때문이다. 생산량을 늘려서 원가를 절감하고, 전문화했기 때문에 많이 생산할 수 있었기 때문에 전쟁에서 성공한 것이다. 그래서 GM회사나 포드자동차가 대기업으로 성장한 것이다.

그러나 최근에는 생산량보다 고객의 만족을 우선시하는 방향으로 바뀌었다. 이것은 마이클 햄머의 경영혁신, 즉 Reengineering이란 이론이 나오면서 3C(Customer/Competition/ Change)이론이 나와 후산업화시대를 이끌면서 변한 것이다.

여러분은 왜 1997년 IMF가 일어나 한국의 국가적인 경제위기가 왔는지 아는가? 간단히 말해서 지금은 3274억 불 외환을 가지고 있지만 1997년에는 지금의 십분의 일인 309억 불 정도밖에 외환이 없었는데 해외에서 차입한 돈을 갑자기 빼갔기 때문에 국가적 도산이 된 것이다. 게다가 기업의 조직들이 유연성이 없고 관료주의적 조직으로 시대착오적인 경영을 했기 때문이 580억 불을 IMF에서 빌려오고 구조조정을 했기 때문에 살아난 것이다.

지금까지의 조직을 '땜질'하는 것이 아니라 기존의 시스템을 잘라 버리고, 모든 것을 새로운 시각에서 보고 시작하였기 때문에 구조조정을 통해 위기를 극복한 것이다.

한국교회도 마찬가지다. 이제 교회의 경영 혁신 없는 한국 교회도 도산하는 교회가 앞으로 많아질 것이다. 지금 한국 교회가 성장하지 못하는 것은 바로 목사들과 교회지도자들의 시대착오적인 교회경영 때문이다.

그러나 분업화 이론은 지난날의 패러다임이고, 지금 후기 업화의 시대에는 새로운 프로세스들로 재결합하는 방향으로 가고 있다. 그래서 모든 것을 완전히 다시 시작하고 처음부터 새로 시작하고 있다.

오늘날 기업의 새로운 표준은 3C에 두고 있다. Customer(고객들이 주도한다), Competition(경쟁이 격화된다), Change(변화는 언제나 일어난다)는 점이다. 그런데 오늘날 한국의 기업들은 이 옛날의 패러다임인 분업화이론에 기초해서 지금까지 기업을 해왔다. 그 결과 유연함이 없는 조직과 사회의 변화에 아랑곳하지 못한 채 신속히 반응을 하지 못했다. 또 고객에 초점을 두지 않고 제품에만 관심을 두었다. 게다가 관료주의적 조직으로 일관했고 간접경비의 과다 지출이 너무도 컸다.

한국의 경제가 IMF의 한파 속으로 들어가게 된 원인이 바로 이런 시대착오적인 방향에 있었다. 나는 지난 주말에 인천에 가서 지방자치제로 인해 국가의 예산이 비효율적으로 너무 많이 지출하는 것을 보고 왔다. 그러므로 사업을 하시는 분들은 경제계의 흐름을 바로 볼 수 있어야 한다. 이것은 교회도 예외가 아니다.

그러면 어떻게 할 때에 우리가 올바른 경영을 할 수 있을까? 본문에는 아주 간단하게 "너의 행사를 여호와께 맡기라 그리하면 너의 경영하는 것이 이루리라"고 말씀하고 있다. 하나님에게 모든 경영권을 맡기라는 것이다. 그래서 오늘 설교의 제목이 하나님의 경영철학이다.

1. 왜 하나님에게 경영권을 맡겨야 하는가?

이유를 살펴보겠다. 한마디로 말하면 하나님은 능력이 많으실 뿐 아니라 모든 것을 알고 계시고 또 우리들을 사랑하고 계시기 때문이다.

오늘의 본문인 잠언 16장에는 세 구절이 우리의 눈길을 끈다.

(1) "마음의 경영은 사람에게 있어도 그 말의 응답은 여호와께로부터
    나오느니라."(1절). 땅에서의 최종적인 성취는 다 여호와로 말미
    암아 이루어진다는 것이다. 왜냐하면 우리의 생사화복이 다 하나
    님의 손안에 있고, 국가나 회사나 교회의 흥망성쇠도 다 하나님
    의 섭리 안에서 이루어지기 때문이다. 참새 두 마리가 한 앗사리
    온에 팔리지만 하나님의 허락 없이는 떨어지지 않는다. 게다가
    하나님은 우리의 머리카락까지 세신바 되었기 때문이다. 우리의
    기업도 하나님의 허락 없이는 되지 않을 뿐 아니라 경영까지도
    그의 권능의 손 안에서 이루어지기 때문에 우리들은 모든 경영권
    을 하나님에게 맡겨야 한다. 사람이 마음으로 자기의 길을 계획
    할지라도 그의 걸음을 인도하시는 이는 여호와시니라(9절). 3절에
    는 "너의 행사를 여호와께 맡기라. 그리하면 네내가 경영하는 것
    이 이루어지리라"고 했다.

인생의 가는 길은 하나님이 결정하시고, 하나님이 인도하신다. 그러
므로 우리의 경영하는 것을 하나님께 맡기는 것이 가장 현명한 방법이
다.

(예화) 세뱃돈을 엄마에게 맡겨 은행에 저축케 한 손자 손녀들.

오늘날 민주주의라는 사고방식은 다수면 무조건 진리도 될 수 있다고
착각하고 있다. 특히 미국에서의 사고방식은 더욱 그렇다. 그러나 진리
는 토인비가 말한 대로 언제나 창조적 소수의 사람들에 의해 이루어지
는 것이지 무지한 다수의 것은 결코 아니다. 그러므로 우리의 사간, 우
리의 재정, 우리의 행사를 다 여호와께 맡기는 것이 보다 좋은 경영철
학이다.

(3) "사람이 제비는 뽑으나 일을 작정하기는 여호와께 있느니 라"(33

절). 이 말씀은 인간 역사의 모든 뒤에는 하나님의 섭리가 있고, 우리의 하는 모든 일에는 하나님의 간섭이 역동적으로 역사하고 있다는 말씀이다. 다시 말하면 인간의 모든 삶은 다 하나님의 섭리와 예정 속에서 이루어진다는 말씀이다. 따라서 인간은 전적으로 무능하고, 하나님의 도움 없이는 아무것도 할 수 없는 존재란 말이다.

롬8:28절에 보면 "우리가 알거니와 하나님을 사랑하는 자 곧 그 뜻대로 부르심을 입은 자들에게는 모든 것이 합력하여 선을 이루시느니라." 고 했다. 이처럼 하나님은 모든 것을 합하기 때문에 하나하나를 따로 보면 우리의 눈에는 실패 같고, 손해가 되는 것처럼 보이지만, 그러나 하나님은 모든 것을 합력하여 선을 이루신다. 가장 대표적인 것이 십자가 사건이다. 당시 예수님이 십자가에 달리실 때에 그것은 객관적으로 볼 때에는 완전한 실패였다. 그래서 제자들도 다 도망갔다.

그러나 십자가 사건은 인류를 구원하시는 하나님의 방법이요 섭리였다. 예수님의 부활을 통해서 증명이 된 것이다. 그러므로 모든 우리의 경영하는 것을 하나님께 맡기기를 축원한다.

2. 우리의 경영권을 하나님께 맡겼을 때 주시는 축복

(1) 무엇보다도 우리의 경영하려고 하는 것이 다 이루어진다(3절).
    하나님은 우리가 원하는 것이 무엇인지를 잘 알고 계시다. 우리는 다 아는 것 같으나 사실은 모른다. 따라서 우리가 하려고 하는 일을 가장 완전한 방법으로 이루어 주신다. 인간의 경영학이 중요하지만, 그러나 하나님의 경영철학은 인간의 지혜와 방법을 초월하여 이루어 주신다. 믿으시면 아멘 하시기 바란다.

(2) 다른 사람들과의 파트너십이 잘 이루어진다. 파트너십은 가장 간

단한 경영 형태이다. 회사란 파트너십의 형태이다. 교회도 바로 이 파트너십이 바로 이루어질 때 지체로서의 사명을 감당할 수 있다. 세계에서 가장 지혜롭고, 부지런한 민족이 바로 한국인이다. 그러나 작은 세계에서 오랫동안 살다 보니 사회성이 부족하고, 외국의 침략만 받아오다 보니 남을 신뢰하지 못하는 습성이 생겼다. 그래서 한국에서는 동업하면 반드시 망한다는 말이 있을 정도다. 그러나 하나님과 모든 경영권을 맡기는 성도들에게는 이해관계가 없기 때문에 파트너십이 잘 이루어진다. 그러므로 하나님과 동업을 하시기 바란다.

(3) 삶의 리듬과 타이밍이 가장 아름답게 이루어진다. 타이밍은 기업 성공의 핵심이다. 음악의 중요한 요소는 리듬과 박자와 하모니이다. 그런데 하나님의 경영권을 인정하면 하나님께서 우리의 생활 리듬과 박자와 하모니를 조정해주신다. 왜냐하면 기회를 보는 눈을 주시고, 기회를 포착하는 능력을 주시기 때문이다. 우리가 주일을 성수하고 십일조 생활을 하는 것은 바로 우리의 삶에 세상으로만 치중하지 않고, 하늘과 땅의 조화, 삶의 리듬과 박자를 만들어주시는 방법인 것이다.

(4) 많은 사람들에게 유익을 주는 방향으로 이루어진다. 세상에서는 모든 일들이 다 상대적이다. 그래서 한편에 유익하면 다른 편에는 해가 되는 경우가 많다. 그러나 하나님께서 하시는 일은 그렇지 않다. 모든 사람들에게 유익하고 덕이 된다. 그래서 우리는 우리의 경영권을 하나님에게 맡겨야 한다.

3. 어떻게 우리의 경영권을 하나님께 맡길 수 있는가?

(1) 주님을 나의 주인, 나의 구세주, 나의 하나님으로 모시고 영접하

였을 때이다. 다시 말하면 나의 kingdom이 아니라 Christ Kingdom이다. 세상 사람들은 언제나 자기가 중심이 된다. 그래서 남을 이용만 하려고 한다. 그러나 기독교의 정신은 '우리'라는 공동체 속에서 모든 것을 보기 때문에 나는 언제나 중심이 아니라 주님이 중심이 되고 나는 다만 원의 한 점에 불과한 것이다. 그러므로 우리가 그리스도 중심의 삶을 삶으로 우리의 경영권을 하나님께 맡겨 그리스도와 왕국을 이룰 수 있기를 축원한다.

(2) 주일성수를 할 때 우리는 주님의 경영권을 되돌려줄 수 있다. 주일성수의 의미는 예수님의 부활을 기념하는 날이지만 그것과 함께 나는 종이다. 무엇이든지 말씀만 하시면 그대로 순종하겠다는 고백이 바로 주일성수의 뜻이다.

우리는 한 주간 세상을 살아가면서 나도 모르게 모든 관심이 세상을 향하던 것을 주일을 통해서 다시 주님께로 조점을 다시 맞추는 것이다. 이것이 바로 영적 리엔지니어링이다. 이것이 바로 주일에 할 일이다. 많은 분들이 주일날 설교를 듣기 위해서 온다. 물론 그것이 주일성수의 일부가 될 수는 있으나 주일의 참 뜻은 바로 예배이다. 예배는 주님께 경배와 찬양을 통해서 우리의 생각과 생활과 관심을 온전히 다시 주님께로 초점을 맞추는 사건인 것이다.

(3) 십일조 생활을 통해서 하나님께 맡길 수 있다. 십일조 생활이란 모든 물질의 주인이 하나님이시고, 우리는 다만 관리자일 뿐이라는 고백이다. 그러나 대부분의 성도들은 온전한 십일조를 하지 않고, 절세를 하듯이 이 핑계 저 핑계로 줄여서 바치는 경향이 있다.

지금 유대인들이 세계의 경제를 움직이고 있지만 그것은 그들의 십일조 정신 때문이다. 102층 엠파이어스테이트 빌딩도 시카고의 110층 사이스타워도 다 십일조를 하는 유대인의 것이다. 미국의 유명한 부호였던 록펠러는 처음 수입이 5불이었는데도 십일조생활을 하기 시작하여 일평생 일전도 떼먹지 않고 온전한 십일조를 바친 결과, 세계적인 부호가 된 것이다. 그는 십일조만 일 년에 수백만 불이 되었다고 한다. 이 십일조를 정확하게 하기 위해서 40명의 사람이 매일같이 계산을 하였다고 한다. 우리 교회에도 매달 십일조를 천만 원씩 하는 성도들이 많이 나오기를 축원한다.

안타까운 것은 공산당은 최소한도 공산당에 가입할 때 사유 재산을 포기하는데 우리는 10분의 일을 하나님께 헌금하는 것뿐이다. 그런데도 못하는 것은 아직까지 제로(Zero) 교인이란 뜻이다. 십일조란 나의 전 존재와 전소유가 다 하나님의 것이란 것을 물질로 고백하는 것이다. 십일조 생활로 영육 간에 축복을 안 받는 성도는 하나도 없다.

(4) 끝으로 주님의 제자 된 삶을 통해서 우리는 주님의 경영권을 되돌려 줄 수 있다. 제자가 된다는 뜻은 주님을 따른다는 뜻이다. 주님께 배운다는 뜻이다. 순종한다는 뜻이다. 사도행전을 보면 28장 31절에서 끝나고 있지만 그 뒤에 기록될 '제자 행진'은 바로 나와 여러분들의 몫이다. 요17:18절, 20-21절에 보면 우리를 주님께서 다 선교사로 부르셨다고 했다. 세상에서의 직업 속에서 선교사의 마인드를 가지고 살면 되는 것이다. 그러므로 이 세상의 생활에서 어떻게 복음의 열매를 맺을 것인가를 통해서 하나님의 경영철학이 다 이루어지기를 축원한다.

맺는 말

지금 경영학을 모르고 큰 기업을 할 수는 있다. 그러나 더 중요한 것은 하나님의 경영학을 알고, 그것을 통해서 하나님의 뜻을 이 땅에 이룩하는 것이다. 하나님의 경영학이란 모든 우리의 행사를 하나님께 맡기는 것이다. 구체적으로 말하면 주님이 나의 주님인 것을 고백하는 것이요 주일을 성수하는 것이요 십일조 생활을 통해서 주님의 주 되심을 물질로 고백하는 것이요 주님의 제자가 되어 세상 끝날 때까지 따르는 것이다.

그러므로 우리의 모든 경영권을 하나님의 손에 맡기고 우리의 경영하는 모든 것을 이룩할 수 있기를 축원한다.

영성개발의 원리

신성종(순회 선교사, 영성개발원장)

인간에게는 지성과 감성과 영성이 있다. 이 세 가지가 조화를 이룰 때 인간은 행복해지고, 역동성 있는 삶을 살 수가 있다. 그러나 현실은 불행하게도 영성이 병들어 있다. 기독교신자들은 물론 목회자들까지도 병들어 있다. 따라서 영성개발이 한국에서는 매우 시급하다. 이 영성이 개발되어야 다시 부흥의 불길이 타오르고 교회가 성장하며, 선교의 불길도 일어나게 된다.

1. 왜 영성개발이 시급한가?

(1) 많은 사람들이 자아상실증으로 인해 삶의 목적을 상실하고 있다. (예화) 톨스토이의 소설 「사람에게는 얼마만큼의 땅이 필요한 가?」 바흠 : 욕심 많은 농부가 빠시키르라는 족속의 추장과 계약을 맺음. 일천 루블만 내면 하루 종일 걸어 다닌 땅을 다 주기로. 그러나 죽을힘을 다해 원점에 도달했을 때 바흠은 과로로 피를 토하며 죽음. 사람들 왈 : '결국 자기가 묻힐 땅밖에 얻지 못했군.'

릭 워렌의 「목적이 이끄는 삶」 : 하나님을 기쁘게 하는 삶 / 하나님의 가족이 되는 삶 / 예수님을 닮아가는 삶 / 하나님을 섬기는 삶 / 사명감을 가진 삶.

또 만병의 원인인 스트레스가 너무도 심각하고, 우울증 환자가 매년 320만 명이나 되며 자살자가 매년 14,160명이나 된다.

① OECD국가 중에서 우리나라가 제일 높다. 불면증이 심각하다. 정신질환자의 수가 빠르게 늘어 간다.

② 그러나 좀 더 적극적 이유로는 영성회복만의 죄성 해결의 유일한 방법이기 때문이고

③ 영성회복 없이는 인간은 결코 행복할 수 없고 진정한 안식을 누릴 수가 없다.

④ 영성회복만이 천국에 대한 확신과 선교하는 일에 역동적 힘을 주기 때문이다.

⑤ 영성회복 없이는 침체된 교회를 회복할 수 없고 또 참된 선교를 할 수 없기 때문이다.

⑥ 구원과 영적 진보의 삶을 위해 영성이 필요하다.

2. 영성신학이란 무엇인가?

전에는 교의신학을 적용한 윤리신학의 한 분야였지만 지금은 하나의 독립된 분야로 취급되고 있다.

영성(spirituality)이란 심령주의(spiritualism)와는 다르다. 여러 가지 다른 뜻으로 사용하는데 많은 사람들은 종교에 참여하는 것으로, 교회에 가는 것으로 생각한다. 놀라운 것은 의학에서 이 영성문제를 다루고 있다는 점이다.

그러면 영성이란 무엇인가? 영성의 관심은 5세기부터 시작하여 중세에 이르러 보다 수도원운동을 통해 깊어졌다. 그 역사를 보면 수도원적 영성운동에서 시작하여 중세에 와서는 신비적 영성운동으로 그 후에는 생활의 영성 강조를 한 토마스 아 켐피스의 그리스도 모방운동(imitation of Christ)으로 갔으며 이것은 종교개혁자들에게 큰 영향을 주었다.

문제는 최근에 와서 영성관심의 고조로 인해 심지어 '해방의 영성'이 니 '동성애의 영성' 등 큰 혼란을 일으키고 있다는 점이다. 현재의 경향 은 풀러의 조직신학 교수인 이정석이 3가지로 잘 요약하고 있다.

(1) 17세기의 이성과 교리주의에 반발하여 일어난 묵상과 기도, 경 건생활을 중심하여 일어난 요한 웨슬리로 대표되는 운동

(2) 19세기 자유주의의 아버지인 슐라이엘마허의 '기독교의 본질은 종교적 feeling이라고 규정하고 그것을 추구한 합리적 영성'

(3) 1960연대의 포스트 모던이즘(Post-Modernism)과 미국의 반전운동, 히피운동, 힌두교의 구루(Guru:지도자 중심한 뉴에이지 운동) 등.

여기서 20세기 초에 일어난 오순절 운동(은사를 강조하고 신비적 영성을 추구)이 일어남. 한국에서는 엄두섭의 수도적 관심과 함께 종교다원주의자인 김경재의 '영성신학 서설'(1985)과 '종교다원시대의 기독교 영성'(92년)이 있다. 재미있는 사실은 신자유주의운동에서 출발하여 복음주의의 계열 로 확산해 가는 과정이란 점이다.

이정석은 몇 가지로 영성의 개념을 구별하고 있다.

(1) 자연주의적 영성 : 가톨릭의 토마스 머튼처럼 동양종교로 향한 다.

(2) 신비적 영성 : 하나님과의 수직적 교통을 통한 신비한 능력과 엑 스타시적 종교체험을 추구. 테레사는 하나님과의 약혼, 결혼의 7 단계로 보았다. 한국에서는 성령수술을 강조한 '할렐루야 기도 원'(김계화가 경기도 포천군 송우리에서 1980년에 시작한 이단.) 두 가지 특징이 있다. 소위 성령수술(손톱으로 가슴을 파서 피를 내게 하여 그것이 응고되기를 기다려 마치 암 덩어리를 내는 것처럼 속이는 것)과 생수치료(안수한 생수가 능력의 생수가 되게 하는 것)이다. 이들은 비성경적 예언까지 용납한다. 심령 과학(Psychic Science)이 있다. 백여 년 전에 미국에서 시작한 학문

이다. 1848년 뉴욕의 Hydesvill에서 일어난 사건에서 비롯됨. 지하실에서 무엇을 매장하는 소리가 들려 공개적으로 연구했다. 마침내 로크스 부인이 유령과 대화하는데 성공. 60년 전에 이곳에서 살해된 행상인 찰스 르스나의 유령이 밤마다 자기를 밝힌 것이다. 지금도 그곳에 기념비가 남아 있다.(구 동구권과 러시아에서 많이 연구) 또 심리학과 신경의학을 통해 영성을 추구하고 있다. 특히 주목할 것은 세계의 모든 신과 모든 영과 모든 종교의 신비현상을 이용하여 초능력을 소유하려고 하는 New Age 운동이다. 이들은 자기의 영적 성숙이나 수평적 차원을 무시하는 오류를 범하고 있다.

(3) 낭만적 영성(감성적 영성) : 로버트 로버츠는 '영성과 인간의 감정'에서 기독교가 무엇이든 간에 그것은 감정의 세트(a set of emotions)라고 했다. 그러나 기독교는 감정 이상의 것이다. 우리의 영성은 중생에서 출발하여 그 후에 성숙되고 발전되어야 한다. 그러나 지나친 영성주의를 달라스 윌라드는 새로운 율법주의에 빠질 위험이 있다고 경고한다.

필자는 영성을 인간의 상대 성품인 지성·감성·영성의 하나로 구별한다. 그러나 중요한 것은 영성은 영혼의 한 작용이란 점이다(살전5:23) 여기서 말하는 영성은 영혼의 한 면이지만 인간이 타락함으로 상실한 하나님과 교통하는 흔적 작용(이성)과 구별되는 영적작용으로 본다. 영적작용은 영혼 속에 잠자고 있다. 영성에 대한 개념은 시대에 따라 변해 왔다.

① 11세기에는 영성을 '육적 면과 반대되는 정신적 면'으로 봄.
② 13세기에는 '대적 삶'의 뜻으로 사용되기도 했다.
③ 종교개혁 시대에는 '경건'의 뜻으로,

④ 17세기에 와서 새로운 분야로 분리되기 시작했다. '하나님의 눈에 완전해지는 것만을 추구하기 위한 영혼의 내적 수련, 즉 종교의 직관적 체험으로 다루게 되었다.

⑤ 제2차 대전 이후 뉴 에이지 운동과 함께 크게 발전. 뉴 에이지란 점성술에 온 말. 우주는 12궁도에 따라 2000년마다 새롭게 변하는데 지금이 '물병자리 시대'(Age of Aquarius)인 황금시대(유토피아)라고 말함. 이들은 모든 것은 다 에너지이며 우주와 우리 자신은 물론 하나님도 다 에너지라고 주장, 따라서 하나님은 우리 내면에 계시며 자신을 물병자리에 맞추면 우리도 하나님이 될 수 있다고 말함. 그러나 이들은 이름처럼 새로운 운동이 아니라 창3:5절의 '하나님처럼 될 것이다'란 사탄의 약속에서 시작된 것이다. 이들의 공헌은 세계의 평화, 자연보호운동에 있다. 그러나 뉴 에이지운동은 점성술에다 힌두교의 철학을 접목시킨 동양의 신비주의 운동으로 오늘날 가장 무서운 이단의 하나이다.

⑥ 최근 피터 와그너를 중심한 신사도운동이 새로운 형태의 이단적 영성운동이다. 신사도 운동은 요14:12절의 "그보다 큰일도 하려니"란 말씀에 근거한다. 그는 1989년 로잔대회에서 지역사회에서 '마귀의 진을 헐라'고 주장했고 그것이 한국에 와서는 '땅 밟기 운동(최바울 수14:19에 근거한 '땅을 밟고 기도할 때 그곳에 하나님의 축복이 임한다고 주장)이 되었다. 이것은 2010년 10월 26일에 찬양인도자 학교 학생 5명이 봉은사에 들어가 시위를 하고 그 동영상 5분짜리를 만들어 광고한 후에 물의를 일으켰다. 그 다음날 최바울 목사는 국민일보 인터넷 판에 기고한 글에서 그것을 옹호하는 글을 올렸다. 민족복음화도 좋지만, 그러나 이것은 심각한 기독교인들의 망동이다.

⑦ 퀴베르의 요셉(가톨릭의 대표적 학자.) '영성신학':영성신학이란 "완전한 영

적 생활이 무엇인지(What), 그리고 사람이 어떻게 그것을 향하여 나아가고 얻을 수 있는지를(How) 성경으로부터 추론하는 학문"이라고 정의했다.

⑧ 한국에서는 오순절 계통의 교회에서 은사 주의적 영성운동을 하고 있으나 폭넓은 기독교의 전통을 등한시함으로써 수덕(덕을 닦는 것)적 면을 등한시하고 있다.

⑨ 영성이란(살전5:23) : 성경에는 영성이란 명사가 나오지 않는다. 그러나 형용사로서 '영적'(spiritual)이란 말이 나오는데 흔히 성령의 감화를 받아 그 마음속에 그리스도의 영이 임재한 사람을 영적인 사람이라고 말한다. 그러므로 성령의 역사 안에서 표현된 예수님의 완전한 성품을 닮도록 하는 것이 영성개발이다. 간단히 말해서 '예수의 인격과 삶을 닮아가는 것' 즉 '예닮'이며 우리 모두가 '작은 예수'가 되는 것이다. 따라서 방법론적으로는(How) 예수님의 발자취를 따라가는 과정이다.

이 분야의 책으로는 토마스 아 켐피스(d. 1471)의 「그리스도를 본받아」(The Imitation of Christ)가 15세기 기독교의 영성의 분수령이 되었다. 그러나 그것을 훈련으로서 성공한 것은 이그나티우스 로욜라의 '영적수련'이다. 그는 1534년에 10명의 남자들을 모아 예수회(Jesuits: Society of Jesus)를 세웠다. 이것은 한 달 동안의 훈련과정으로 되어 있다. 첫째 주는 도덕적 과정(정화), 둘째 주는 하나님과 함께하는 과정(조명), 셋째 주는 그리스도와 동일함의 과정(연합), 넷째 주는 그리스도와 온전히 동일화되고 세상에 참여하는 과정(연합하여 섬김)으로 되어 있다. 공헌으로는 226개의 대학 4000여 개의 고등학교 설립. 한국에서는 서강대학(1954), 광주의 가톨릭대학(1962)을 설립했다. 문제점은

① 프리메이슨의 사상과 조직을 흡수해서 창립했다는 의혹.

② 바티칸이 종교개혁을 박멸하기 위해 포르투갈, 스페인에 세웠다는 의혹.

③ 히틀러와의 비밀협약의 의혹(결과로 600만 유대 인학살) 등이 있다.

프리메이슨이란 무엇인가? 중세 영국의 석공 길드(동업조합)에서 기원. 현재 세계에 약 570만 정도의 회원을 가짐. 이들은 유색인종. 유대인, 가톨릭을 기피하는 편견이 있음. 여기에 관련된 유명인으로는 조지 워싱턴. 아브라함 링컨, 루스벨트, 리처드 닉슨, 빌 클린턴, 영국의 처칠 등이 있다. 의혹으로는 요한 바오로 1세(33일간 교황직)와 케네디 암살의 배후라는 말이 있으나 구체적으로 밝혀지지는 않았다.

영성개발의 유명한 책으로는 1896년에 찰스 셀돈이 소설 형식으로 쓴 「예수라면 어떻게 할 것인가」이다. 원문은 In His Steps(그의 발자취를 따라. 3000만 부 판매)가 있다.

3. 영성개발의 방법은 무엇인가?

영성개발의 시작은 기도이다. 기도는 하나님과의 영적 교통이며 천국의 보화들을 이 땅의 우리가 받는 천국의 열쇠이다.

(1) 왜 기도해야 하는가? 어거스틴은 우리가 하나님을 사랑하기 때문에 기도한다고 간단하게 대답했다. 이것을 좀 더 언급하면

첫째, 주님이 우리와 함께 거하기를 원하기 때문이다(요15:4).

둘째, 사탄이 우는 사자와 같이 믿는 자들을 유혹하려고 하기 때문이다.

셋째, 우리의 비전을 확장시켜주고 자아를 허무는 과정이기 때문이다.

넷째, 성령의 은사를 받아 능력 있게 주의 일을 하기 위해서이다.

다섯째, 기도하라고 주님이 명하셨기 때문이다(마6:6. 빌4:6).

여섯째, 하나님의 뜻을 알기 위해서이다(렘33:12. 욥42:4).

일곱째, 영혼의 소성과 순종하는 삶을 살기 위해서이다(시119:5. 10)

여덟째, 하나님께 영광 돌리기 위해서이다(민14:13-16. 단9:17. 19).

아홉째, 우리의 산만한 생각을 정리하고 영적 세계로 들어가기 위해서이다.

열째, 우리가 근본적으로 변화되기 위해서이다.

열한 번째, 기도는 세상을 움직이는 하나님의 손이기 때문이다.

(2) 기도란 무엇인가? 간단히 말하면 기도는 하나님과의 영적 대화이다. 또한 하나님께 대한 사랑의 표현이다. 기도는 하나님께 대한 관계정립이다. 묵상기도하면 로고스의 말씀이 내게 주는 레마로 변한다.

(3) 기도의 종류는?

첫째, 단순한 기도('아바 아버지')

둘째, 묵상기도(말씀을 새김질하는 기도)

셋째, 무언의 기도(일반 기도를 소리 내지 않고, 다만 하나님을 응시하는 기도)

넷째, 은밀한 기도(은밀한 장소에서 드리는 기도)

다섯째, 가정 기도(행10:2)

여섯째, 합심기도(마18:19)

일곱째, 공중기도(고전14:14-17).

여덟째, 금식기도(사58:6)

아홉째, 관상기도(Contemplation)＝(향심기도:centering prayer)：가톨릭과 뉴 에이지에서 유래. 플라톤이 말한 초월적 세계와 사실을 인식하는 직관과 같은 것이다. 즉 신비주의 철학과 종교적 직관을 접목한 것이다.

열째, 중보기도(중보자는 예수 뿐: 딤전2:5). 다만 남들을 대신해서 드리는 기도

열한 번째, 호흡기도(행17:28길을 액면 그대로 믿고 기도하는 마음의 기도. 동방정교

회가 강조함. 눅18:13. 39)

(4) 어떻게 기도해야 하는가?

① 예수님의 모범적 기도를 본받아 해야(주기도:마6:913: 금식 기도:마4:1-11:새벽 기도:막1:35) 철야기도 : 눅6:12-19: 산기도(마17:1-13: 눅9:28). 때를 기다리는 기도(마14:22-27). 제사장 기도(요17장). 겟세마네에서의 자신을 포기하는 기도(마26:36-46) 십자가 위에서의 기도(눅23:34: 마27:46: 요19:26-30).

예수님의 기도에서 중요한 것은 그 순서와 성심에 있다. 마7:7-12절에는 기도의 삼단계가 있다

제1단계 : 구하는 단계, 즉 깨닫는 단계. 내 손에는 아무 것도 없고 내 손으로는 아무것도 할 수 없다는 것을 인정하는 단계이다.

제2단계 : 찾는 단계, 분실했음을 깨닫고 마치 나무에서 손을 놓으면 떨어져 죽을까봐 꼭 붙드는 것과 같은 간절한 단계이다.

제3단계 : 믿고 응답될 때까지 간구하는 단계이다.

윌리암 캐리 : "Pray to God for the great things and expect the great things from God."

② 야베스의 기도(대상4:8-10)

이름의 뜻 어머니의 산통을 기억하고 눈물의 기도를 기억하며 낳아주신 부모에게 보답하라고. 야베스는 어떤 사람이었는가? 9절, 형제들보다 귀하다는 말은 하나님과의 관계가 바로 되고, 성실한 사람이었으며 기도의 사람이었다는 뜻이다.

기도의 내용 : 첫째로 "주께서 내게 복을 주시려거든"(10절)＝원문의 뜻은 미완료형으로 백지수표를 뜻함. 모든 것을 온전히 하나님께 맡기는 기도였다.

둘째 나의 지역을(지경, 즉 활동의 영역)을 넓히시고

셋째 주의 손으로 나를 도우사,

넷째 내게 근심이 없게 하소서. 금심은 모든 것(생활,

가정, 시험 정신)을 분열시킨다.

(예화) 로이드의 해상보험회사 : 1687년 세계 최초.

기도의 응답 : "하나님이 그가 구하는 것을 허락하셨으니"

③ 기도의 방법은? 먼저 분위기 정리. 내용은 ACTS 즉

1) 경배와 찬양.

2) 죄의 고백,

3) 감사,

4) 간구. 전적으로 믿고 기도해야(마11:23-24). 구체적으로 기도 응
    답될 줄로 믿고 기도(막11:24), 응답에 대한 대망, 마지막으로
    믿음의 생활을 실천하면서 기도해야.

④ 기도를 방해하는 것은 무엇인가? 우리의 죄(약1:21). 두려움(요4:18:
    롬5:8). 죄책감(롬8:1-2). 의심(약1:5-8). 잘못된 동기. 마음에 품은 원
    한(엡4:31-32: 신66:18). 용서치 않음(막 11:25). 잘못된 가족관계(마
    5:23-24). 우상숭배(겔 14:3: 신6:5). 타인에 대한 원한을 샀을 때(잠
    21:13) 기도는 방해를 받는다.

⑤ 하나님이 기뻐하시는 기도는? 첫째, 하나님이 주도권을 가지는 기
    도. 둘째 자신을 넘어서는 기도, 즉 자아를 허무는 기도, 셋째 기
    도를 통해 모든 것을 영적으로 만들어가는 기도이다.

4. 영성개발의 두 단계

영성개발의 두 번째 단계는 말씀에 초점을 두어야 하기 때문에 성경
을 깊이 연구해야 한다. 왜냐하면 성경을 떠나서는 영성 개발의 정의나,

방법, 목적, 결과를 분명하게 가르쳐주는 것이 없고 모든 해답은 성경에 있기 때문이다.

① 성경연구의 방법 : 크게 두 가지 방법이 있다. 첫째는 망원경식 연구방법(캥거루식 방법)과 둘째는 현미경식 방법(코알라식 방법)이 있다. 망원경식 방법의 책으로는 신성종의 「망원경식 성경연구」와 「구조적 성경연구」가 있고, 현미경식으로는 여러 종류의 「답식 성경공부」, 「내비게이토」(Navigator 항해자란 뜻) 편 「그리스도인의 확신」, 「그리스도인의 생활지침」(10단계), 「그리스도인의 제자가 되는 길」(6단계). 「지도자를 키우는 사역이 중심이다」, 「C.C.C. 입문」 편 (10단계) JOY 선교회, U.B.F. 선교회. L.V.F. 선교회 등의 교재가 있다 Para-Church의 운동의 약점은 교회 중심적이지 못하다는 데 있다. 또 책별 성경공부로는 베델 성서연구와 크로스웨이 성경공부. 젠센(Jensen)시리즈(원리중심의 지도력 개발과 성품개발) 등이 있다. 신성종의 「예수님의 비유와 이적」도 큰 도움이 된다.

말씀 연구에서 흔히 사용하는 방법은 말씀의 손(the Hand of Word)이 가장 좋은 방법이다. 즉

1) 말씀 듣기(계2:7: 렘22:2).

2) 말씀읽기(신17:19: 계1:3). 중국이 낳은 위대한 석학, 임어당의 고백 : '내 책상 위에는 언제나 성경이 놓여 있다. 나는 이 성경을 읽으면서 이교도에서 기독교로 개종되었다' 성 어거스틴의 변화(롬 13:11-14)

3) 성경공부

4) 암송(성경을 암송하면 인격이 변화되고 사탄의 유혹을 이기는 힘이 생김)

5) 묵상(성경을 암송하고 묵상하 면 로고스가 레마로 변화됨).

성경해석의 방법 : 성경해석에서 가장 중요한 것은 저자가 뜻하는 의미가 무엇인가(Meaning) 찾는 것이고, 다음에는 그것이 오늘의 우리들에게 뜻하는 바(Significance)를 발견하는 것이다. 그것이 바로 적용과 연결된다. 성경해석으로는 연역적 방법(교의신학의 방법)으로 제목설교를 하는 것이고, 더 좋은 것은 귀납적 방법(성서 신학의 방법)이 있다. 이 방법은 강해설교의 필수요건이다.

그러면 귀납적 성경해석 방법은 무엇인가?

(1) 관찰 : 6하 원칙(5W1H)에 따라 조사하는 것이다. 누가?(Who) : 주인공, 관련된 등장인물/ 언제?(When) 언제 일어난 일인가?/ 어디서?(Where) : 배경/ 무엇을?(What) 사건의 내용. 사상, 상황. 결과/ 어떻게?(How) : 방법의 전개과정을 찾음.

필자의 경험으로는 성경해석에서 어려운 것이 삶의 상황(Sitz-im-Leben)의 인식이었다. 특히 비유연구에서 그렇다. 여기서 중요한 것은 아돌프 유리커(1899)의 One Point Lesson. CH. 다드(1936)-'삶의 정황' 예레미아스(1970)의 제2의 삶의 정황(저자의 의도)을 발견하는 것이다. 그것에 의해 해석이 달라지기 때문이다.

(예) 마11:16-19절의 장터에서 노는 아이 비유, 마13:31-33절의 겨자씨와 누룩 비유.

(2) 해석 : 문법적 해결/ 역사적 해석/ 신학적 해석/ 알레고리칼 해석(영해) 등. 알렉산드리아 학파인 오리겐의 세 가지 의미(살전 5:23절에 근거) : (예) 예루살렘의 세 가지 의미. 다른 하나는 문자적 해석을 한 안디옥 학파

(3) 적용 : 성경의 관찰과 해석을 자신의 삶에 적용하는 것이다. 즉 (3P(Personal/Practical/Possible) 다음에는 다섯 가지의 질문이 도움이 된다. 즉 내가 피해야 할 죄가 무엇인가? 내가 주장해야 할

약속은 무엇인가? 내가 따라야 할 모범은 무엇인가? 내가 순종
해야 할 명령은 무엇인가? 하나님. 예수 그리스도, 성령에 대해
새롭게 깨달은 지식은 무엇인가?

(예) 잠3:1-10(죄/약속/모범/ 명령/지식).

5. 영성개발의 세 번째 단계

영성개발의 세 번째 단계는 훈련이다. 훈련은 한국 교회가 잊고 있는
방법이다. 그래서 주님은 지상명령에서 마지막으로 마28:20절에서 "내
가 너희에게 분부한 모든 것을 가르쳐 지키게 하라"고 한 것이다.

필자가 그 훈련원에 가서 발견한 것은

(1) 훈련방법으로는 첫째 제자훈련이 있다. 가장 좋은 방법은 빅 아
일랜드에 있는 열방대학(University of the Nations)이다. 이곳 특징
은 노동을 통해서 섬김을 배우는 곳이다. 이곳에 오면 다
Mission Builder(단기 자원봉사자)가 된다. 여기서 하영조, 옥한음
목사가 배워서 한국에서 실시했다. 8-12주간 동안 학교에서 숙
식하며 각종 노동(하루 8시간)에 참여한다. 노동은 소유에 목적을
두지만 타인을 위한 노동은 섬김이다. 그것을 배우는 곳이다. 치
열하게 소유를 좇는 시대 속에서 노동의 가치를 역설로 되사기
는 훈련이다. 예를 들면 시설보수, 화장실 청소, 기숙사 관리,
밭 갈기, 주방 봉수 등 20여 가지이다. 많을 때는 1000여 명이
함께 숙식하고 있다. 한국 학생들은1 많을 때는 100여 명. 적을
때는 10여 명이 된다. 각종 예배, 기도모임, 성경강의는 자유롭
게 참여한다. 놀라운 것은 '말이 없어도 삶과 생각을 나눈다'는
점이다. 이곳 출신으로 유명인은 하영조 목사와 옥한음 목사가
있다.

(2) 일반제자 훈련방법 : 리처드 포스터에 의하면 세 가지 훈련 즉 내면적 훈련(신앙훈련)과 외면적 훈련(심성훈련)과 공동체 훈련으로 나누고 있다. 내면적 훈련으로는 묵상훈련(Meditation. Quiet Time: 경건훈련) 기도훈련/ 말씀공부 훈련/ 금식훈련의 네 가지로 되어 있다. 외면적(심성)훈련으로는 단순화 훈련(현대인들의 내면적 사고가 복잡하여 외적 생활양식이 단순하지 못하다. 신앙생활도 단순하지 못하고 이성과 합리성으로 판단하는 경향이 있다). 그래서 예수님은 마18:3절에서 어린아이의 특성인 단순성을 강조한 것이다.

첫째 : '단순화 훈련'으로는 체면이나 위선을 보이지 말라. 탐욕적인 대상을 멀리 하라(TV. 영화, 술과 담배, 자극적 음료수 등을 하지 않음). 물건에 지나친 애착을 갖지 말라. 소유하지 않고 즐기는 법을 배우라. 남에게 금전적인 빚을 지지 말라. 정직한 말을 사용하라. 나의 중요 목표에서 다른 곳으로 마음을 팔게 하는 요소를 물리치라.

둘째 : '고독과 침묵의 훈련'이 있다. 사람들은 일반적으로 외로움을 두려워한다. 그러나 고독은 내적 충만을 가져온다. 고독은 영혼의 내적 성격과도 같다. 그래서 고독훈련은 내면의 소리를 듣는 훈련이다(토마스 아 켐피스). 예수님께서 광야에서 40일간 혼자 계신 것은 그런 이유 때문이다. 우리들에게 침묵훈련의 모범을 보여주신 것이다. 침묵은 하나님께 마음을 기울여 듣는 것을 말한다. 고독과 침묵의 목적은 소리를 없애는 것이 아니라 볼 수 있고 들을 수 있게 하는 데 있다. 즉 침묵 중에 하나님의 음성에 귀를 기울이는 것을 말한다.

셋째 : '순종훈련'이다. 순종은 자유를 준다. 순종이란 자아를 버리고 그리스도를 주권자로 모시는 삶이다. 순종은 속에서 행동의

지침을 찾아야 한다.

넷째 : '섬김의 훈련'이다. 성경은 예수님의 명령이요(요13:15). 그리스
도의 삶의 중심이다(막10:45).

다섯째 : '공동체 훈련'이다. 공동체 훈련으로는

　① '예배훈련',

　② : '죄의 고백훈련'(고백은 하나님을 향한 첫 출발이다:어거스틴).

　③ 인도자 훈련이 있다.

여기서 필자는 제자훈련에 관하여 몇 가지를 첨부하려고 한다.

첫째는 제자와 제자선택의 훈련이다(마19:20:빌4:9:눅9:23:막 10:45: 요
17:21: 요17:18).

둘째는 제자 선택의 원리이다. 제자의 자질(막1:16). 지도자가 제일 먼
저 기울여야 할 노력(눅 6:12-13). 제자양육에 대한 예수님의 방
법(눅 6:13).

대학생들을 위한 제자훈련을 중심으로 하는 중요한 파라처치(Para
Church)의 운동으로 참고할 것은 내비게이토와 C.C.C.와 국제 예수 전
도단 등이 있다.

내비게이토(The Navigator:'항해자'란 뜻) 창시자인 트르트맨은 "문제는 얼
마나 많은 사람인가가 아니라 어떤 종류의 사람인가이다. 나는 죽어 있
고 생산 능력이 없고 성장하지 못한 수백 명의 사람보다 단 하나의 살
아 있는 '씨앗' 즉 생산할 수 있는 사람을 찾겠다"고 했다. 그는 영적재
생산의 원리인 To know Christ and to make Him known을 강조
했다. 그의 운동은 1966년에 한국에 도입되었으며 '불타는 세계비전'에
강점이 있다.

딤후2:2절은 비울이 디모데에게 가르쳐준 선교방법이다. 16장에는
작품의 1세대가 있고, 딤후2장에는 복음의 제2세대가 있고, 딤후2장에

는 복음의 제3세대가 있고, 딤후2장에는 복음의 제4세대가 있다. 즉 재생산의 과정을 통해서 복음은 확장되는 것이다.

그러면 제자 선택의 기준은 무엇인가? 제자 선택의 원리에 따라 준비하고 난 다음 그 대상을 선정할 때 몇 가지 기준을 가지는 것이 효과적이다. 초신자의 경우는 이런 기준에 이르도록 기초훈련을 시켜야 한다. 즉 하나님과 사람 앞에서 신실한 사람을 택해야 한다. 다음 성경을 창조하라. 헌신에서 요구되는 자격(갈2:20). 제자의 삶에 요구되는 자격(벧전1:15-16). 하나님의 말씀에 대해 가져야 할 자세(시63:1. 벧전2:2). 하나님의 부르심에 대한 제자의 태도(시6:8). 제자가 사람들을 대할 때의 근본적인 동기(엡1:15. 살전 2:7-8).

(3) 육성훈련의 기본원리

예수 그리스도와 바울의 모범이 가장 좋은 것이다(요13:15. 빌 4:9. 3:17).

[단계별 육성의 원리]로는 모세의 경우를 들 수 있다. 제1단계(이집트의 궁전에서 40년간 학문과 궁중의 예법을 배움), 제2단계(광야에서 양치며 영적 훈련 40년), 제3단계 : 80세에 하나님의 종으로 이스라엘에 쓰임 받음.

다음은 요셉의 경우이다.

제1단계 : 노예로 팔려갈 때까지 야곱의 신앙을 이어받음(창37장).

제2단계 : 보디발의 집에서 청지기 훈련(39장).

제3단계 : 감옥에서 하나님의 음성과 임재체험(40장).

제4단계 : 이집트의 총리가 되어 이스라엘을 기근에서 구함(41장 이후).

끝으로 여호수아의 경우(출17장-여호수아서)이다.

제1단계 : 모세의 훈련에 참여하고 모세를 도움(출17:9).

제2단계 : 성막을 떠나지 않고 영적 훈련(출33:11).

제3단계 : 모세 사후 이스라엘을 가나안까지 인도(여호수아서).

(4) 육성훈련의 프로그램

제1단계 : 그리스도와의 만남(주1회 2시간을 기준하여 2개월 정정) 주로 내가
　　　　　만난 예수와 구원에 관한 핵심구절 및 성경 읽기와 기도
　　　　　훈련.

제2단계 : 양육단계(양육의 기초단계-양육의 성장단계) 양육의 성숙단계로 주
　　　　　1회 2시간을 기준으로 하여 공부하면 6개월에 할 수 있
　　　　　다.

제3단계 : 지도자 훈련과 파송단계(사역의 준비단계. 전인적 사역 훈련 단계. 파
　　　　　송단계) 역시 주1회 2시간씩 공부.

6. 역사적으로 유명한 영성훈련 방법들

(1) 프레스 디아스 긍정적인 면 = 사흘 동안에 큰 효과를 거둘 수
　　있다. 가톨릭에서 시작한 프로그램이지만 수정과 보완만 하면 유
　　익이 있다.

　　　조심할 것 = 한국에서는 이단들이 이 방법을 많이 사용하기 때
　　　　　　　문에 그 연결점을 바로 알아야 한다. 당회장의 추천
　　　　　　　없이는 교회 분열의 원인이 된다. 참석한 자들의 신앙
　　　　　　　적 교만의 위험성이 있다. 세례 받지 않은 초신자들이
　　　　　　　세례식에 참여할 수 있다(온누리교회와 사랑의 교회가 대표적 예
　　　　　　　이다).

　　1950년대 이후에 일어난 뜨래서 디아스(Tres Dias)를 통한 영성개 발
방법이 있다. 물론 그 유행은 한물갔지만, 그러나 그 운동이 왜 나오 게
되었는지, 거기서 배워야 할 것은 무엇인지 우리는 알아야 한다.

　　이 뜨레스 디아스는 1940년 가톨릭에서 시작한 영성훈련인 꾸르실료
(Cursillo)가 개신교에 도입되면서 붙여진 이름이다. 뜨레스 디아스는 스
페인어로 '사흘'이란 뜻이다. 3박 4일의 독특한 프로그램에 의해 실시된

다. 3일 동안 크리스천의 기본이 되는 체험을 통해 하나님과 하나가 되게 하고 소명을 깨달아 알게 하고, 응답하는 체험의 여정이라고 할 수 있다. 우리가 기억할 것은 이 영성훈련은 가톨릭에서도 20년간의 내용 변경과 실행상의 문제점들을 수정 보완된 것이란 점을 꼭 기억해야 한다.

　사실 뜨레스 디아스는 가장 각광받는 평신도 영성훈련이다. 한국에는 1967년 5월에 한국 가톨릭에서 도입되었다. collo라고 하는 15개의 주제별 강의제목을 보면 뜨레스 디아스의 내용을 한 눈에 알 수 있다.

① 삶의 이상

② 은혜

③ 교회

④ 성령

⑤ 경건한 신앙

⑥ 성경공부

⑦ 성례전

⑧ 그리스도 안에서의 행동

⑨ 은혜의 방해요소

⑩ 지도자

⑪ 환경

⑫ 은혜 안의 생활

⑬ 크리스천의 공동체 생활

⑭ 새 공동체 모임

⑮ 4번째 날

그러나 한국교회에서 실시하는 내용을 보면 조금 다르다. 예를 들면

① 묵상기도

② 성찬식

③ 편지 보내기

④ 선물 보내기

⑤ 특별 기도회

⑥ 세족식

⑦ 회개한 죄목 태우기

⑧ 촛불 길 걷기

⑨ 사랑의 포옹

⑩ 아침 만남의 시간

⑪ 침묵훈련

⑫ 개인 고백의 시간

⑬ 간증시간 등 다양하다.

여기서 우리는 뜨레스 디아스를 신학과 목회학적으로 어떻게 보아야 할까? 필자는 미국에서 목회를 할 때 엘에이에 있는 은혜 한인 교회의 김광신 목사의 경우를 보고 이 뜨레스 디아스를 잘만 활용한다면 목회 성공에도 큰 도움이 될 수 있다는 것을 확신하게 되었다. 필자는 예장 통합총회에서 뜨레스 디아스에 대해 내린 결론에 신학적으로 아무런 하자가 없기 때문에 대부분의 내용을 받아들인다. 먼저 뜨레스 디아스에 긍정적인 면 두 가지가 있다.

첫째는 짧은 시간의 훈련을 통해서 신앙의 감격과 섬김의 훈련 경험을 갖게 하고 봉사와 충성의 결단을 높여준다는 점에서 좋다.

둘째는 비록 가톨릭에서 시작된 프로그램이지만 내용의 수정과 보완만 한다면 한국교회의 영성훈련에도 큰 자극과 도전이 될 것으로 믿는다.

그러나 뜨레스 디아스에 조심할 것도 있음을 잊지 말아야 한다.

1) 한국에서는 각 단체마다 자의적으로 변형 운영하고 있기 때문에 그것이 이단과 관계가 있는 단체인지 아니면 불건전한 단체에서 하는 것인지 반드시 알아야 한다.

2) 이단에 속한 단체일 경우는 그들이 이 영성훈련을 통해 세력 확장의 방편으로 이용하고 있기 때문에 당회장의 추천 없이는 하지 않는 것이 좋다.

3) 기성교회에 분란을 일으키지 않도록, 또 훈련에 참석한 경험자들이 신앙적 교만으로 파당을 일으키는, 예를 필자는 미국에서 체험을 했기 때문에 그 때에는 교회성장이 아니라 교회분열의 위험성도 있기 때문에 당회장의 치밀한 지도가 필요하다. 왜냐하면 '구더기 무서워 장 못 담그는 우를 범하지 말아야 하기 때문이다.'

4) 세례 받지 않은 초신자들이 뜨레스 디아스의 모임에 참석했을 경우 세례의식에 참석했을 때 교회의 규정에 어긋날 가능성이 있고 더욱이 포옹훈련. 그것을 '아브 라죠'라고 하는데 이런 가톨릭 용어를 무분별하게 사용하지 않도록 하는 것이 좋다. 더구나 한국에서는 남녀 간에 함부로 포옹하는 것은 영성훈련이 아니라 방탕훈련이 되기 때문이다.

결론적으로 필자는 뜨레스 디아스에 대해 몇 가지 제안을 하려고 한다.

이 명성훈련 프로그램이 교단으로부터 인준된 것이 아니기 때문에 당회장의 허락과 추천 없이는 교회 분열의 원인이 되므로 주의가 요하는 영성훈련임을 기억해야 한다. 그러나 지금은 변혁의 시대이다.

교회든 사업체든 국가든 변하지 않는 것은 살아남지 못한다. 그러므로 위험성이 있다고 안 하면 결국 살아남지 못한다. 그러므로 뜨레스 디아스 운동을 복음 안에서 긍정적으로 보완하고 발전시켜 교회성장에 이용하는 것이 바람직하다고 본다. 왜냐하면 지금 영성훈련으로 추천할 만한 것이 많지 않기 때문이다. 그러므로 뜨레스 디아스란 이름부터 가톨릭적 용어를 개신교에 맞도록 고치고 내용도 보완한다면 좋은 새로운 영성훈련이 될 수 있을 것이다. 예를 들면 '사흘간의 영성훈련'이란 이름도 나쁘지 않을 것이다.

(2) 열방대학에서 실시하는 훈련은 제자훈련은 물론 섬김의 도를 강조한다.

(3) 하영조 목사와 옥한음 목사를 비롯한 여러 교회에서 실시하는 제자훈련 등도 도움이 된다.

(4) 각 지역의 횃불회를 통한 훈련을 통해서 네 가지 불을 가질 수 있다.

첫째는 기도의 불,

둘째는 말씀의 불,

셋째는 선교의 불,

넷째는 부흥의 불이다.

7. 영성의 열매

가장 중요한 것은 영성의 열매로서 그것은 사회에서의 사랑 실천과 선교에 비례한다.

1) 사랑실천

조지 필드는 이렇게 고백했다.

"하나님의 사랑이 내 영혼에 넘쳐흐르자마자 어떤 교파를 막론하고 주님을 사랑하는 모든 사람을 사랑하게 되었다"

첫째. 사랑의 원전(요일 4:10: 4:19: 요3:16) : 사랑이 있는 곳에 하나님은 계시고 하나님은 사랑 안에 머무실 뿐 아니라 사랑은 그의 안에 머물고 있다(헨리 드러몬드).

둘째, 사랑의 대상(막12:29-30; 시 18:1/막12:31;요일 4:20/ 딤전5:8/눅6:27;막 5:44).

셋째, 사랑의 원칙(요13:15/요13:34): 예수님의 사랑이 가장 잘 나타난 곳이 바로 십자가이다. 주님은 사랑의 실천에 대해 이렇게 말씀했다(요15:13).

(예화) 예수님의 십자가 사랑에 버금가는 젤리칸이란 새가 있다. 겨울이 가까우면 새끼들을 보고 멀리 가서 먹이를 물고 날아와서 먹인다. 그러나 먹이도 떨어지고 새끼들이 굶주려 있는 모습을 보고 자신의 큰 부리로 자기 가슴을 쪼아 새끼들을 먹인다. 새끼들이 배부를 때 어미 펠리칸은 죽고 만다.

넷째, 사랑의 십계명

① 엡 1:4(하나님의 선택은 사랑의 실천을 위한 것)

② 엡3:17(사랑의 뿌리와 터는 믿음에서 시작됨)

③ 엡4:2(합당한 생활은 사랑 가운데서 오래 참고, 서로 용납하는 것)

④ 엡4:15(표준은 그리스도의 분량에까지 성장하는 것)

⑤ 엡4:16(지체의 분량대로 역사하고 자라야 함)

⑥ 엡5:2(그리스도께서 하신 것같이 사랑으로 온전한 제물이 되어야 함)

⑦ 골2:2(사랑 안에서 연합할 것)

⑧ 고후6:6(거짓이 없는 사랑이어야 함)

⑨ 유21절(하나님의 사랑 안에서 자신을 지켜야 함)

⑩ 롬13:10(사랑은 율법의 완성이다).

(2) 선교훈련

첫째 선교란 무엇인가? 선교란 말은 13세기 가톨릭교회에서 사용하기 시작했다. 그들은 수도원의 수사를 선교사라고 불렀다. 즉 세상에 보냄을 받아 세상을 위하여 말하는 사람이라는 뜻이다.

한국에서는 해외에서 복음을 전하면 선교이고 국내에서 복음을 전하면 전도(Evangelism)라고 불렀다. 그러나 북한선교 의료선교 등에서 볼 수 있듯이 선교란 말은 국내의 여러 곳에서 사용되고 있다. 그래서 나온 개념이 하나님의 선교 개념이다.

(3) 하나님의 선교(Missio Del) 선교란 삼위일체 하나님의 구원 역사로서 그의 신교는 세 가지 형태로 표현된다고 말한다.

첫째, 하나님의 선교는 하나님의 거룩한 뜻을 펴는 창조적 활동에서 시작된다.

둘째, 하나님의 뜻을 배신한 인간과 이해하기 위해서 구약시대에는 예언자들을 보내시고, 신약시대에는 독생자 예수님을 이 땅에 보내어 십자가를 통해서 하나님과 화목케 하시고 그의 부활을 통해 역사의 부조리와 죽음에 대한 승리를 하게 하신다.

셋째, 하나님과 승천하신 예수님께서는 보혜사 성령을 보내어 만민에게 복음을 전파케 하고, 삼위일체 하나님의 선교가 성취되도록 하신다. 따라서 하나님의 선교는 삼위일체 하나님의 모든 사역의 본질이며 창조질서의 회복이다. 하나님의 구원활동은 인간들을 죄의 사슬에서 해방시키고 동시에 불의한 사회, 경제, 정치적 세력에서 해방시키며 빈곤과 정신적 고뇌에서 해방시키고, 사회적 구원을 이루시는 것을 하나님의 선교라고 말한다.

그러나 필자는 선교의 개념을 너무 광범위하게 정의하는 것을 반대한다. 이것은 필자의 박사학위 논문에서 자세히 언급하고 있다. 다만 바이엘하우스의 말로 결론을 대신하려고 한다.

"If everything is mission, then nothing is mission."

이 광의의 선교인 하나님의 선교개념에서 해방신학, 여성신학 등 수많은 신학이 탄생했다.

  가) 무엇이 선교인가? 좁은 의미의 선교는 마28:18-20절의 말씀처럼 하나님에 의해 보내심을 받고, 복음과 사랑의 실천을 통해 하나님의 가족이 되도록 하는 것이다.

  나) 선교의 명령 : 선교는 어디서 누구에게 하는 것인가?(행1:8, 눅24:47). 선교사는 어디까지 가야 하는가?(시96:3, 10; 막16:15), 선교는 누구에게 하는 것인가?(막16:15; 마28:19).

  라) 선교의 동기(요3:16/고후5:14-15)

  마) 선교사의 개념(요17:18; 요20:21) : 넓은 의미에서

  바) 선교의 주체(갈6:1-12/요6:44-45/행1:8)

맺는 말

(예화) 알렉산더 대왕의 관의 측면에 자기의 손이 나오도록 구멍을 뚫게 했다. 죽은 사람의 빈손을 보고 교훈을 받으라는 뜻이었다(마16:26: 온 천하보다 귀한 생명). 세상의 그 무엇으로도 우리 영혼의 공허는 채울 수 없다. 오직 그리스도만이 우리 인간의 목마름을 채울 수 있다(사55:1-3). 그러므로 영성회복을 통해 사명감을 가지고 사는 사람만이 의미 있고 행복하고 역동적인 삶을 살 수 있다.

십계명의 현대적 의미

행복과 성공의 비결

1. 성경 속의 언약

성경은 구약(옛 언약)과 신약(새 언약)으로 되어 있는데 그 내용을 보면 전체의 줄거리가 언약으로 되어 있어 개혁주의 신학을 일명 언약신학이라고도 부른다.

언약이란 말은 영세에 의해 구속력을 갖는 엄숙한 약속을 의미한다. 계약이나 언약은 문자로 만든 것은 계약이고, 말로만 한 것은 언약이라고 말한 다. 언약이란 말은 구약에 200번 정도 나온다. 언약이란 말은 히브리어로는 '베리트'(Berit), 헬라어로는 '디아데케'(Diadeke)라고 한다.

옛 구약에는 여섯 가지의 언약이 있고, 신약에는 예수님과 피로 맺은 새 언약(마26:28: 막14:24), 합쳐서 7개의 언약이 있다.

그것을 좀 더 구체적으로 말하면

첫째는 아담과 맺은 언약(창2:16-17).

둘째는 노아와 맺은 언약(창9:9).

셋째는 아브라함과 맺은 언약(창17:7. 11).

넷째는 모세와 맺은 언약(출20장).

다섯째는 다윗과 맺은 언약(삼하7:12: 23:5).

여섯째는 이스라엘과 맺은 언약(렘31:31-34)이 있다.

신약에는 한 가지가 있는데 그리스도와 맺은 피의 새 언약(마26:28: 막14:24: 눅 22:20)이 바로 그것이다. 옛 언약(구약)이 6개요, 그리스도와 맺은 새 언약(신약)이 1개가 된다.

그런데 이 언약은 고대 근동. 좀 더 정확하게는 주전 1480-1180, 즉 3세기 동안 군림했던 히타이트 제국과 맺은 조약형태를 가지고 있다. 당시 히타이트 제국은 애굽과 필적할 만큼의 대제국이었다. 그것이 밝혀지기 시작한 것은 세이스(Sayce, d.1933)에 의해서였다.

1936년에는 청동판 조약서가 애굽에서 발견되었다. 그들의 조약형태를 보면 두 가지가 있었다.

첫째는 대등한 위치에 있는 나라와 맺은 언약인 조건적 조약이고,

둘째는 속국과 맺은 조약인 무조건적 연약(수직적 연약)이다.

그 언약 가운데 모세와 맺은 십계명의 연악의 형태를 발견한 것은 1955년 조지 멘덴홀(Medenhall)의 대작인 「이스라엘과 고대 근동에서의 율법과 인약」이었다.

십계명은 마치 성도들에게는 헌법과 같은 것이다. 따라서 성도들의 모든 법은 우리의 헌법인 십계명에서 나와야 한다. 이 십계명은 하나님께서 선포하셨을 뿐 아니라 돌 판에 새겨서 모세에게 직접 주신 것이다. 따라서 십계명은 하나님께서 만들어 주신 것이다. 따라서 이 법은 변경할 수 없는 영원한 것이다.

비록 복음의 신약시대가 왔지만 십계명은 영원한 것이다. 다만 율법은 구원의 조건이나 방편은 아니지만 복음과 상치되지 않을 뿐 아니라 감사와 거룩함과 사랑의 표현으로 적합한 것이다. 구약의 율법에는 크게 네 가지의 법이 있다.

첫째는 십계명(출20:1-17) 같은 도덕법이 있다. 이 도덕법은 우리가 지금은 행함으로 구원받는 것이 아니기 때문에 구원의 조건은 아니다. 그러나 십계명은 마22:37-40절에서 예수님께서 말씀하신 기독교의 본질인 사랑의 표현이기 때문에 성도들의 감사와

사랑의 규범이 된다. 따라서 신약시대가 되어도 폐지될 수 없
는 이 땅에서의 영원한 규례이다.

둘째는 의식법(레1-7장. 히10:1. 갈3:19)은 예수님께서 십자가 위에서 '다
이루었다'고 했을 때 이미 완성된 것이기 때문에 우리가 구원
을 위해 지켜야 할 필요는 없다. 그러나 이 의식 법은 교회가
지켜야 할 모든 의식의 뿌리가 되므로 우리의 예배의식에 절대
적 도움이 된다. 따라서 이 의식법은 예배의 의미와 방법과 원
리를 예표적으로 가르쳐주는 것으로만 받아들여야 한다.

셋째는 시민법(신19-26장)이 있다. 그것은 구약시대의 이스라엘 민족에
게 주신 것이기 때문에 오늘날에는 그 의미의 원리와 방법들을
우리의 사업에 근간을 이루도록 할 필요가 있다.

넷째는 음식법(레11장)이 있다. 건강이 필요한 모든 사람들에게 그 원
리를 제시해줄 뿐 아니라 거기서 주는 영적 진리를 받아들이는
것이 큰 은혜가 된다.

십계명의 구조적 내용은 무엇인가?

그 구조를 보면

① 전문(Preamble),

② 역사적 진술(Historical Prologue).

③ 조약의 규정들,

④ 조약을 어길 경우의 상벌규정,

⑤ 조약의 보관 및 정기적인 남독으로 되어 있다.

이 조약의 배경을 발견함으로 우리는 십계명의 역사적 의미를 바로
이해하게 되었다. 출20장을 보면 2절에 "나는…….네 하나님 여호와니
라"(전문), "너를 애굽 땅 종 되었던 집에서 인도하여 낸 이라고 했고 3

절에서 17절까지는 규정들의 내용으로 되어 있다.

그러면 십계명이 주는 교훈은 무엇인가? 인간은 관계적 존재이다. 위로는 하나님과의 수직적 관계이고, 아래로는 다른 사람들과의 수평적 관계이다. 이 관계를 바로 가지는 것이 행복이요 성공이다. 바른 관계를 가지는 것을 가르쳐주는 것이 십계명이다. 그래서 카네기는 인간관계가 성공의 85%를 좌우한다고 했다. 간단히 말하면 PR을 잘하는 방법이 십계명이다.

영어로 PR이란 말은 '피할 것은 피하고 알 것은 아는 것'이 아니라 Public Relations(관계를 바로 갖는 것)을 말한다. 이것이 진정한 의미의 광고이다. 관계에는 출생과 같이 운명적 관계가 있고, 교육과 같은 선택적 관계가 있다. 우리는 부모를 택할 수 없지만 교육환경은 얼마든지 바꿀 수 있다.

십계명의 내용 분석

십계명의 제일 계명은 예배의 대상이 오직 하나님뿐임을 말해 준다. 그러면 유일신 신앙이 가지는 삶의 목적은 무엇인가?

인간은 '관계적 존재'라는 점이다. 그런데 그 바른 관계는 무엇보다 하나님과의 바른 관계를 유지하는 데 있다. 그러면 어떻게 하는 것이 하나님과의 바른 관계인가?

첫째는 아담과 맺은 행위언약을 어긴 죄가 예수 그리스도의 은혜 언약으로 완성된 것을 믿고 받아들이는 것이다. 그것은 믿음으로 성취된다. 그때 우리는 하나님 앞에 설 수 있는 의롭다함을 받는다.(창15:6. 롬5:1).

이 믿음이란 하나님만을 '궁극적 관심'(Ultimate Concerning)으로 보고, 받아들이며, '오직 그에게만 절대적으로 순종하는 것'이 믿음이다. 폴 틸릭이 말한 대로 야훼 하나님을 'ultimate concerning' 즉 궁극적 관심으로 받아들이는 것이다. 따라서 하나님은 언제나 우리의 주관심사가 되어야 하며 첫 번째의 목적이 되어야 한다는 뜻이다.

둘째 계명인 어떤 신들의 형상도 만들지 말라는 것은 '예배의 방식을' 말해준다. 하나님과의 바른 관계는 우상숭배를 버리는 데 있다는 말이다. 우상숭배란 마치 결혼한 사람이 아내 외에 다른 연인을 갖거나 만나거나 사랑하는 것과 같다.

(1) 우상숭배란 무엇인가? 한 마디로 말해 '하나님보다 더 사랑하는 것'이 다 우상숭배이다. 골3:5절에는 "탐심은 우상숭배니라"고 했다.

(2) 우리가 하나님보다 더 사랑하는 것으로는 쾌락, 명예, 권세, 돈 (금송아지: 출 21:16), 성공 같은 것들이다.(참고:찬 94장) G.B. Shea 의 주 예수보다 더 귀한 것은 없네. (이 세상 부귀도/ 이 세상 명예도/ 이 세상 행복도).

셋째 계명은 예배의 자세를 말해준다. 너는 너의 하나님 여호와의 이름을 헛된 것을 위해서 치켜 올리지 말라는 것이다. 강신택 박사의 '구약성경'을 참조함. 즉 절대자인 하나님을 다른 그 무엇을 위해서 이용하는 것이 하나님과의 바른 관계를 깨뜨리는 우상숭배의 연장이란 것이다. 한국의 기복신앙은 번영신학의 핵심으로서 이로 인해 기독교가 '개독교'란 오명을 듣고 있다. 무병장수, 자손번영, 성장주의는 현세적 신앙형태로서 기독교의 본질을 왜곡시키고 있다. 칠십여 가지의 각종 헌금을 요구하며 허황된 축복을 빌어주는 기복신앙은 기독교의 본질이 아니다.

네 번째 계명을 지키기 위해 서기관들은 여호와란 단어가 나오면 아도나이(주란 뜻)라고 불렀다. 제삼 계명을 지키기 위해서였다. 그래서 유대인들은 하나님의 이름을 망령되게 여기지 않기 위해서 하나님의 이름을 부르지 않다가 그만 야훼란 이름까지도 잊어버렸다.

그러면 어떻게 하는 것이 하나님의 이름을 망령되게 부르는 것인가? 구약성경을 보면 이름이란 '정체성과 사명'을 표현하는 말이었다. 예를 들면 '아담'이란 말은 '흙'이란 의미이다. 이것은 아담의 정체성을 말해주며 그의 사명을 말해준다. 즉 하나님과의 관계에서만 살아있는 존재이고 사명을 다할 수 있다는 뜻이다. 사람들은 자기의 이름을 소중히 여긴다. 놀리면 화를 내고 명예훼손으로 고소도 하며 기업체는 상표 때문에 싸우기도 한다.

하나님이란 이름은 '스스로 있는 자'(출3:14), 즉 야훼이다. 무엇이 하나님의 이름을 망령되게 하는 것인가?

(1) 하나님의 이름을 오용하는 것(행19:14)이다.

(2) 하나님을 저주하는데 사용하는 것이다(레24:15).

(3) 하나님의 이름으로 함부로 맹세하는 것도 하나님의 이름을 망령되게 하는 것이다. 적극적으로 이 계명은 하나님의 이름을 영광되게 하라는 것이다. 영광이란 말은 히브리어로 '카바드(무게 있게 하다'는 뜻이다. 헬라어로는 '독사'(빛이 되게 한다는 뜻)이다. 여기서 중요한 말은 '망령되게'란 말인데 그것은 헛되게 거짓되게, 가볍게 여기지 말라는 뜻이다.

넷째는 안식일을 기억하여 거룩하게 지키라는 것이다. 강신택 박사는 이 구절을 '안식일을, 그것을 거룩하게 하기 위해서 기억하라'고 번역했다. 안식일은 예수님도 바울도 지킨 계명이다. 그런데 우리는 일곱째 날인 안식일을 지키지 않고 첫째 날인 주일을 지킨다. 물론 안식교인들이 지적하는 대로 주일을 성수하라는 성경구절은 어디에도 없다. 그러면 왜 우리는 안식일을 지키지 않고 주일을 성수하는가? 솔직히 삼위일체란 말이 성경에는 없지만 그러나 우리는 그것을 성경의 핵심으로 믿고 지킨다. 왜냐하면 그 용어는 나오지 않지만 하나님은 한 분이시지만 삼위가 계심을 성경 여러 곳에서 말씀하고 있기 때문이다. 마찬가지로 주일성수를 하라는 구절은 없지만 주일은 예수님께서 부활하신 날이다. 그 날은 하나님의 모든 언약이 성취되고 기독교가 시작되고 완성된 날이다. 구약에 나오는 안식일의 본질은 '하나님의 창조를 기념하는 날'이란 데 있다. 그러나 인간이 범죄하여 타락한 것을 예수 그리스도의 십자가에서의 죽으심과 부활하심으로 인간의 속죄함을 완성한 날이 바로 주일이다. 따라서 부활하신 날은 하나님의 언약이 완성된 날이다. 그래서 우리는 '부활 기념일'인 '주님의 날'을 대신 지키는 것이다. 중요한 것은 주일의 개념 속에는 하나님의 창조와 섭리, 십자가로 말미암은 언약의 완성, 앞으로 있게 될 영원한 하나님의 나라에 대한 소망을 포함하고 있기 때문에 안식일의 계명이 버려진 것이 아니다. 오히려 인간이 범죄 함으로 버려진 안식일을 완성한 것이다. 따라서 안식일에 예배를 드려야 한다는 주장은 하나님의 언약의 완성을 부인하는 것이며 스스로 유대교를 따르는 것이 된다.

물론 주일은 일요일 즉 태양을 숭배하는 날이었다. 그러나 313년 콘스탄티누스가 기독교를 공인할 때에 그들이 본래 섬기던 태양경배일인 일요일과 우연히도 동일한 날이었기 때문에 당시의 로마제국이 쉽게 기독교를 받아들이게 된 것이다.

사실 한 주의 모든 날이 다 우상을 섬기던 날이었다. 예를 들면 월요일은 달 신을, 화요일은 화성이란 별을, 수요일은 수성을, 목요일은 목성을, 금요일은 금성을, 토요일은 토성을, 일요일에는 태양신을 섬기던 날이었다.

우리가 성경에는 안식일을 지키는 것만 있지 주일을 지키라는 말이 없으므로 안 된다고 하는 것은 억지주장이다. 그렇다면 우리는 유대인들의 방법처럼 안식일을 지켜야 할 것이다. 하나님께서는 유대인들에게 안식일에 일하는 자는 심지어 죽이라고까지 했다(민15:35).

사실 예수님이 유대인들의 미움을 받은 이유 중에 하나는 안식일에 병자를 고쳤다는 데도 있다. 그러나 주님은 "인자는 안식일의 주인이니라."(눅 6:5)고 했고, 사람이 안식일을 위하여 있는 것이 아니라 "안식일이 사람을 위하여 있는 것"(마2:27)이라고 했다. 어떻게 유대인들이 안식일을 지키는지 그 예를 들어본다. 이 자료는 이스라엘 문화원에서 제공한 것이다.

안식일에 대해서 ① 청소, ② 중앙난방, ③ 도구사용, ④위급 상황, ⑤ 동식물, ⑥ 그 밖의 일로 나누어 지키고 있다.

(1) 청소 : 가) 집안일은 안식일에 해야 한다. 나) 청소 중 빗자루가 부러지면 수리할 수 없다. 다) 먼지 나는 맨땅에 물 뿌리는 것은 허락되지만 타일바닥 청소는 금한다. 라) 식사 중 식탁보에 물이나 우유를 흘렸을 때 행주로 훔쳐내는 것은 허락되지만 씻거나 빠는 것은 금물이다.

(2) 중앙난방 : 가) 안식일에 작동은 근본적으로 금할 뿐 아니라 온수 작동도 불허한다. 나) 그러나 이방인이 난방 스위치를 작동하는 것은 가능하다. 어떤 때에도 안식일에 정한 온도에 맞추어야 한다. 다) 안식일에 시용가능 온도는 섭씨 45도이다. 라) 젖은 손을 라디에이터에 말리는 것은 금물이다.

(3) 도구사용 가) 셔터 문이 고장나도 수리하지 않는다. 나) 안식일에는 전기도 사용하는 벨을 사용하는 것은 금물이다. 다) 엘리베이터, 에스컬레이터를 사용 하지 않는다. 라) 햇빛 가리게도

사용 못한다. 마) 자동문은 사용금지한다.

(4) 위급상황 : 가) 위험한 동물, 벌레 등은 안식일에 죽일 수 없다. 나) 광견, 독사, 전갈 등등. 라) 깨진 유리, 바늘 등을 제할 수 있다. 마) 가습기를 사용할 수 없다. 그러나 안식일 전에 젖은 옷으로 가습을 시도할 수 있다.

(5) 동식물 : 가) 나무와 같은 식물에 물을 줄 수 없다. 나) 열매따기 나무 오르기는 물론 사다리를 사용할 수 없다. 다) 풀밭에 앉는 것은 허락된다. 라) 꽃 냄새를 맡을 수 있으나 과일 냄새는 맡는 것은 불가하다. 왜냐하면 과일 냄새는 맡고 먹고 싶은 욕심이 발동하기 때문이다. 마) 동물을 사용하는 것은 금물이다(탈출 20:10). 바) 젖소, 젖 짜기는 불허한다. 그러나 젖소의 고통을 덜어주기 위해 이방인이 젖소를 짜는 것은 가능하다.

(6) 그 밖의 일 : 가) 업무 편지, 건축설계도면, 은행보고서, 여권, 신분증과 같은 우편물을 개봉할 수 없다. 나) 시계태엽 감는 것은 불허하지만 병자의 위급한 상황이나 이방인이 작동 시에는 가능하다. 다) 입으로 부는 휘파람은 가능하지만 도구로 부는 것은 일제 금물이다. 라) 원천적으로 춤은 불허하지만 명절에는 허락된다. 마) 어린이 유모차를 인도에서 사용하는 것은 금물이나 소리가 덜 나는 모래 길에서 사용하는 것은 가능하다. 바) 정결예식을 행하는 탕의 물 데우기는 허락한다. 사) 안식일에 초를 켜는 것은 허락한다. 아) 달리기 게임은 금물이다. 자) 가게의 물품을 진열장을 통해 볼 수는 있으나 가격을 알아보는 것은 금물이다. 차) 안식일에 생명을 구하는 것은 허용된다(레 18:5). 중요한 것은 하나님께서 안식일을 주신 목적이 무엇인가이다. 네 가지의 중요한 이유가 있다.

첫째는 창조를 기념하며 창조주를 경배케 하려고 주신 것이다.

둘째는 인간의 행복을 위하여 주신 것이다(창2:3).

셋째는 우상숭배에서 보호하기 위해서이다.

넷째는 순종의 표로 주신 것이다.

여기서 중요한 것은 성경에는 안식일을 지키라는 말은 많지만 주일을 지키라는 말은 없는데 왜 우리는 주일을 지키는가?

이 말은 안식교인들이 많이 하는 말이다. 그들은 심지어 안식일을 지키지 않는 사람들에게는 구원이 없다고까지 말한다. 물론 예수님 이전에는 창조기념일인 안식일을 지켰다. 주일은 제자들과 그 후 초대교회의 성도들이 지켜오다가 로마의 황제인 콘스탄티누스 황제가 밀라노 칙령을 내려 기독교를 주후 313에 공인하고 321년에는 니케아 공의회에서 일요일을 주일로 지키도록 한 것이다.

물론 콘스탄티누스 황제는 처음에는 태양신을 섬기다가 기독교로 개종했다. 잘 아는 대로 일주일의 각 날들은 다 우상을 섬겼던 날들이다. 일주일의 첫날인 일요일은 '태양을 섬기는 날이라고 해서 일요일(Sunday). 다음 날인 월요일은 '달'을 섬기는 날이라고 해서 월요일, 화요일은 '화성'을 섬긴다고 해서 화요일, 수요일은 '수성'을 섬기는 달이라고 해서 수요일이라고 불렀다. 그뿐 아니라 목요일을 '목성'을 섬기는 날이었고, 금요일은 '금성'을 섬기는 날이었으며 토요일은 '토성'을 섬기는 날이었다.

여기서 문제가 되는 것은 콘스탄티누스가 태양을 섬기던 날을 하필이면 주일로 정한 것은 비성경적이지 않으냐고 보는 것이다. 사실 안식일도 토성을 섬기던 날이었다. 물론 성경 어디에도 일요일 즉 주일을 지키라는 말은 없다. 그렇다고 주일성수가 비성경적이란 말은 무지의 소치이다. 왜냐하면 성경 어디에도 삼위일체란 말은 없지만 그것이 기독교의 핵심교리가 된 것은 비록 삼위일체란 용어는 없지만 성경 여러 곳에 그것을 뒷받침할 구절들이 많기 때문이다. 위에서도 언급했지만 십계명이란 말도 우리 성경에는 나오지만 원문에는 없다.

주일도 마찬가지이다. 신약성경에 보면 예수님은 안식일에 복음을 전하기 위해 회당을 찾으셨지만, 그러나 안식일을 지키지는 않으셨다. 사도들 때에는 주일을 지키기 시작한 것을 볼 수 있는데(행2:1-4: 20:7-11: 고전 16:1-2) 중요한 것은 주일은 주님이 부활하심으로 그의 십자가를 통한 구원사역을 완성한 날이란 점이다. 히10:1절에 보면 안식일 같은 율법은 장차 올 좋은 것의 그림자라 했을 뿐이고 롬14:6절에는 모든 것을 다 주를 위해서 하라고 했다.

그러므로 우리가 그림자인 창조기념일보다 부활 기념일인 주님 날(주일)을 지키는 것이 옳다.

제2부
기도와 신앙 중심의 삶

마구간에 태어나신 예수님

(눅2:1-7)

오늘은 2000여 년 전 아기 예수님께서 베들레헴에서 태어나신 예수님의 생일입니다. 성탄절이 연말과 함께 오기 때문에 지금은 이 날이 신, 불신 간에 전 세계적으로 가족들과 함께 즐겁게 지내는 날이 되기도 했습니다.

문제는 오늘은 주님의 생일날인데 예수님이 성탄절의 주인인데 많은 사람들이 주님 없이 저희들끼리 선물 나누며, 술 마시며, 노래 부르며 즐겁게 지난다는 데 있습니다. 그러면 어떻게 할 때에 참으로 성탄절을 의미 있게 보낼 수 있을까요?

먼저 오늘의 본문에 나오는 여관집 주인의 삶의 철학을 살펴보면서 우리들의 모습을 비교해 보고, 둘째로, 왜 예수님께서는 왜 하필 베들레헴의 마구간에서 태어나셨는가? 그 의미는 무엇인가를 살펴보면서 성탄절의 의미를 함께 생각해 보는 시간이 되기를 바랍니다.

대부분의 사람들은 성탄절을 습관적으로 보내고 있기 때문에 무의미하게 보냅니다. 지금은 정말 아기 예수님이 기뻐하는 절기가 되기를 주님의 이름으로 축원합니다.

1. 여관집 주인의 삶의 철학

이 세상에는 2만 가지가 넘는 직업이 있습니다만, 그러나 여관업만큼 바쁜 직업도 드물 것입니다. 그러나 여관업이 항상 바쁜 것은 아닙니다. 소위 계절에 따라, 절기(season)에 따라 더 바쁠 때도 있고, 덜 바쁠 때도 있습니다.

선진국에서는 그 여관집의 정원 숫자가 넘으면 손님을 절대로 받아들이지 않고 문 밖에 'No vacancies'라고 붙여 놓습니다. 그러나 후진국에서는 이때가 돈 벌 때다 생각하고, 무조건 사람부터 받고 봅니다. 얼마 전에 유성에 있는 쌍발이라고 하는 식당에 어떤 권사님께서 예약을 하고 갔는데 이중예약들을 받아서 자리가 없어서 어쩔 수 없이 가까이에 있는 '어수선'이란 식당으로 간 적이 있습니다. 무조건 받고 보는 경우가 여관뿐 아니라 식당을 비롯한 곳곳에 많습니다.

특히 연말에 더 심합니다. 그러자니 주인도 불친절하여 여행객들을 제대로 대해주지를 못합니다.

누가복음 2장 1절에 보면 황제인 가이사 아구스도가 호적을 하라는 영을 내려서 사람들이 각기 고향으로 갔다고 했습니다. 여관업을 하는 사람들에게는 최고의 기회가 온 것입니다. 왜냐하면 로마의 나라 안에 살고 있는 모든 사람들은 누구나 다 호적을 다시 해야 하기 때문입니다.

옛날이나 현대나 인구조사는 정치하는 사람들에게는 아주 중요한 의미가 있습니다. 크게 두 가지 이유가 있기 때문입니다.

첫째, 인구의 수를 정확하게 파악해서 세금을 걷어 들이기 위해서입니다. 이것을 흔히 인두세라고 부릅니다.

둘째, 다른 하나는 군대에서 싸울 수 있는 사람들의 숫자를 확인하여 보기 위해서였습니다. 다윗이 두 번이나 인구조사를 했는데 한 번은 하나님의 명령에 따라, 다른 한번은 자신의 업적을 계산해 보려는 교만 때문에 했습니다. 그래서 하나님으로부터 징계를 받기도 하였습니다. 오늘날에는 세금 부과와 함께 어떻게 이 사람들을 통치할 것인가 하는 통치를 위한 목적으로 인구를 조사를 합니다.

메뚜기도 한철이라고 여관집 주인에게는 돈을 벌 수 있는 황금의 기회가 왔다는 점입니다. 그러나 우리는 돈을 벌 수 있는 기회는 누구에게나 인생에서 몇 번은 옵니다. 그 때에 고기가 낚시의 먹이를 털컥 물면 결국 그 날이 장례 날이 되듯이 우리들도 돈 벌 수 있는 기회가 왔다고 무조건 덜컥 물면 안 됩니다. 과연 이 돈 벌이는 합법적인가? 하나님의 영광을 가리지는 않는가? 이것이 다른 사람들에게 끼치는 영향을 무엇인가? 등을 반드시 살펴보고 결정해야 합니다. 그러면 여관집 주인의 실수는 어디에 있었습니까? 고객보다 돈을 더 귀하게 생각하였다는 데 있었습니다. 고객이 왕이란 말은 돈보다 고객을 더 우선적으로 생각하라는 뜻입니다. 큰돈을 버는 사람들은 다 고객을 왕으로 생각하였습니다.

그러나 많은 장사꾼들은 고객보다 돈을 먼저 생각합니다. 물론 베들레헴에 여관이 하나밖에 없었는지 아니면 또 있었는지는 모르지만 요셉과 임심한 마리아가 더 갈 곳이 없었던 것은 사실이었습니다.

"이는 사관(여관)에 있을 곳이 없음이러라"고 했습니다. 여관업을 하는 분들에게 알아보니까 어떤 집이든 소위 VIP(very important person)가 올 때에는 언제든지 줄 수 있는 방은 늘 있다고 들었습니다. 아니 없다 해도 최소한 자기들의 잘 안방은 있었습니다. 그렇다면 여관집 주인이 안방을 내놓았다면 이 여관집 주인은 역사상 예수님을 영접한 최초의 사람이 되었을 것입니다.

역사상 위대한 인물로 남았을 것입니다. 그러나 개 눈에는 똥밖에 안 보인다고, 돈밖에 안 보이는 여관집 주인에게는 예수님은 보이지 않았습니다. 임신한 마리아의 피곤한 모습도 보이지 않았습니다.

우리가 인생을 살다 보면 많은 사람들을 만납니다. 중요한 것은 어떤 사람들을 만나느냐에 따라 직업도 결정되고, 돈 버는 것도 결정되고,

인생의 운명도 결정됩니다. 그런데 많은 사람들은 이해관계로 모든 것을 보려고 합니다. 바로 여기에 문제가 있습니다.

텍사스에서 유전이 발견되었는데 여러 해 동안 살던 사람이 집터가 무한대의 유전지대라는 것을 몰라 빚에 쪼들리고 살았는데 어떤 사람이 그 땅이 불모지라고 했기 때문이었다고 합니다. 그렇습니다. 아무리 귀중한 것도 그것을 알지 못하면 아무 소용이 없습니다. 그래서 여관집 주인은 자기에게 찾아온 최고의 기회를 놓쳤습니다.

동서를 보면 삶의 철학이 전혀 다릅니다. 동양 철학은 바둑철학 같고 서양의 철학은 미식축구 같습니다. 얼마 전 저는 한국의 이세돌이 중국의 왕시란 사람과 바둑 결승전을 하는 것을 텔레비전을 통해서 우연히 보았습니다. 결국 누가 집이 더 많으냐로 결정하는데 거기에는 수많은 철학이 다른 것을 보았습니다.

오늘 성탄절을 맞아서 우리는 지금 어떤 삶의 철학을 가지고 살고 있습니까? 우리는 여관집 주인처럼 '바쁘다 바빠'하면서 종교도 교회도 무관심한 채 동물처럼 의식주에 매달려 살고 있지는 않습니까? 사실 바쁘다는 것은 해도 좋고, 안 해도 좋은 일 때문인 것을 깨달을 수 있기를 바랍니다.

저는 바쁘다는 말을 하지 않습니다. 왜냐하면 매일같이 24시간의 여유가 있기 때문입니다. 그러므로 우선순위에 따라 할 일과 안 할 일을 정하면 우리는 보다 여유 있는 삶을 살 수 있습니다. 여관집 주인처럼 눈에 보이는 것만 추구하지 않기를 바랍니다. 더 중요한 것을 잃게 되기 때문입니다.

2. 예수님이 베들레헴 마구간에서 태어난 이유

왜 하필이면 예수님은 베들레헴의 마구간에서 태어났는가? 거기에는

6가지의 중요한 이유가 있습니다.

(1) 베들레헴은 다윗의 동네입니다. 메시아 되신 주님은 다윗의 후손
으로 구약에 예언되어 있기 때문에 비록 작은 마을이기는 하지만
다윗의 고향인 베들레헴에서 태어나야만 했습니다. 베들레헴이
란 '떡집'이란 뜻입니다. 예수님은 이 세상에 보내주신 하나님의
떡입니다. 그래서 요6장 53절을 보면 아주 중요한 말씀이 나옵
니다.
"내가 진실로 진실로 너희에게 이르노니 인자의 살을 먹지 아니
하고, 인자의 피를 마시지 아니하면 너희 속에 생명이 없느니라."
57-58절에서는 "나를 먹는 그 사람도 나로 인하여 살리라. 이것
은 하늘로서 내려온 떡이니 조상들이 먹고도 죽은 그것과 같지
아니하여 이 떡을 먹는 자는 영원히 살리라"고 했습니다. 그러므
로 영원한 생명의 떡이신 예수님께서는 떡집인 베들레헴에서 태
어나야만 했습니다.

(2) 여기서 주목할 것은 말의 구유란 점입니다. 말은 옛날에 여행을
위한 도구였습니다. 여행자인 나그네 인생에게는 말은 둘도 없는
중요한 여행용 도구이기 때문에 주님은 말구유에서 태어나신 것
입니다. 나그네 인생에게는 주님 없이는 바른 여행을 할 수 없다
는 뜻입니다.

(3) 구유는 말에게 먹이를 제공하는 도구이듯이 생명의 떡이 되신 예
수님께서는 먹을 것을 담는 구유에 태어나신 것은 당연한 것입니
다. 말은 구유에 가야 먹을 것을 먹을 수 있듯이 인생도 구유되
신 예수님께 가야 참으로 먹을 것을 먹을 수 있는 것입니다.

(4) 주님이 낮고 천한 말구유에 태어나셨다는 것은 그 겸손을 말해줍
니다. 주님은 왕이 사는 궁중에서 태어나시지 않고, 또 부자들이

사는 집에서 태어나시지도 않고, 말이 사는 구유에서 태어나신 것은 그의 겸손을 말해 줍니다. 이 세상에 누가 예수님보다 더 겸손한 분이 있습니까? 저도 안방은 아니지만 건넌방에서 태어났는데 예수님은 마구간에서 태어난 것입니다.

(5) 주님이 말구유에서 태어나셨지만 그냥 말구유가 아니라 여관집의 말구유라는 데 중요한 의미가 있습니다. 여관집이란 누구나 돈만 내면 머물 수 있는 장소입니다. 이것은 주님은 여관집처럼 누구나 원하는 사람은 다 만나주시는 분임을 말해주는 것입니다. 오늘도 우리들이 만나기를 원하시면 주님은 만나주십니다. 믿습니까?

(6) 주님께서 말구유에서 태어나신 것은 비록 우리들이 더럽고 천한 마구간만도 못한 것들이지만 그가 우리들에게 오시면 우리는 가장 귀중한 장소가 될 수 있다는 것을 증거해 주는 것입니다. 다시 말하면 주님이 오시면 모든 것이 다 변합니다. 마구간도 천국으로 변합니다. 천한 우리들도 하나님의 도구로 변합니다. 믿습니까?

맺는 말

오늘 성탄절에 여관집 주인의 삶을 철학을 통해서 우리들의 얼굴과 현실을 볼 수 있기를 바라고, 그의 잘못된 '바쁘다 바빠'의 철학에 빠지지 않기를 바랍니다. 또 왜 예수님께서는 베들레헴의 말구유에서 태어났는가의 6가지 이유를 살펴보면서 말구유만도 못한 우리들도 주님을 영접함으로 놀라운 변화가 일어날 수 있기를 축원합니다. 성탄절의 참 의미는 바로 이런 변화에서 오기 때문입니다.

응답받는 기도

(마 6:9-13)

우리의 신앙생활에서 가장 중요한 것이 무엇일까? 그 하나가 기도이다.

그런데 이 세상에는 두 가지 종류의 기도가 있다. 응답되는 기도와 응답되지 않는 기도이다. 여러분의 기도는 지금 다 응답되고 있는가? 예수님처럼 기도하면 다 응답된다고 믿는가?

응답받는 기도는 구체적으로 어떤 기도인가? 한마디로 말하면 주님이 가르쳐준 그런 기도이다. 그래서 주님은 "그러므로 너희는 이렇게 기도하라"고 가르쳐주셨다.

눅11:1-4절에 보면 주기도의 배경을 기록하고 있다. 예수님의 제자 가운데 한 사람인 세례 요한이 제자들에게 기도를 가르쳐준 것처럼 자기들에게도 기도하는 법을 가르쳐 달라고 했을 때 예수님께서 가르쳐주신 것이 바로 주기도문이다.

1. 예수님의 기도에서 중요한 것은 무엇인가?

먼저 '하나님과의 관계를 바로 가지는 것'이다. 왜냐하면 우리는 '관계적 존재'이기 때문이다. 우리도 좋은 관계를 가져야 상대방에게 무엇을 부탁해도 이루어지지 않는가? 평소에는 봐도 본척만척하다가 급하게 되었을 때 부탁하면 누가 도와주겠는가? 하나님과의 관계도 마찬가지이다. 평소에 바른 관계를 가져야 한다.

그러면 하나님과는 어떤 관계인가?

　여기서 기억할 것은 기도의 대상이 중요하다는 점이다. 그것은 아버지와 자녀의 관계이다. 그래서 주기도문은 기도의 대상이 '하늘에 계신 우리 아버지'라고 시작한다. 누구에게 기도한다고? 사람에게 하는 것이 아니라 하늘에 계신 아버지에게 하는 것이다. 따라서 우리의 기도는 매번 이 관계가 유지되고 있는지 확인해야 한다. 그 관계가 이루어지지 않았다면 기도하는 것은 시간낭비일 뿐이다. 외식일 뿐이다. 하나님과의 관계가 바로 되지 않으면 그 기도는 절대로 응답되지 않는다. 놀라운 것은 구약에는 하나님을 아버지로 고백하는 내용을 찾아보기 어렵다. 구약에는 하나님은 왕, 목자 등으로 표현되어 있다. 따라서 아버지로 표현한 예수님께서 최초로 가르쳐준 신약적 개념이기 때문이다.

　그러나 하나님은 그냥 아버지가 아니다. '하늘에 계신 아버지'이다. 이 말은 우리를 창조하신 전능하신 분이요, 지금도 살아계시고 변함없이 우리를 사랑하신다는 것을 믿는 믿음을 가져야 한다는 뜻이다. 이 믿음 없이 기도는 시간낭비이다.

2. 기도란 무엇인가?

　하나님과의 영적 대화이다. 대화법에 공통점은 대화에서는 말하는 것보다 '듣는 것'이라고 했다. 나는 목회자기 때문에 많은 사람들이 찾아와서 상담을 했다. 가장 기분 나쁜 사람은 자기 할 말만 다하고 내 얘기는 전혀 듣지 않는 사람이다. 기도도 마찬가지이다. 하나님 앞에 자기 말만 하고 하나님에게는 전혀 말할 기회를 안 주는 사람은 절대로 기도 응답을 받을 수 없다. 아니 응답해도 응답된 것을 모른다.

3. 어떤 내용으로 기도해야 하나?

　기도에서는 순서와 내용이 중요하다. 먼저 하나님께 대한 기도를 하고 다음에 내가 원하는 것을 기도해야 한다.

주기도문에서는 6가지 내용을 기도하라고 말씀하고 있다.

(1) 먼저 이름이 거룩히 여김을 받으시오며 즉 하나님의 이름이 거룩히 여김을 받도록 기도해야 한다. 십계명에도 제3계명에 '여호와의 이름을 망령되게 부르지 말라'고 했다. 생각해 보면 우리는 일상생활에서 하나님의 이름을 망령되게 할 때가 많다. 인도의 깐디는 영국의 기독교인들 때문에 예수를 믿지 않는다고 했다. 기독교인이라고 하면서 정직하지 못하고 교회의 직분자라고 하면서 탈세하고 사기치고 남들에게 불친절하고 이런 일은 하나님의 이름을 망령되게 하는 짓이다. 우리는 세상 사람들에게는 '내가 하나님의 얼굴'이란 것을 잊지 말아야 한다.

(2) '나라가 임하시오며' 즉 하나님의 주권이 가는 곳마다 세워져야 한다는 말이다. 다시 말하면 모든 것에 하나님의 통치를 인정하고 기도해야 한다는 말이다. 또 모든 것에 하나님의 통치가 확장되도록 기도하는 것이다. 그러나 우리는 나의 왕국이 확장되게 하려고 한다. 내가 천국의 환상을 보았을 때 주님에게 책망을 받은 것이 지금까지 나의 왕국을 세우려고 했다는 것이었다. 또 이 두 번째 기도 속에는 예수님의 재림으로 인해 왕국이 완성되는 것을 기도해야 할 것을 말씀한다. 그러므로 우리는 항상 모든 일에 하나님의 통치가 이루어지도록 또 주님의 재림이 올 수 있도록 땅 끝까지 선교해야 한다. 그것은 믿음 없는 자의 불신앙적 염려 때문이다. 이 말은 은행에 저축하는 것을 하지 말라는 뜻이 아니다. 문제는 예수님의 재림을 준비하지 않고 자신의 미래를 계획해서는 안 된다는 뜻이다. 이 기도는 단순히 양식만을 위한 것이 아니다. 내가 살기 위해 필요한 것을 다 포함하는 말이다.

(3) 우리를 위해서 기도해야 할 두 번째는 죄의 용서이다. '우리가 우

리에게 죄지은 자를 사하여 준 것같이 우리 죄를 사하여 주시옵
고' 옛날 성경에는 사한다는 말을 '빚을 탕감해 준다'고 번역했다.
더 좋은 번역이다. 그런데 문제는 우리들은 남을 용서하지 않는
다. 자기만 용서해 달라고 기도한다. 그러면서도 주기도문을 좔
좔 외운다. 주기도문은 외우기만 하라고 준 것이 아니라 기도의
모델로 주신 것이다.

용서는 신자의 특권이요 의무이다.

(간증) 나는 나를 모함하고 중상모략한 원수가 두 사람 있었다. 꿈에
도 용서할 수 없는 원수였다. 처음에는 원수 갚아달라고 기도했
으나 주님은 내가 갚아줄 테니 너는 용서하라. 잊으라고 했다.
20년이 지났을 때 하나님은 약속하신 대로 원수를 갚아주셨다.
내 손에 피를 묻히지 않게 하신 것이다

(4) 마지막 기도는 '우리를 시험에 들게 하지 마옵시고'이다. 시험에
는 두 가지 종류의 시험이 있다. 하나님의 시험과 사탄의 시험이
다. 하나님의 시험은 영어로 test, trial(시련)이다. 사탄의 시험
은 temptation(유혹)이다. 이것을 혼돈해서는 안 된다. 그 성격
이 전혀 다르다.

(5) 뜻이 하늘에서 이루어진 것같이 땅에서도 이루어지이다. 하늘에
서는 천사들이 오로지 하나님의 뜻을 전달하고 그것을 이루어
간다. 마찬가지로 땅에서도 우리들이 하나님의 현시가 되어 그
의 뜻만을 이루어가야 한다는 말이다. 우리는 땅에 있는 하나님
의 전사들이다. 그러므로 하나님의 뜻이 우리가 있는 곳에서 완
전히 성취되도록 기도하라는 말이다. 왜 하나님께서 우리들을
창조하시고 죄악에서 구원하셨을까? 그것은 하나님의 영광, 하

나님의 나라가 완성되도록 하기 위해서이다. 그래서 벧전2:9절에서 주님은 말씀하셨다. "그러나 너희는 택하신 족속이요, 왕같은 제사장들이요, 거룩한 나라요, 그의 소유된 백성"이라고 하면서 해야 할 일은 주님의 아름다운 덕, 은혜와 사랑을 선포하는 것이라고 했다. 하나님께 대한 기도를 한 다음에 우리의 필요를 하나님께 아뢰는 것이다. 무엇을 기도할 것인가? 크게 세 가지를 기도하라고 했다.

(6) 먼저 "오늘 우리에게 일용할 양식을 주시옵고" 예수님 당시 유대인들은 매일 노동자들에게 그 날, 그 날, 임금을 지불하여 그날을 굶지 않도록 했다. 그러나 우리는 그 날뿐 아니라 내일 일을 미리 염려한다. 내일 먹을 게 있는 사람은 그 다음 달을 걱정하고 그것이 해결되면 내년에 먹을 것을 준비하고, 그것이 해결되면 훗날 자녀들이 먹을 것을 준비한다. 그래서 자녀들에게 법을 어기면서까지 미리 유산을 물려주려고 한다. 그러나 주님은 마6:34절에서 이렇게 말씀했다. "내일 일을 위하여 염려하지 말라. 내일 일은 내일 염려할 것이요 한날의 괴로움은 그 날로 족하니라." 우리는 미리미리 준비하는 것을 좋게 보지만 우리는 사탄의 시험에 빠지지 않도록 항상 기도해야 한다. 그러나 하나님의 시련에는 기름으로 감당해야 한다. 그 시험 후에는 큰 상을 주시기 때문이다. 그러면 사탄의 시험은 언제 어떻게 오는가? 가장 중요한 것은 욕심을 통해서 온다. 그러나 욕심에는 두 가지 종류가 있다. 신령한 것에 대한 욕심을 가져야 한다. 성령 받고 싶고, 충만키를 소원하는 욕심은 거룩한 욕심이다. 그러나 내 육체의 만족을 위한 욕심은 사탄에게서 온다.

3. 주기도의 마지막에는 이런 구절이 나온다.

"대개 나라와 권세와 영광이 아버지께 영원히 있사옵나이다. 이 구절은 시내사본이나 바티칸사본 같은 고대 사본에는 없다. 초대교회가 기도의 형태를 가추기 위해서 역대상29:11절에서 인용한 다윗의 기도를 요약해서 삽입한 것이다.

"여호와여 광대하심과 권능과 영광과 이김과 위엄이 다 주께 속하였사오니" 그 구절을 '나라와 권세와 영광이 영원히 있사옵나이다.'라고 삽입했다. 그래서 성경에는 괄호를 하고 삽입을 한 것이다..

여기서 중요한 것은 '대개'란 말이다. 많은 사람들은 대체로란 뜻으로 생각한다. 그래서 그 오해를 없애기 위해 최근 주기도문에는 대개란 말을 아예 빼버렸다. 그것은 옳지 않다. 대개란 말은 한문을 보면 뚜껑개(蓋)자를 사용했다. 그 뜻은 '일의 큰 원칙으로 보건대'라는 뜻이다. 원문에 보면 gar라는 헬라어로 되어 있다. 그 뜻은 영어로는 for 혹은 because란 말로 번역할 수 있다. 그래서 지금 영어의 주기도문에는 for thine is the kingdom이라고 되어 있다.

주기도의 마지막 구절은 기도의 원칙과 목적을 언급한 것이기 때문에 중요한 의미를 가진다.

우리는 주기도의 이 엄청난 의미를 모르고 기도하고 있다. 대개란 말은 많은 사람들이 잘 모른다. 뜻은 '일의 큰 원칙으로 보건대'인데 쉽게 번역하면 이는 나라와 권세와 영광이 아버지께 영원히 있기 때문입니다. 직역하면 '왜냐하면'이란 뜻이다.

기도 끝에 '아멘'이란 말은 두 가지 뜻이 있다. 첫째는 '진실로' 둘째는 그렇게 되어지이다란 뜻이다. 주기도문 끝에 성경에는 안 나오지만 기도할 때에는 반드시 해야 한다.

맺는 말

기도하지 않는 교인은 영적 호흡이 끝난 죽은 신앙이다. 7분간 호흡하지 않으면 뇌가 썩고 죽는다. 그러므로 산 신앙을 갖기 위해 쉬지 말고 기도하자. 기도하는 것을 보면 마지막에 과거형으로 끝나는 교인들이 의외로 많다. 그것은 잘못된 기도이다. 예를 들어 영어로 I loved you.라고 과거형으로 말하면 그것은 과거에는 사랑했으나 지금은 아니란 부정적 뜻을 가진다.

이런 기도는 유학생들이 먼저 시작한 것인데 그러나 문법적으로 틀린 것이다. 왜냐하면 지금은 그 기도를 취소한다는 뜻이 포함되어 있기 때문이다. 기도는 언제나 현재형으로 해야 한다.

끝으로 여러분들의 기도가 항상 응답되기를 축원한다. 그것은 주님이 모델로 가르쳐준 주기도의 형식과 하늘에 계신 아버지께 드리는 간절 기도일 때 응답이 된다.

예수님의 우선순위

(마5:23-24/ 6:3/7:5)

신성종의 우선순위라고 하면 그것은 참고는 되지만 절대적인 것은 못된다. 그러나 예수님의 우선순위라고 하면 그것은 절대적인 순서이다. 오늘은 예수님의 우선순위를 함께 살펴보면서 우리 인생의 사명이 무엇인가를 찾아보려고 한다.

마5-7장을 산상설교라고 부른다. 예수님의 설교 중 가장 중요한 설교를 요약한 부분이다. 중요한 것은 이 산상설교의 각 장마다 하나씩 '먼저 할 것'을 말씀하고 있다는 점이다. 여기서 '먼저'란 말은 다른 말로 말하면 우선순위(Priority)를 말씀한 것이다. 예수님께서 먼저란 말을 세 번씩이나 강조한 것은 우선순위를 바로 해야 인생은 성공하고 행복하기 때문이다. 그러므로 이 말씀은 예수님께서 나를 통해 여러분들과 나에게 주시는 말씀인 것이다. 그러면 어디서 시작해야 하나?

1. 먼저 화목에서 시작하라고 함(마5:23-24).

왜 화목이 중요한가? 이 말에서 가장 중요한 말은 '왜?'란 말이다. 이 말이 인간을 위대하게 만들었다. 나에게 있어서 평생 나를 인도해준 선생님이 바로 이 왜?(Why?)란 말이다. 모든 것의 원인을 찾게 하고 나로 하여금 보다 깊은 진리 속에 들어가게 한 것이 바로 '왜?'란 말이다.

그러나 이 말을 못하게 하는 나라가 있다. 바로 북한과 같은 독재국가들이다. 이들은 왜란 말을 못하게 막음으로 인간의 생각을 통치하는 것이다. 그러나 인간을 가장 위대하게 만든 말은 '왜?'란 말이다. 왜 사나? 왜 믿나? 왜 일하나? 왜 개혁인가? 이처럼 모든 위대한 것은 '왜?'에서 시작된다.

인간이 무엇인가? 인간이란 말 자체가 '관계적 존재'를 의미한다. 인간을 관계적 존재로 정의한 것은 내가 최초로 발견한 진리이다. 구약의 핵심인 '십계명'을 보면 하나님과의 관계, 네 가지와 인간과의 관계를 어떻게 가져야 할 것을 여섯 가지로 말씀한 것이다. 즉 관계를 바로 가지는 비결이 바로 십계명이다. 그러므로 구약에서 가장 중요한 것은 십계명이다. 행복의 비결과 생활의 비결을 가르쳐주기 때문이다.

오늘은 시간이 없기 때문에 대한 신학적 고찰은 하지 않고 다음 기회로 미루겠다.

오늘 예수님은 모든 것의 시작을 시작하라고 하고 있다(마5:23-24). 그 중에서도 먼저 하나님과의 화목이고 다음이 가족들과 사람들과의 관계를 바로 가지라는 것이다. 여기서 화목이란 말은 상대방에 대해 '나를 바꾼다'는 뜻이다. 내가 최근에 기도하면서 주님을 통해 들은 음성이다. 너를 바꾸는 것이 아니다. 그러나 우리는 항상 상대방을 바꾸려고 한다. 부부싸움이 그래서 생기는 것이다. 나의 아내는 항상 나를 바꾸려고 지난 50년간을 노력했다. 반대로 나는 나의 아내를 변화시키려고 소리를 지르고 싸웠다. 그래서 논쟁도 많이 했다. 그러다가 '제 버릇 남 주나' 하면서 내 아내는 최근에 와서야 자기의 관점에서 보지 않고 상대방인 남편의 관점에서 보려고 노력한다. 나도 아내가 아니라 내가 변화해서 아내와 하모니, 화목이 되게 하려고 한다. 이것이 화목의 방법이다. 나는 멍청도 사람이라 그래서 이렇게 멍청하게 살아왔다.

따라서 세상에서는 관계를 잘 가져야 성공하고 행복해질 수 있는 것이다. 우리가 정치를 비롯해서 모든 분야에서 피알(PR)을 잘해야 한다고 말한다. 그러나 피알이란 피할 것을 피하고 알 것은 아는 것이 아니라

Public Relations의 약자이다. 대중관계를 바로 가진다는 뜻이다. 그것이 또한 화목이다. 따라서 항상 화목하는 자세를 취하는 것이 성공이요 행복이다.

십자가는 더하기의 뜻이 아닌가? 화목의 상징이다. 하나님과 나를 더해주고, 나와 너를 더해주는 것이 바로 십자가이다. 따라서 예수님만이 진정한 중보자, 즉 화목의 촉매자이시다. 따라서 이 민족이 사는 길은 십자가뿐이다. 통일도 십자가를 통해서 해야 한다.

2. 먼저 할 것은 인생의 목표를 어디에 두느냐이다(마 6:33).

왜 예수님께서 이 말씀을 하셨을까? 그것은 우리가 목적도 목표도 없이 방향 없는 삶을 살기 때문이다. 솔직히 나는 인생의 목적과 목표를 구별하지 못해서 인생을 방황했다. 그런 나에게 릭 워렌의 『목적이 이끄는 삶』이란 책이 큰 충격을 주었다. 박사학위를 내 인생의 목적으로 삼고, 영어공부부터 시작해서 학위를 쌓아 지식만 많으면 모든 것이 해결될 것이라고 착각했다.

그러나 박사 학위를 받는 순간 인생이 너무도 허무했다. 원하는 것이 더 이상 없어졌기 때문이다. 내가 이것을 위해서 지금까지 고생하며 노력했는가? 박근혜 대통령이 내가 이것을 위해 대통령이 되었나 하는 말을 했다고 하지만 그분도 나처럼 목적과 목표를 혼동한 것이다. 본문에는 아주 간단하게 말한다. 하나님의 나라와 또 하나님과의 바른 관계(義)에 인생의 목적을 두라는 것이다. 창15:6절, 롬3:26(믿음으로) 신앙생활이 무엇인가? 삶의 목표를 나에게 두지 않고 하나님께 두는 훈련이다.

최근에 가장 큰 발명 가운데 하나는 Global Positioning System. GPS이다. GPS란 '인공위성을 이용한 항법 시스템'을 말하는 것이다. 간단히 말하면 항해란 뜻을 가진 Navigation이다. 이것을 이용하면 우

리나라는 물론 세계 어디를 가도 길을 잃지 않고 찾을 수 있다. 그러나
더 중요한 것은 영적으로 길을 잃었을 때 우리에게 길을 가르쳐주는 영
적 지피에스가 있다. 그것이 바로 성경이란 GPS이다. 성경 안에는 세
상의 모든 해답이 다 들어 있다. 심지어 돈 버는 비결을 비롯해서 선거
하는 방법까지 다 있다. 그래서 하나님께서 우리에게 주신 대선물이 있
는데 첫째는 성경이고, 둘째는 예수 그리스도이시고, 셋째는 보혜사 성
령이시다. 이제부터 이 영적 지피에스를 통해 중요한 것을 발견하고 찾
기를 축원한다.

3. 주님은 개혁의 필요성과 그 방법을 본문에서 말씀

가장 큰 문제점은 우리의 외식(hypocrisy)하는 눈이다. 남의 잘못은 보
고 아는데 더 중요한 자기의 잘못은 보지 못하는 인간의 어리석음을 지
적한 것이다. 지금 우리의 살 길은 개혁인데 오직 개혁뿐인데 이 개혁
을 하려면 순서가 중요하다. 안에서부터 즉 자기부터 시작해야 한다는
것이다. 그것이 진실을 보는 눈이다. 간단히 말해 '보 는 안목' 그러려면
밖에 나타난 것만 보지 말고, 안부터 보는 바른 인식을 가지라는 것이
다. 이것을 철학에서는 인식론이라고 부른다.

지금 우리는 개혁해야 산다. 모든 분야가 다 개혁해야 한다. 이건희
회장이 말한 대로 '마누라 말고는 다 바꾸어야 된다.' 그런데 여기에는
순서가 있다는 것을 주님은 지적한 것이다. 먼저 자기 눈 속에 있는 들
보부터 빼내고 다음에 남의 눈에 있는 작은 티를 빼내라는 것이다.

내 들보를 빼내는 것은 기도에서 시작하라는 뜻이다. 기도에서 중요
한 것은 처음에는 나의 관점에서 보다가 나중에는 하나님의 관점에서
보는 것으로 변한다. 인식의 순서를 변화시키는 것이 바로 기도이다.
사실 기도하면 무엇이 이루어지는 것이 아니라 우리로 하여금 모든 것

을 다른 관점에서 보게 만들어주는 것이 바로 기도의 핵심이다. 모든 것을 부정적으로 보다가 긍정적으로 보는 것이 기도의 목적이다. 기도에 가장 중요한 것은 인식론적 변화가 일어나게 하는 것이다. 다시 말해서 관점을 바꾸는 것이다. 나의 관점이 아니라 하나님의 관점에서 보면 세상의 모든 것이 다 보인다. 행복도 보이고, 성공도 보이고 세상만사가 다 보인다.

지금 우리나라는 개혁만이 살 길인데 모두들 밖에 있는 것, 남의 눈 속에 있는 티만 보는 것이 우리가 안고 있는 개혁의 덫이다. 그것은 자기가 목표를 향하여 올라가고 있는 사닥다리를 걷어차는 것처럼 어리석은 짓이다.

최근 대통령 선거에서 후보자들이 말하는 것을 들어보면 모두들 정책 목표의 우선순위를 말하고 개혁을 말한다. 그것을 Scheduling(일정잡기)라고 말한다. 후보들은 사회개혁을 말하고 정경유착 개혁을 말한다. 노동개혁을 말하고 노동시장의 구조조정을 개혁해야 한다고 말한다. 공무원의 연금개혁을 말한다. 그러나 이것은 다 속임수다.

문제는 그 말을 하는 사람들이 자기가 속고 있고, 또 속이고 있다는 것도 모른다는 점이다. 왜냐하면 제 눈 속에 들보를 두고 남의 눈 속에 있는 티만 보기 때문이다. 참 무식한 사람들이고. 또 거기에 속아 넘어가는 국민들이 너무 불쌍하다.

영어에 지도자를 Leader라고 하는데 이 말은 Reader란 말과 직결되어 있다. 독서를 해야 지도자가 되지 말만 잘 한다고 지도자가 되는 것은 아니다. 이제 우리는 내 눈 속에 있는 들보를 빼는 운동에서 모든 것을 시작해야 한다. 그러려면 인문학 책을 많이 읽어 우리의 안목을 넓이고, 더 중요한 것은 책 중에 책인 성경을 읽어야 영안이 열린다. 그래야 나라가 살고 교회가 산다.

'Sola Scripture' 루터의 종교개혁 500주년을 맞이하여 다시 교회의 본질인 성경으로 돌아가야 모든 것이 질서를 회복한다.

오늘 우리는 산상수훈에서 예수님의 가장 중요한 우선순위를 배웠다. 그것이 바로 개혁의 순서이다. 오늘 우리가 여기에 모인 것은 나라를 바꾸고 사회를 바꾸고 정치를 바꾸자는 것이 아니라 사실은 나를 바꾸자는 것이다. 그것이 회개요 개혁이다. 이 회개운동에서 New All 공동체를 만들 수 있기를 축원한다.

불평과 원망의 철학

(행 6:1-6)

인간의 불행은 여러 가지 원인이 있습니다. 그중에 중요한 것이 바로 불평과 원망입니다. 불평이란 '못마땅하게 여기는 것'을 말합니다. 원망이란 불평 나음에 일어나는 현상으로 불평하며 미워하는 것을 말합니다. 바로 이 불평과 원망이 운행하게 만듭니다.

유다서 16절에 보면 마지막에 정죄를 받는 자들의 명단을 밝히면서 "원망하는 자며 불만을 토하는 자"라고 했습니다. 그래서 오늘 추수감사절을 맞아서 우리의 불행의 원인이 되는 이 불평과 원망의 본질을 분석해 보면서 이것을 제거하여, 우리들의 삶에 새로운 변화가 일어나기를 먼저 주님의 이름으로 축원합니다.

1. 불평과 원망의 역사

오늘 본문의 내용은 헬라파 유대인 과부들이 매일 구제에 빠지므로 히브리파 사람을 원망한 것을 해결하기 위해서 안수집사들을 뽑기 시작했다는 내용입니다. 그런데 이 불평과 원망의 뿌리는 그렇게 간단하지 않습니다. 불평과 원망은 인류의 역사만큼이나 길고도 깊은 뿌리를 가지고 있습니다.

다시 말하면 불평과 원망의 역사는 인간의 불행만큼이나 오랜 역사를 가지고 있습니다. 인간의 불행은 아담과 하와가 선악과를 따먹은 뒤부터 시작됩니다만 불평과 원망의 원인의 역사는 바로 그 원인 제공자였습니다. 하와가 선악과를 따먹은 것은 뱀의 유혹이 근본 원인입니다.

그런데 그 내용을 보면 창세 3장 1절에 "뱀이 여자에게 물어 가로되 하나님이 참으로 너희더러 동산 모든 나무의 실과를 먹지 말라 하시더냐?"고 불평의 원인을 제공하고 부추기는 데서 시작되었습니다.

또 창세기 4장에 보면 가인이 자신의 제사가 하나님께 열납되지 않음을 심히 분히 여겨 마침내 동생 아벨을 죽였다고 했습니다. 다시 말하면 불평과 원망이 살인으로 변하였다는 말입니다. 또 요셉의 형제들이 요셉을 죽이려고 했던 것도 아버지의 편애에 대한 불평에서 시작되었던 것입니다.

따라서 인간의 불행과 원망의 역사는 바로 불행의 역사와 함께 걸어 왔습니다. 다시 말하면 불평과 원망은 모든 죄악의 뿌리입니다. 그러므로 우리는 추수감사절 하루만 감사해서는 안 됩니다. 우리의 숨이 붙어 있는 동안 하나님께 감사하는 생활을 하기 위해서는 우리의 불평과 원망의 뿌리와 철학을 찾아내야 합니다.

불평과 원망의 가장 대표적인 역사는 바로 출애굽 후의 광야에서의 이스라엘의 역사 자체라고 할 수 있습니다. 14:11절을 보면 이스라엘 백성들의 불평이 터져 나오는 것을 볼 수 있습니다. 무엇이라고 불평을 했습니까? 그들이 또 모세에게 이르되 '애굽에 매장지가 없어서 당신이 우리를 이끌어 내어 이 광야에서 죽게 하느뇨? 어찌하여 당신이 우리를 애굽에서 이끌어 내어 이같이 우리에게 하느죠?' 지금 당하고 있는 난관이 바로 모세로 인해서 생겨진 것이라는 불평입니다. 그 말속에는 출애굽을 인도한 모세에 대한 감사는 조금도 없습니다. 처음부터 끝까지 전부가 불평이고 원망입니다. 중요한 것은 모세에 대한 불평과 원망은 모세로 하여금 출애굽을 시킨 하나님께 대한 불평이요 원망이란 것을 잊지 말아야 합니다.

12절에는 "우리를 버려두라. 우리가 애굽 사람을 섬길 것이라 하지 아니 하더뇨? 애굽 사람을 섬기는 것이 광야에서 죽는 것보다 낫겠노라"고 비교까지 합니다. 자기의 노예생활이 지긋지긋하다고 하지 않고, 그때가 지금보다는 더 낫다는 것입니다. 그러자 모세는 이런 불평과 원망을 하는 이스라엘 백성들을 향하여 그의 유명한 13절과 14절에서 시작합니다. "너희는 두려워 말고, 가만히 서서 여호와께서 오늘날 너희를 위하여 행하시는 구원을 보라. 너희가 오늘 본 애굽 사람을 또 다시는 영원히 보지 못하리라. 여호와께서 너희를 위하여 싸우시리니 너희는 가만히 있을지니라."

모세의 선포와 함께 그의 기도를 응답하신 여호와께서는 큰 동풍으로 밤새도록 바닷물을 물러가게 하셔서 갈라지게 했고, 마침내 바다가 마른땅이 되었다고 했습니다. 역사상 가장 놀라운 하나님의 권능과 기적이 일어난 것입니다. 그러자 31절에 보면 이스라엘이 여호와께서 애굽 사람들에게 베푸신 큰일을 보았으므로 백성이 여호와를 경외하며 여호와와 그 중 모세를 믿었더라고 했습니다. 여러분들은 진성 믿는 사람들입니까? 그렇다면 불평과 원망을 하지 말아야 합니다. 믿음과 불평. 믿음과 원망은 절대로 함께 갈 수가 없는 것입니다.

출애굽기를 보면 이스라엘 백성들이 믿은 것은 잠시 잠깐이었습니다. 15:24절에 보면 다시 옛날의 병이 도졌습니다. 마라에 왔을 때에 물이 써서 마시지 못하여 목이 마르게 되자 또 불평과 원망이 시작된 것입니다. 참으로 이스라엘 백성들은 우리처럼 건망증이 심한 백성이었습니다. 사실 따지고 보면 이스라엘 백성들의 모습이 금년 일 년 동안 살아온 우리들의 얼굴이 아닐까요? 우리들도 하나님께서 수많은 축복과 사랑을 베풀어주셨는데 조금만 어려움이 생기면 불평과 원망을 합니다.

그러나 저는 하나님의 말씀에 의지하여 말씀드립니다. "두려워 말라" 하나님이 앞서 행하시며 인도하시는 대로 따라만 가라 하나님이 놀라운 기적으로 축복해 주시리라 믿습니까? 그러므로 불평과 원망을 하지 않고 감사하시기를 축원합니다.

출16:8절에 보면 또 이스라엘 백성들이 메뉴가 다양하지 않다고 해서 모세와 아론에게 뿐만 아니라 하나님에게도 불평하고 원망하였다고 했습니다. 이런 이스라엘의 불평과 원망의 병은 광야의 역사를 기록한 민수기에도 계속하였습니다. 너무도 답답한 하나님께서 민14:22절에 보면 "나를 원망하는 이 회중을 내가 어느 때까지 참으랴?"하고 한탄을 하였습니다. 지금 하나님께서 우리들을 향하여 무엇이라고 할까요? 꼭 같이 한탄하시지 않게 하기를 부탁합니다.

민14:22절에서는 하나님께서 이스라엘에게 베푸신 광야에서의 이적이 무려 열 번이나 되는데도 건망증이 심한 이스라엘은 그것을 잊고, 불평과 원망만 계속하였다고 했습니다.

재미있는 것은 민16:11절에서는 하나님께서 '지도자론'을 펴시면서 "내가 세운 이론을 너희가 불평을 하다니 그것은 바로 나를 거슬리는 것"이라고 말씀했습니다.

그러면 이 시간 이스라엘 백성들의 불평과 원망의 그 원인을 분석해 보겠습니다.

2. 불평과 원망의 원인

오늘 본문에서는 불평과 원망의 원인이 '불공정한 행정'에서 비롯되었다는 것을 말씀하고 있습니다. 초대교회도 완전한 교회 행정을 한 것은 아닙니다. 초대 교회 안에 언어의 장벽이 있었습니다. 헬라어를 사용하는 교인들과 히브리어를 사용하는 교인들이 있었습니다. 그런데 헬라이를 사용하는 과부들이 구제에서 빠졌습니다.

초대교회도 완전한 교회는 아니었습니다. 그래서 이 불공정한 행정을 보다 공정한 행정이 되도록 하기 위해서 안수집사의 역사가 시작되었다는 내용입니다. 지금 우리 교회에는 많은 직분자들이 있습니다. 그냥 벼슬에 아닙니다. 하나님의 교회를 운영하기 위해서 하나님의 뜻을 받들어 임명된 것입니다. 그런데 그 직분자들이 아무 일도 하지 않고 있으면 교회는 점점 기울지는 배가 됩니다. 그러므로 우리 모두가 깨어 일어나야 합니다.

그런데 성경에서 불평과 원망의 원인을 보면 대단히 다양한 것을 알 수 있습니다. 욥기에 보면 '영혼의 괴로움 때문에 하나님께 불평하는 내용이 나옵니다(욥7:11)' 또 신명기에 보면 '두려움에서' 불평이 나오기도 합니다(신1:27) 민수기를 보면 광야에서의 이스라엘을 보면 '배가 고파서' 불평하였고(민21:5) 출애굽기를 보면 '목말라' 불평하였고(출17:3), '길'이 나쁘다고 불평하였고, '고기가 먹고 싶다'고 불평하였습니다. 여호수아 9:18절에 보면 '부당한 처사'로 인해서 불평하였다고 했습니다.

그러나 불평의 원인을 분석해 보면 결국 근본적으로는 마태복음에 기록된 대로 '불만족'에서 옵니다(마20:11). 다음은 하나님께 대한 '확고한 믿음이 없기 때문에' 생기는 것입니다. 또 과거에 주신 은혜를 잊은 영적인 '건망증' 때문에 불평이 나오는 것입니다. 아니 하나님께 대한 불신에서 불평과 원망이 옵니다. '자기의 생각이 옳고, 하나님은 틀렸다'는 데서 불평과 원망이 옵니다. 그러므로 문명과 원망은 죄악입니다.

3. 불평과 원망의 결과

1) 무서운 것은 불평과 원망은 나쁜 버릇이 된다는 사실입니다. 일단 버릇이 되면 이 불평의 버릇은 버리기가 힘듭니다. 마치 다 큰 나무를 펴려고 하는 것처럼 거의 불가능합니다. 왜냐하면 일단 불평과 원망의 버릇이 생기면 모든 사고방식이 부정으로 변하고, 성격

이 뻐딱해지게 되어 불평의 늪에 빠지게 되기 때문입니다. 이것이 가장 무서운 결과입니다.

2) 불평과 원망은 우리들을 '불행하게 만들고, 모든 일에 실패하게' 만듭니다. 불평은 없는 데서 오는 것이 아닙니다. 비교하는 데서 옵니다. CS Lewis가 말한 대로 현대에 사탄 마귀가 가장 많이 사용하는 무기가 바로 이 비교의식입니다. 성공한 사람들을 보면 항상 긍정적입니다. 밝은 면을 봅니다. 실패를 연단으로 봅니다. 그러나 불평과 원망을 하는 사람은 실패를 남의 탓으로만 돌립니다. '네 탓이야!'하고 말합니다. 과연 누구 탓입니까? 바로 나의 탓입니다. 그러므로 이 불평 원망의 병은 고치기가 어렵습니다. 그러다가 성공하면 누구 덕으로 돌립니까? 자기가 잘나서 성공했다고 교만해져서 '내 공로야, 내가 했지.'하고 자랑을 합니다. 과연 누가 했습니까? 하나님이 하셨습니다. 우리 한번 따라 합시다. '하나님이 하여 주셨습니다'. '하나님의 은혜입니다'. 할렐루야.

3) 불평과 원망은 마지막에 '하나님의 심판'을 받습니다. 그러므로 우리는 좀 불평할 것이 있어도 모든 것을 긍정적으로 보도록 노력해야 합니다. 지옥이 괴로운 것은 불의 심판도 힘들지만 불평과 원망의 소리로 인해서 귀가 아파서 괴로운 것입니다.

4) 불평과 원망을 제거해야 하는 이유와 그 비결

(1) 우리가 불평과 원망을 반드시 제거해야 하는 데는 몇 가지 이유가 있기 때문입니다.

첫째, 불평은 불평을 낳고, 그 불평은 '또 다른 불평'을 낳기 때문입니다. 불평으로 가득 찬 가정이나 사업장에 축복이 내리는 것을 보지 못했습니다. 불평과 원망이 많은 교회는 절대로 하나님이 축복하지 않습니다. 믿습니까?

둘째, 불평과 원망은 '하나님의 심판을 받기' 때문입니다(약5:9). 왜냐하면 모세에 대한 불평이 결국은 하나님께 대한 불평이고, 불신이었기 때문에 하나님이 기뻐하지 않았습니다.

셋째, '불평과 원망 속에서 드리는 예배는 하나님이 받지 않기 때문'입니다. 그래서 마5:23-24절에 보면 "그러므로 예물을 제단에 드리다가 거기서 네 형제에게 원망 들을 만한 일이 있을 줄 생각나거든 예물을 제단 앞에 두고 먼저 가서 형제와 화목하고 그 후에 와서 예물을 드리라"고 했습니다. 예배가 물론 중요합니다. 그러나 예배보다 순서적으로 앞서야 할 것은 형제의 불평과 원망의 문제를 제거해야 한다는 말씀입니다.

끝으로 성경이 우리에게 모든 일을 원망과 불평이 없이 하라고 하고 있기 때문에 우리들은 불평과 원망을 버려야 합니다. 레19:18절에서는 "동포를 원망하지 말라"고 했고, 빌2:14절에서는 "모든 일을 원망과 시비가 없이 하라"고 했습니다.

그러면 어떻게 불평과 원망을 제거할 수 있습니까?

첫째로 우리의 '마음을 넓혀야' 불평과 원망이 없어집니다. 사실 불평은 문제가 커서 생기는 것이 아닙니다. 우리의 마음이 좁기 때문에 생기는 것입니다. 어떻게 마음을 넓힐 수 있습니까? 그것은 하나님의 넓고도 깊은 사랑을 체험할 때와 기도할 때만 가능합니다.

둘째로 합력해서 선을 이루시는 '하나님의 섭리를 믿을 때' 궁극적으로 해결됩니다. 롬8:28절에 보면 분명히 말씀하고 있습니다. "우리가 알거니와 하나님을 사랑하는 자 곧 그 뜻대로 부르심을 입은 자들에게는 모든 것이 합력하여 선을 이루느니라."고 했습니다. 따라서 불평은 불신의 뿌리에서 생기지는 독버섯입니다.

셋째로 '악인의 행동'을 현실 속에서만 보는 데서 불평이 생기는 경우가 있습니다. 그러므로 우리는 모든 현실을 수평적으로만 보지 말고, 하나님의 입장에서, 영원 속에서 보아야 불평과 원망이 제거됩니다. 그래서 시37:1절에 "행악자를 인하여 불평하여 하지 말라"고 했습니다.

끝으로 가장 중요한 것은 '감사의 생활을 습관화'할 때 불평과 원망은 안개처럼 사라집니다. 세상에 감사보다 더 좋은 보약은 없습니다. 왜냐하면 모든 것을 긍정적으로 보고 하나님의 입장에서 생각하고, 믿음으로 보기 때문입니다. 그 동안 우리들이 살아가면서 가지고 있었던 불평과 원망을 다 버리고 오늘 이 추수감사절부터는 감사와 기쁨의 남은 날이 될 수 있기를 주님의 이름으로 축원합니다.

시험을 당하거든

(약1:1-4)

우리는 원하지 않지만, 그러나 누구에게나 시험은 옵니다. 믿음이 약한 초신자에게만 오는 것이 아닙니다. 오래 믿은 장로님이나 권사님들에게도 시험은 옵니다. 아니, 오래 믿은 사람에게 더 큰 시험이 옵니다.

(예화) 사단의 방법(전쟁터에서 저격당하는 일처럼).

그러나 하나님의 시험은 우리에게 큰 도움이 되기도 합니다.

(예화) 한번은 서부해안에서 동부해안으로 바다 고기를 날라야 할 일이 생겼습니다. 그래서 운반선에 좋은 환경을 만들어주고 날랐습니다. 그러나 동부해안에 갔을 때 고기들이 떼죽음을 했습니다. 그래서 이번에는 상어를 함께 넣어주었습니다. 그러자 운반선에 있는 고기들이 잡아먹히지 않으려고 몸부림을 쳤기 때문에 동부해안에 도착했을 때 고기들이 모두 건강했습니다.

이와 같이 사람도 마찬가지입니다. 환경이 좀 어렵고 힘들면 그것을 극복하고 살아남으려고 애를 쓰는 가운데 오히려 건강하고 발전한다는 것입니다. 저의 경우가 그랬습니다. 너무 가난해서 생존하려고 공부를 39살이 될 때까지 죽기 살기로 했습니다. 그랬더니 제가 원하던 학위도 받고 공부도 마칠 수가 있었습니다. 반대로 환경이 좋던 반 친구들은 좋은 환경에서 그럭저럭 하다가 인생을 허비하고 원하던 뜻을 이루지 못한 것을 보았습니다.

그러면 우리에게 시험이 올 때에 우리는 어떻게 해야 합니까? 본문은 구체적으로 가르쳐줍니다.

1. 시험의 여러 가지

시험은 경제적인 시험만 오는 것이 아닙니다. 돈 벌려고 오버타임을 해가면서 일을 하다 보니 이번에는 건강의 시험이 올 때도 있고, 신앙적인 시험이 올 때도 있습니다. 또는 가정의 시험이 올 때도 있습니다. 그러므로 '산 넘어 산'이란 말대로 계속해서 시험이 옵니다.

파도처럼 계속 시험이 밀려옵니다. 그러므로 시험이 올 때에 내가 무슨 죄를 지었나 하고 오해만 하지 마시기를 바랍니다. 왜냐하면 시험에는 사탄의 시험도 있지만 하나님께서 주시는 시험, 좀더 정확하세는 시련이란 것이 있기 때문입니다. 그것을 구별해야 합니다.

2. 시험이 올 때에 온전히 기쁘게 여기라

시험이 올 때 기쁘게 여기라는 것은 시험이 올 때에 우리가 가져야 할 자세를 말씀한 것입니다. 참 이상하지요? 아니 시험을 당하면 우선 힘들고, 마음이 상하고, 괴로운데 왜 기뻐하라는 말씀입니까? 뭔가 잘못되어도 한참 잘못된 것이 아닙니까? 아닙니다. 여기에는 이유가 있습니다. 본문에 보면 이는 '왜냐하면'이란 뜻입니다.

"너희 믿음의 시련이 인내를 만들어내는 줄 너희가 앎이라" 시험을 통해서 어떤 역경에서도 참아내고, 성공하는 인내를 만들어내기 때문이라고 했습니다. 하나님의 축복도 인내해야 승리합니다. 기도의 응답도 인내해야 그 열매를 볼 수 있습니다. 모든 성공을 보면 다 인내의 열매인 것을 볼 수 있습니다. 여러분, 떨어지는 방울방울의 물이 바위를 뚫는 것을 아십니까? 유대인 랍비 중에 아키바라는 위대한 사람이 있습니다. 그는 본래 큰 부잣집의 종이었습니다. 나이가 삼십이 되도록 종노릇을 했습니다.

한번은 주인집 딸과 눈이 맞아서 아버지에게 허락을 받으려고 했지만 거절만 당해서 그만 밤에 둘이 도망을 쳤습니다. 결혼식도 없이 함께 살게 된 것입니다. 그런데 한번은 그의 아내가 물방울이 떨어지는 것을 보여주면서 남편에게 공부를 하라고 권면했습니다. 보니까 우물가의 바위가 움푹 파여 있습니다. 이것을 보고, 아하 지금 공부해도 늦지 않구나 하면 된다는 생각을 하면서 24년을 공부에만 전념했습니다.

그 때 그의 나이가 40이었습니다. 그래도 아들 나이 또래의 어린애들과 함께 율법학교에서 공부를 했고 마침내 그는 탈무드를 편집한 위대한 랍비가 된 것입니다.

사실 우리는 참지 못해서 포기할 때가 너무도 많습니다. 일은 다해놓고, 인내하지 못해서 포기하고, 그래서 실패하는 경우가 의외로 많습니다. 그러나 사람이 기다리고만 있으면 때가 되면 모든 것은 해결되기 때문에 그래서 우리는 인내해야 합니다. 영어 격언에도 'Time solves everything. because everything does not happen at once.'란 말이 있습니다.

3. 시험이 올 때

시험이 올 때 두 번째로 할 것은 4절에 보면 '인내를 온전히 이루라'고 했습니다. 인내를 온전히 이루라는 뜻은 무엇입니까? 열매를 맺을 때까지 끝까지 인내하라는 것입니다. 조금 인내했다가 나는 더 참을 수가 없어 하고 포기하면 결국 지금까지의 수고가 헛되고 마는 것입니다. 특별히 선을 행하는 사람들은 더욱 그렇습니다.

갈6:9절에 "우리가 선을 행하되 낙심하지 말지니 피곤하지 아니하면 때가 이르며 거두리라" 부끄러운 일은 저는 참지 못하는 단점이 있습니다. 사탄은 바로 이 방법을 이용해서 저를 실패하게 하는 경우가 많았습니다.

그러면 왜 인내를 온전히 이루라고 했습니까? "이는 너희로 온전하고, 구비하여 조금도 부족함이 없게 하려 함이라"(1절). 인내하면 온전해지고, 모든 것을 구비하게 되어 하나님의 축복을 받기에 부족함이 없게 된다는 것입니다. 이 얼마나 놀라운 변화입니까? 밥은 끓자마자 먹는 것이 아니라 오래 동안 뜨거운 솥 안에 두면 뜸이 들고, 기름이 잘잘 흐르는 밥이 되듯이 성도들도 그저 참고 기다리면 모든 것이 구비되고, 온전해지고, 하나님의 축복을 받아 부족함이 없게 된다는 것입니다.

4. 시험이 왜 오는지 알아야

다음으로 중요한 것은 우리가 시험을 당할 때에 왜 오는지 알아야 합니다. 그 원인을 알아야 한다는 말입니다. 원인을 알아야 해결을 할 수 있기 때문입니다. 시험에는 크게 두 가지 종류가 있습니다. 하나는 하나님의 시험입니다. 정확하게 번역하면 '시련'(Trial)이 있습니다. 다른 하나는 사탄의 시험(즉 유혹)입니다. 우리말에는 그 구별이 분명치 않으나 헬라어 원문이나 영어성경에 보면 전혀 다른 단어를 사용하고 있습니다. 하나님의 시험은 Test. Trial이란 단어가 있습니다. 그러나 사탄의 시험은 Templed. Temptation이란 단어를 사용하고 있습니다. 예를 들어 창22:1절에 보면 하나님이 아브라함을 시험했다고 했을 때에는 test란 말을 사용했습니다. 그러나 사단이 시험하는 경우가 있습니다. 예를 들면 4절에 사단이 예수님을 시험한다고 했을 때 tempted했다고 했습니다. 그러므로 우리가 시험을 당할 때에 이것이 하나님께서 주시는 시험인가 아니면 사단의 시험인가를 분별해야 합니다.

그러면 하나님의 시험은 언제 옵니까? 우리에게 축복을 주시기 위해 우리의 마음 상태를, 우리의 믿음을 테스트하는 것입니다. 마치 선생이 학생들에게 공부를 시킨 후에 그 수준이 어느 정도인지 테스트하듯이 하나님께서도 그렇게 하는 것입니다.

반대로 사탄의 시험은 언제 옵니까? 약1:14절에 "오직 각 사람이 시험을 받는 것은 자기 욕심에 끌려 미혹함이니"라고 했습니다. 이 사탄의 시험은 실패하면 큰일 납니다. 그 다음 15절에 "욕심이 잉태한즉 죄를 낳고 죄가 장성한즉 사망을 낳느니라"고 했기 때문입니다. 사탄의 시험은 우리를 멸망케 하는데 있습니다. 그러므로 우리의 욕심을 버려야 합니다. 그런데 욕심이란 나이에 따라 또 사람에 따라 다릅니다.

그러므로 욕심을 버려야 합니다. 그런데 문제는 욕심과 꿈을 가지는 것, 비전을 가지는 것이 생각처럼 구별하기가 쉽지 않습니다. 그런 때는 그것이 하나님의 영광을 위한 것인가 아니면 자신의 영광을 위한 것인가 살펴보면 알 수 있습니다.

5. 성도들이 당하기 쉬운 시험

성도들이 당하기 쉬운 시험은 하나님을 시험하는 일입니다. 이스라엘은 광야생활을 할 때 열 번이나 하나님을 시험했다고 했습니다.

민14:22절에 보면 "내 영광과 애굽과 광야에서 행한 내 이적을 보고서도 이같이 열 번이나 나를 시험하고 내 목소리를 청종하지 아니했다"고 했습니다. 나는 구체적으로 이 열 가지 시험을 살펴보려고 합니다. 이유는 그 시험의 종류가 광야교회의 시험이기 때문에 오늘의 우리들의 시험과 같기 때문입니다. 우리의 시험을 객관화하여 볼 수 있기 때문입니다.

　(1) 출14:10-12절에 나옵니다. 출애굽한 후에 앞에 홍해가 가로막고 있었습니다. 뒤에는 애굽 기마병이 따라오고 있습니다. 그러자 이스라엘 백성들이 모세를 원망합니다. "어찌하여 우리를 애

굽에서 이끌어 내어 여기서 죽게 합니까?" 모든 불만을 상대방에게 돌리는 시험입니다.

(2) 출15:22-24. 마라에 왔을 때 "물이 써서(소금기가 많아서) 마시지 못하겠으므로" 또 모세를 원망합니다. 그때 모세가 하나님께 기도하여 응답을 받습니다. 26절에 보니 "나무 한 가지(십자가의 상징)를 물에 던지니 단물로 변했다"고 했습니다. 여기서 하나님은 치료하는 하나님이심을 보여주신 것입니다.

(3) 출16:1-3에 보면 이스라엘 백성이 신광야(정확하게는 zin 광야)에 왔을 때 3절에 "온 회중이 주려 죽게 하는도다"고 불평을 합니다. 먹는 문제로 시험에 빠진 것입니다. 여기서 하나님께서는 만나를 주시기 시작합니다. 이슬이 마른 후에 작고 둥글며 서리같이 가는 만나를 주셨는데 그것은 요6:35절에 이렇게 해석합니다. "나는 생명의 떡이니 내게 오는 자는 결코 주리지 아니할 터이요 나를 믿는 자는 영원히 목마르지 아니하리라."

(4) 출16:19-20절에 보면 모세는 만나를 먹을 만큼만 거두라고 했는데 다음날 아침까지 남겨둔 사람은 그것이 썩고 벌레가 먹어 먹을 수 없게 되자 또 원망합니다. 이것은 하나님께서는 일용할 양식만 구하라는 것입니다. 왜냐하면 사람이 부해지면 하나님을 의지하지 않기 때문이었습니다. 그러나 예외규정은 안식일 전날에는 안식일 분량까지 두 배로 남겨두라고 했습니다.

(5) 출16:27-30절에는 안식일 법입니다. 처소에서 나오지 말라고 했습니다. 안식일에 여행이나 노동을 금지한 것입니다. 이 안식일 법은 지금까지도 엄하게 지키고 있습니다. 그러나 안식일(창조 기념일)은 주님의 부활과 함께 오늘날의 일(부활 기념일)로 변했습니다. 그러므로 우리는 주일성수해야 하는데 제가 사업을 해보니

까 주일날이 보통 때의 두의 판매가 되기 때문에 실천하기가 쉽지 않습니다. 그러나 실천하면 하나님께서 다른 날에 보충해 주는 것을 체험했습니다.

(6) 출17:1-4절에는 식수문제로 시험에 들었습니다. 그래서 마실 물이 없자 모세와 다투었다고 했습니다. 이때 하나님께서는 "너는 반석을 치라"고 했습니다. 이 반석은 고전10:4절에 보면 "그 반석은 곧 그리스도시라"고 바울은 해석했습니다. 인간은 5가지의 갈증을 가지고 살고 있다고 마슬로우는 말했습니다. 생물학적 갈증, 안전의 간증, 소속감과 사랑의 갈증, 존경받고 싶은 갈증, 끝으로 자기완성의 갈증이 있다고 했습니다. 그러나 이 모든 갈증을 주님께서 십자가에서 완성했습니다. 그런데 요19:34절에 보면 창으로 옆구리를 찌를 때 "곧 물과 피가 나오더라"고 했습니다. 이것은 겔47장의 "사람이 능히 건너지 못할 강이더라"는 예언의 성취이기도 합니다. 다시 말하면 인간의 모든 갈증은 우리의 물이 되신 예수님을 통해서 성취된다는 뜻입니다.

(7) 출32:1-34절에 보면 새로운 우상이 나옵니다. 모세가 시내산에 올라가 40일이 되도록 내려오지 않자 조급함을 이기지 못한 백성들이 아론을 통해 금으로 만든 송아지 형상을 만들게 했습니다. 이 송아지 형상은 애굽에서 가장 힘이 있는 신으로 섬겼던 우상입니다. 이것은 오늘날의 맘모니즘, 즉 황금만능주의란 현대판 우상이기도 합니다. 심지어 교회 안에서 이 우상이 들어와 많은 교회들이 세속화되고 있습니다.

(8) 민11:1-3절에는 이스라엘 백성들에게 낮에는 구름기둥으로 밤에는 불기둥으로 인도하셨는데 백성들은 언약궤와 함께 움직였습니다. 그러나 백성들은 악한 말로 원망했다고 했습니다. 마음

대로 하지 못함을 원망하고 불평한 것입니다. 그러나 악한 말을 하나님이 듣기에 견딜 수 없을 정도로 했습니다. 다메라에서 일어난 일입니다. 하나님께서 불로 백성들을 심판했습니다. 비로소 백성들이 회개하면서 부르짖었습니다. 그러나 하나님께서 불을 중지했습니다.

(9) 민11:4-34절에는 탐욕의 시험이었습니다. 4절에 보면 "고기를 주어 먹게 하라"는 것입니다. 그러자 하나님께서는 바람을 불어 메추라기 떼를 보내어 두 큐빗이나 쌓이게 했습니다. 이들의 시험은 탐욕의 시험입니다. 그것이 가장 무서운 사탄의 시험의 하나입니다. "오직 각 사람이 시험을 받는 것은 자기 욕심에 끌려 미혹됨이니 욕심이 잉태한즉 죄를 낳고 죄가 장성한즉 사망을 낳느니라."

(10) 민14:3절에는 다수결의 문제점을 말해줍니다. 12명의 정탐꾼을 가나안 땅에 보내어 탐지하라고 했는데 10명의 다수는 메뚜기론을 주장했습니다. 불가능하다는 것입니다. 그러므로 차라리 애굽으로 다시 돌아가는 것이 낫다고 했습니다. 그러나 여호수아와 갈렙은 가나안 땅은 젖과 꿀이 흐르는 땅인데 믿음으로 "능히 이기리라"고 했습니다. 그래서 결국 불신앙을 가진 모든 백성들은 여호수아와 갈렙을 제외하고는 다 광야에서 죽고 가나안 땅에 들어가지 못했습니다.

그래서 히3:8절에 보면 "광야에서 시험하던 날에 거역하던 것같이 너희 마음을 완고하게 하지 말라"고 경고했습니다. 하나님의 이적을 보고도 하나님의 사랑을 받고도 마음이 완악해서 계속 의심하고, 하나님의 음성을 듣지 않는다는 말입니다. 우리는 그렇지 않습니까? 시험을 당하는 것도 문제지만 반대로 우리가 하나님을 계속해서 시험하는 것은 더 큰 문제입니다.

맺는 말

오늘 우리는 시험이 누구에게나 오지만 그것을 부정적으로만 보지 말고, 오히려 이 시련이 우리들을 온전케 하는 도구로 보고, 훈련으로 생각하고 주님을 지팡이처럼 붙들고, 인내하면 결국 아름다운 결실을 보게 될 줄로 믿으시기 바랍니다. 그러나 사탄이 주는 시험은 예수님처럼 말씀으로 이기고 기도로 이겨야 합니다. 욕심에 끌리면 안 됩니다. 가장 중요한 것은 우리가 하나님을 시험하면 절대로 안 됩니다. 왜 출애굽한 이스라엘 백성들이 여호수아와 갈렙을 제외하고 다 광야에서 죽었는지 아십니까? 하나님을 시험했기 때문입니다.

모세까지 광야에서 죽은 것은 그가 백성들이 계속해서 물을 달라고 하니까 신경질적으로 반석을 두 번이나 친 것이 문제였습니다. 그러므로 하나님의 사랑을 체험했거든, 이적을 체험했거든 절대로 하나님을 의심치 말기를 주님의 이름으로 명령합니다.

축복받는 비결

(마5:1-12절)

나는 여러 성도들의 기도로 이번에 하버드대학과 함께 쌍벽을 이루는 스탠포드대학의 예배당에서 '이민교회의 미래와 비전'이란 제목으로 40분간 설교를 하고 돌아왔다. 또 지난 20년간 홈리스(노숙자)들의 목회를 해온 스티브 리 목사와 함께 노숙자들이 몰려 있는 샌프란시스코의 미션거리의 여러 곳을 방문하며 노숙자들과 함께 예배를 드린 것도 큰 체험이 되었다. 다 하나님의 축복이다.

사실 하나님의 축복 없이 살 수 있는 사람은 이 세상에는 없다(행복, 성공, 출세 등). 그런데 하나님의 축복이 얼마나 중요한지, 어떻게 그 축복을 받을 수 있는지 사람들은 잘 모른다. 그것이 바로 마5:1-12절에 기록되어 있다. 오늘은 그것을 요약해서 다 말씀드리면서 은혜를 나누려고 한다.

1. 왜 요한 계시록처럼 7가지가 아니고 8가지인가?

그것은 8이란 숫자는 새로운 시작을 알리는 숫자이기 때문이다.

예를 들면 8일에 할례 안식 후 8일째 되는 날 부활, 7주 지난 다음 날 오순절이 일어난 것과 같다.

(1) 심령이 가난한 자는 복이 있나니 우리는 영적으로는 부요해야 하지만 심령은 가난해야 한다. 라오디게아 교회가 책망 받은 것은 "나는 부자라 부요하여 부족한 것이 없다"(계 3:1)는 교만 때문이다. 하나님께서 바울 사도를 쓴 것은 그가 심령이 가난했기 때문

이다. "오호라 나는 곤고한 사람이로다. 이 사망의 몸에서 누가 나를 건져내랴"(롬7:24).

심령의 가난이란 하나님의 긍휼하심 없이는 아무것도 할 수 없다는 마음이다. 영적으로 도산했다는 고백이다. 그 때에 심령의 천국이 임하게 된다.

(2) 애통하는 자는 복이 있나니. 이 세상에는 두 가지 종류의 애통이 있다. 잘못 애통과 바른 애통이 있다. 잘못된 애통은 아합 왕이 나봇의 포도원을 갖고 싶어 하는 애통이다. 이세벨이 그 소원을 이루어주었지만 결국 자신들도 비참하게 죽었다.(왕상21:6) 암논이 다말로 인해 가진 육적 애통도 잘못된 애통이다. 잘못 애통은 불행을 거져온다(삼하 13:1).

그러나 빠른 애통은 하나님의 위로를 받는다. 탕자의 애통이다. 자기의 죄를 가슴 치며 슬퍼하는 것은 하나님의 용서와 위로를 받는다. 나는 미국에 있는 동안 북한의 지하교회의 예배 장면을 비디오로 보면서 얼마나 울었는지 모른다. 북한에 지하교회가 1500개가 있고, 신자의 숫자는 정확하지는 않지만 약 20만 명이나 된다.

"주여, 성경 한 권만 주세요" 하면서 40년간 기도해 왔다는 사람을 보았고, "오늘 발각되어 총살당해도 주님을 부인하지 않게 하소서" 하는 가장 애절한 기도는 "우리가 남한에 있는 성도들을 위해 기도하고 있다는 것을 전해주세요." 인육을 먹으며 꽃제비로 있다가 탈출하는 과정에 총에 쓰러지는 모습을 보면서 우리는 너무 배불러 문제고 하나님의 축복임을 잊고 있는 것이 우리의 병이란 것을 깨달았다.

(3) "온유한 자는 복이 있나니 그들이 땅을 기업으로 받을 것임이요"(5:5). 만왕의 왕이신 예수님은 온유하여 당나귀를 타고 예루살렘에 들어가셨는데(마21:5) 우리는 적자생존의 세상에서 맹수처

럼 살고 있지 않는가? 온유한 말은 '맹수를 길들이다'라는 뜻이
다.

여기서 땅을 기업으로 받는다는 말은 가나안 땅을 지파별로 받은 것
을 은유적으로 말씀한 것이다. 이 세상에서 많은 영향력을 미친다는 뜻
이다.

(4) "의에 주리고 목마른 자는 복이 있나니 그들이 배부를 것임이
요"(5:6). 여기서 의에 주린다는 말은 바리새인들과 정반대되는
자세를 말한다. 중요한 것은 그 정도이다. 본문은 "주리고 목말
라야" 한다고 했다. 무엇인가? 그것은 '하나님과의 바른 관계'를
뜻하는 말이다. 미국 동부 캘리포니아에 가면 열사의 땅 Death
Valley란 국립공원이 있다. 수많은 사람들이 이곳을 지나다가
목이 말라 죽은 곳으로 유명한데 나는 작년에 그곳에 가보았다.
한 여름에는 섭씨 54도나 되고 해저 282피트인데 거기서는 어
떤 사람도 물 없이는 생존할 수 없는 곳이다. 물을 마셔도 마셔
도 목이 마른 곳이다. 그 정도로 하나님과의 바른 관계를 사모하
면 '배부를 것임이요'

다시 말하면 시14:21절의 말씀처럼 "하나님이여 사슴이 시냇물 찾기
에 갈급함같이 내 영혼이 주를 찾기에 갈급하나이다." 바로 그런 심정을
말한다. 그러나 배부를 것이요라는 번역은 좀 잘못된 번역이다. 채워진
다(filled)라고 번역해야 한다. 하나님과의 관계가 바로 되기를 목말라하
면 하나님께서 의롭게 해주시고, 영적으로 채워주시고, 가까이 해주시
고 축복해 주신다는 뜻이다.

(5) "긍휼히 여기는 자는 복이 있나니 그들이 긍휼히 여김을 받을 것
임이요"(5:7). 긍휼히 여긴다는 말은 가련한 처지에 있는 사람을
불쌍히 여기고 동정한다는 뜻이다.

누구를 긍휼히 여겨야 하는가? 먼저 불신자들을 긍휼히 여겨야 한다. 왜냐하면 그들은 믿지 않은 연고로 지옥으로 갈 것이기 때문이다. 나는 설교할 때마다 빈자리가 많은 것을 보면서 혼자 울 때가 많다. 왜 이처럼 전도를 안 할까? 하나님께서 여러분들에게 천국에서 순교자 다음으로 큰 축복의 자리인 전도상을 주실 것을 왜 못 보는가? 히11:6절에 "믿음이 없이는 하나님을 기쁘시게 하지 못 하나 하나님께 나아가는 자는 반드시 그가 계신 것과 또한 그가 자기를 찾는 자들에게 상주시는 이심을 믿어야 할지니라." 하늘의 상급을 갈망하지 않는 사람의 믿음은 형식이요 짝퉁임을 아는가?

구약에 보면 호세아서가 나온다. 호세아는 창녀로 있는 고멜을 두 번이나 사서 아내로 삼은 사람이다. 그것이 긍휼의 본보기이다. 긍휼히 여기는 자에게 주시는 축복이 무엇인가? 하나님에게서 긍휼히 여김을 받을 것이라고 했다.

(6) "마음이 청결한 자는 복이 있나니 그들이 하나님을 볼 것임이요." 마음이 청결해야 한다고 했는데 마음은 어디에 있는가? 뇌 안에 있는가? 가슴 안에 있는가? 한자에는 마음 심(心)자를 심장의 모양으로 표현하고 있다. 그러나 최근에는 뇌 과학이 발달하면서 뇌 안에 마음이 있다고 한다.

여기서 나는 결론을 내리려고 하지 않는다. 다만 중요한 것은 마음이 청결해야 한다는 점이다. 왜냐? 마음은 하나님께서 거하시는 처소이기 때문에, 그뿐 아니라 마음이 청결해야 세상의 모든 것이 바로 보인다. 하나님을 본다는 말은 영의 세계가 보인다는 뜻이다. 영의 눈이 열려야 천국에 간다.

(7) "화평케 하는 자는 복이 있나니 그들이 하나님의 아들이라 일컬음을 받을 것임이요"(5:9).

약3:17절에 "오직 위로부터 난 지혜는 첫째 성결하고 다음에 화평하고 다시 말하면 마음의 청결과 화평은 함께 다닌다는 뜻이다.

이 세상에는 두 종류의 사람이 있다. 하나는 troublemaker, 다른 하나는 peacemaker이다. 교회에도 보면 troublemaker가 적지 않게 있다. 나는 그런 사람들을 원불교인이라고 부른다. 원망과 불평하는 사람들이다.

화평케 한다는 말은 교량(다리)를 만든다는 뜻이다. 세상 사람들은 다 섬처럼 떨어져서 살고 있다. 달팽이처럼 자기 안에서 산다. 그러나 신자는 혼자 사는 사람이 아니라 함께 사는 사람들이다. 그러면 어떤 축복을 받는가? '하나님의 아들이라 일컬음을 받을 것임이요' 하나님의 양자가 된다는 뜻이다. 하나님의 모든 축복을 다 받는다는 말이다. 누가 참 신자인가? 화평케 하는 자이다.

(8) 마지막으로 "의를 위하여 핍박을 받는 자는 복이 있나니 천국이 그들의 것임이요" 원문에 보면 현재 수동형으로 되어 있다. 앞으로 미래가 아니라 현재 협박을 당하고 있는 사람에게 천국을 준다는 말이다.

한번 가슴에 손을 얹고 내가 지금 핍박을 받고 있는가? 아닌가? 핍박을 당한다면 내 성격이 모질어서 그런가? 아니면 주님 때문에, 하나님 나라 때문에 핍박을 당하고 있는가?(벧전4:16). 만일 그리스도인으로 고난을 당하면 부끄러워하지 말고 도리어 그 이름으로 하나님께 영광을 돌리라.

핍박이 전혀 없다면 그 사람은 술에 물 탄 듯 사는 병든 신자이다. 주님도 말씀했다. 마10:38 "자기 십자가를 지고 나를 따르지 않는 자도 내게 합당하지 아니하며" 두려움이 오는가? 두려워 말라. 왜요? 요일 5:3절에 "그의 계명은 어려운 것이 아니로다." 할렐루야.

마11:30절에도 "내 멍에는 쉽고 내 짐은 가벼움이라" 왜요? 처음에는 내가 십자가를 지고 가지만 나중에 보면 다 주님이 지고 가는 것을 영의 눈으로 보게 되기 때문이다.

맺는 말

하나님의 축복 없이는 살 수 없다. 하나님의 축복을 받는 비결은 마5:1-12절에 기록된 대로 8가지 사다리를 타고 내려가야 된다. 세상에서는 올라갈수록 성공이고 출세지만 기독교는 내려갈수록 축복이요 성공이다.

주님은 낮은 데로 임하기 때문이다. 바라기는 여러분 모두가 낮은 데로 임하시는 주님을 만나고, 동행하는 축복이 넘치기를 축원한다.

푯대를 향하여

(빌3:12-16)

내가 살아온 지난날을 살펴볼 때에 일한 것은 불과 20년밖에 안 되고 그것도 많은 방황이 있었던 것을 고백하지 않을 수 없습니다.

(예화) 저는 길눈이 어두운 편이어서 미국에서 운전할 때에는 심지어 주를 넘어가서 찾기 때문에 제가 밤 운진할 때에는 저의 집사람과 아이들은 아예 잠을 잡니다. 어떤 때는 새벽에 집에 올 때도 있었습니다. 길을 몰라 방황한 것입니다. 그런데 그것은 인생도 마찬가지입니다. 그래서 오늘은 '푯대를 향하여'라는 제목으로 함께 은혜를 나누려고 합니다.

영적으로 말하면 세상 사람들과는 달리 우리 성도들은 푯대를 향하여 달음질하고 있는 사람들입니다. 그런데 이 푯대를 향하여 달음질하기 위해서는 다음의 몇 가지가 필요합니다.

1. 이미 이루었다는 자만심 경계

이미 얻었다. 온전히 이루었다는 자만심에 빠지지 말아야 합니다. 왜냐하면 우리 성도들의 경주는 죽는 순간까지 계속되는 것이기 때문입니다. 그래서 바울은 '이미 얻었다 함도 아니요 온전히 이루었다 함도 아니라'고 고백을 하고 있습니다. 사실 인생은 어떻게 보면 하나의 과정일 뿐입니다. 그러므로 교만하거나 자만심에 빠지지 말아야 합니다.

2. 그리스도 예수께 잡힌바 된

다만 우리가 해야 할 것은 "오직 내가 그리스도 예수께 잡힌바 된 그

것을 잡으려고 좇아가노라"는 자세를 가져야 합니다. 그러기 위해서는

(1) 과거에 집착치 말아야 합니다(내가 잡은 줄로 여기지 아니하고) 그러나 나이를 먹을수록 과거에 집착하게 됩니다. 아무것도 이것을 어길 수는 없는 것 같습니다. 그러나 우리는 과거에 집착하지 않으려고 애쓰고 몸부림쳐야 합니다.

(2) "뒤에 있는 것은 잊어버리고"라고 했습니다. 과거 지향적인 것을 버리기 위해서는 뒤에 있는 것은 잊어버리는 겁니다. 이것이 바로 푯대를 향한 경주입니다.

하나님은 모든 사람들을 불러 구원하셨고, 또 불러 사명을 주셨습니다. 그러므로 우리는 이 부르심의 상을 위해서 좇아가야 합니다. 이것을 우리는 미래 지향적이라고 말할 수 있습니다. 간단히 말하면 항상 젊게 사는 것입니다.

3. 신앙의 단계

온전히 이룬 자들(성공자들)은 어떻게 생각해야 하는가?

'어디까지 이르렀든지' 즉 신앙이 어떤 단계에 이르렀는지 우리는 보조를 맞추어야 한다는 것입니다.

어떤 보조를 맞추어야 하는가? 크게 세 가지가 있습니다.

셋째, 주님과 보조를 맞추어야 합니다. 우리는 자주 주님보다 앞서 갈 때가 있습니다. 그것은 실수입니다. 항상 주님 뒤에 따라 가야 합니다. 그래서 이스라엘 백성들은 순례의 길을 갈 때에는 먼저 법궤를 앞세우고, 그 뒤를 따랐습니다. 우리들도 그런 자세를 가져야 합니다.

둘째, 목회자와 보조를 맞추어야 합니다. 광야 이스라엘 백성들을 보면 항상 모세의 뒤를 따를 때는 평안했고, 다른 길로 갈 때는 편

치 않았습니다. 물론 주의 종들도 사람이기 때문에 실수가 많습
니다. 그러나 중요한 것은 매주 선포하는 말씀이 표준이 되어야
합니다. 그것이 목회자와 보조를 맞추는 일입니다.

셋째, 성도들끼리 보조를 맞추어야 성공할 수 있습니다. 세상에 독불
　장군은 없습니다. 다 약한 존재들이기 때문에 서로 협력하고 도
　와야 합니다. 걸을 때는 오른발과 왼발이 서로 교대로 가야 보
　조를 맞출 수가 있습니다. 그러면 쉽게 갑니다. 바라기는 우리
　성도들은 서로 보조를 맞추어 협력하는 교회가 되기를 축원합니
　다.

주 안에서 자랄지라

(빌3:1,11)

이 세속사회 속에서 성도들이 가져야 할 자세는 무엇인가? 바울은 본문에서 우리가 어떤 자세를 가져야 할 것을 밀씀해주고 있다.

1. 배경

바울을 대적하는 무리가 있었다. 그들을 바울은 '개들'(썩은 것을 먹는 더러운 개), '행악하는 자들', '손 할례 당'(할례를 주장하는 자들)이라고 불렀다(2절). 이것으로 보아서 그들은 할례를 강조하는 유대주의자들임을 알 수 있다. 이들은 복음을 무시하고 율법과 할례를 강조하였던 것이다. 이들은 진리를 거슬리는 자들이다.

2. 그리스도인의 삶의 자세

오늘 본문에서는 그리스도인의 삶의 자세를 크게 세 가지로 말씀 | 하고 있다. 바라기는 이 자세대로 사는 삶이 되기를 축원한다.

(1) 주안에서 기뻐하라(1)

바울은 '종말로', 마지막으로, 즉 결론적으로 지금 권면하고 있는 것이다. 그러면 여기서 바울이 같은 말을 하는 것은 무엇인가? 그것은 거짓 교사들에 대한 경고이다. 이들이 복음에서 벗어난 사실을 반복해서 지적해주는 것을 말한다. 여기서 기뻐함은 계속적인 기쁨(현재 명령)을 말한다.

(2) 성령으로 봉사(3절)하는 것

진정한 할례 당은 전통이나 형식에 지배받지 않고 성령의 인도하심을 받아 기쁨으로 예배드리는 자들이다. 봉사를 영어로 service라고 하는데 그것은 바로 예배란 뜻이기도 하다. 다시 말해서 하나님께서 가장 기뻐하시는 예배는 봉사를 통한 예배이다. 즉 봉사할 때 예배자의 자세로 살아야 한다.

(3) 예수 그리스도로 자랑(3절 하)하며 살아야

예수 그리스도로 자랑(3절 하)하며 살아야 한다. 당시 법주의자들은 율법을 지키는 행위를 자랑하였다. 그러나 참 할례는 예수 그리스도를 말하고, 그에게 소망을 두는 자들이다. 따라서 육체를 신뢰하지 아니한다.

3. 바울의 육체적 격려

바울은 세상적인 자랑이 얼마나 허무한지를 여기서 지지해주고 있다. 바울의 육체적 경력이 무엇인가? 당시의 위치에서 보면 최고의 경력이다. 크게 6가지로 요약할 수가 있다.

(1) 율법대로(창17:12, 레12:3)

　　8일 만에 할례를 받았음

(2) 이스라엘 족속의 혈통을 가지고 태어났다. 인도에는 카스트라고 해서 그것을 절대로 극복하지 못하게 만들었다. 유대인들도 혈통을 중요시했다.

3) 베냐민 지파(야곱이 가장 사랑하는 라헬의 아들)이다. 역사적으로 보면 이스라엘의 초대왕인 사울 왕이 베냐민 지파요, 하만의 모함에서 이스라엘을 구원한 에스더, 모르두개가 베냐민 지파였다. 바울은 자신이 베냐민 지파인 것을 자랑하였는데 이것은 순수한 유대인임을 의미하는 것이다.

(4) 율법으로는 바리새인이었다.

　　바울은 바리새인의 아들로 태어나 바리새파에 입문하였으며 가

장 존경받는 가말리엘 밑에서 수학하였다(행22:3). 이것은 오늘날
의 하버드대학 나온 것보다 더 큰 자랑이었다.

(5) 열심으로는 유대교를 핍박(유대교의 선도주자란 뜻)한 자였다.

(6) 율법의 의로는 흠이 없는 자로라

율법의 의란 말은 율법이 요구하는 모든 명령과 기준을 지키는
것을 말한다. 그러나 하나님이 진정으로 요구하는 진정한 순종은
아니었다.

중요한 것은 그럼에도 불구하고, 바울은 이 모든 것을 그리스도를 위
하여 배설물처럼 버렸다는 것이다. 버림으로 얻는 것이 또한 기독교신
앙이다. 나도 작은 것이지만 가진 것을 버릴 때가 많다. 그러나 그 참
기쁨은 해본 사람만 안다. 여러분들에게도 그런 기쁨이 넘치기를 축원
한다

4. 우리들이 가져야 할 참된 의는?

19절에 "오직 그리스도를 믿음으로 말미암은 것이니 곧 믿음으로 하
나님께 로서 난 의라" 우리가 하나님으로부터 의롭다 함을 받는 것은 오
직 십자가에 달리신 예수님을 믿음으로만이 되는 것이다. 즉 그가 우리
를 대신해서 우리의 죄를 속량해주신 것을 믿음으로써만이 되는 것이
다. 이 의를 소유할 때에 우리들은 하나님 앞에 설 수가 있다.

그래서 바울은 모든 것을 잃어버리고 배설물(땅, 음식찌꺼기, 쓰레기)로 여
겼던 것이다. 이런 자들은 주님의 부활의 권능에 참여하게 되고, 또 한
편으로는 주님의 고난에 참여한다.

배움은 기대의 소망

(별1:19 26)

사람은 누구나 기대의 소망이 있습니다. 우리는 과연 어떤 기대와 소망을 가지고 있습니까? 저에게도 기대와 소망이 있습니다. 이 나이에 뭐 큰 것을 바라는 것이 아니라 지금까지 제 일들을 열매를 맺고, 저의 호처럼 일조, 많은 성도들에게 작은 도움이 되었으면 하는 것입니다. 오늘은 마음의 기대와 소망을 중심으로 말씀을 드리겠습니다.

1. 아무 일에든지 부끄럽지 아니하고(20절)

사실 우리는 부끄럽지 않은 삶을 살아야 합니다. 사람들에게는 물론 하나님 앞에 부끄럽지 않아야 합니다. 제가 살던 마을에 여자들이 밭에서 일하다가 밭에서 아기를 낳아, 밭에서 태어난 사람도 있습니다. 다행히 저는 방에서 태어났지만 정말 천하게 태어났습니다.

그러나 죽을 때만은 천하지 않기를 바랍니다. 그래서 부끄럽게 살지 않기를 바라고 있습니다.

우리는 언제 부끄러운가?

(1) 한낮에 옷을 벗고 있다가 사람들을 만날 때

(2) 자신의 허물이 밖으로 노출될 때

(3) 맡겨진 일에 실패했을 때

그러므로 우리는 이런 부끄러움을 당하지 않도록 조심하고, 능력 있는 사람이 되기를 축원합니다.

2. 이제도 온전히 담대하여(20절 하)

여기서 담대하다는 말은 무슨 뜻인가요?

(1) 막힘이 없이 말한다는 뜻입니다.

(2) 드러내 놓고 말한다는 뜻입니다.

(3) 확신을 가지고 용기 있게 말한다는 뜻입니다.

과연 우리는 어디서나 막힘이 없이 주님을 증거하고 있는가?

드러내 놓고 주님을 간증하고 있는가?

확신을 가지고 용기 있게 말하고 있는가?

꼭 해야 할 말을 못하고 망설인 때가 없습니까?

사실 저를 비롯해서 우리는 항상 주님을 증거함에 있어서 주저할 때가 많습니다. 용기를 내지 말아야 할 일에는 만용을 부리고, 정말 용기를 내야 할 때에는 용기를 내지 못하는 것입니다.

(4) "내 몸에서 그리스도가 존귀히 되게 하려 하나니"(삶의 목적이 바로 된다). 사람마다 다르기는 하지만 다 존귀히 여기는 것이 있습니다. 어떤 사람은 돈을 존귀히 여기고, 어떤 사람은 땅을 존귀히 여기고, 어떤 사람은 직위를 존귀히 여기고, 또 어떤 사람은 가정을 존귀히 여깁니다. 우리는 과연 무엇을 존귀히 여기고 있습니까? 바라기는 바울처럼 우리들도 주님을 존귀히 여길 수 있기를 축원합니다.

사람들은 다 자신의 존귀를 위해서 배우고 일하고 노력하고 일하고 노력하고 선전합니다. 그러나 바울은 주님의 존귀를 위해서 일했습니다. 그런데 바울은 유명한 사도가 되었습니다. 줄을 바로 섰고, 그 주님을 위해서 일했기 때문입니다. 헛된 것을 위해서 일한 사람들이 요즈음 한국에서 재판받는 모습은 보기에도 서글픕니다.

정치하시는 분들을 보면 줄을 잘못 서서 충성은 했는데 일평생 빛을 보지 못하는 분들이 참 많습니다. 그렇게 희생을 많이 했는데도 줄을 잘못 서서 그만 헛수고한 분들이 부지기수입니다. 그러나 어떤 분들은 줄을 잘 섰기 때문에 조금밖에 충성하지 않았는데 그만 그분의 영광을 얻게 되었기 때문에 자신도 존귀하게 된 것입니다.

오늘 우리가 예수 믿는 것은 정말 줄을 잘 선 것입니다. 충성만 하십시오. 하늘의 상급을 결코 잃지 않을 것입니다. 하나님 앞에서 존귀히 여김을 받을 것입니다.

3. 바울의 사생관

바울의 사생관을 우리는 본문 20절 하반 절에서 볼 수 있습니다. 사람은 누구나 사생관이 바로 서야 합니다. 과연 우리들은 사생관이 바로 서 있습니까?

(1) 바울의 죽음에 관한 철학

많은 사람들은 죽음을 인생의 끝으로 봅니다. 그러나 우리 영이 성경에 보면 죽음을 떠나서(depart)라고 번역했습니다. 이는 바로 '출발'이란 뜻입니다. 사실 좋은 성도들에게는 천국으로의 찬란한 출발입니다. 그래서 구세군에서는 사망을 진급이라고 했습니다. 그러므로 이 땅은 이별의 장소요 천국은 모두가 함께 만나는 장소입니다.

따라서 죽음은 천국에 들어가는 현관문입니다. 우리는 천국에서 사랑하는 부모님들을 만날 것입니다. 그런데 부모님에게 예수 믿도록 전도하지 않은 분들은 다른 사람들이 부모와 친척과 친구들과 만나는 것만 보고 자신은 외롭게 있는 모습을 보면서 그제야 '아이고, 전도했을 걸' 하고 후회를 할 것입니다.

(2) 바울의 삶에 관한 철학

바울이 사는 것은 자신을 위해서가 아니었습니다. 자신은 주님과 함께 있고 싶지만(23절) 그러나 성도들을 위해서 그는 살았습니다. 얼마나 놀라운 삶의 철학입니까?

그것은 크게 두 가지였습니다.

첫째는 "너희 믿음의 진보와 기쁨을 위하여"(25절).

둘째는 "예수 안에서 너희 사랑이 나를 인하여 풍성하게 하려 함이라" 과연 우리들은 다른 성도의 믿음의 진보가 되고 있는가? 나로 인하여 다른 성도들의 자랑감이 되고 있는가? 자신을 이 말씀에 적용하여 보기를 바랍니다.

맺는 말

우리는 바울의 기대와 소망을 생각해볼 때에 우리 자신은 얼마나 옹졸하게 살고 있는가를 부인할 수 없습니다. 땅의 것만 위해서 살 때도 있기 때문입니다. 바라기는 우리 모두가 맡겨주신 일에 하나님의 뜻에 따라 충성을 다하고 부끄럽지 않은 인생을 살 수 있기를 축원합니다.

에바브로디도처럼 필요한 인물이 되자

(빌2:25 30)

25절에 보면 "필요한 줄로 생각하노니"라고 했다. 에바브라디도는 바울에게나 빌립보교회에 꼭 필요한 인물이었다. 우리도 있으나마나한 사람이 아니라 혹은 있어서는 안 될 사람이 아니라 꼭 필요한 인물이 되도록 하자.

1. 에바브로디도는 어떤 사람이었는가?

이름의 뜻은 '사랑스러운'이란 말이다. 그는 이름대로 바울에게 있어서 매우 사랑스러운 인물이었다. 그는 로마의 감옥에 있는 바울을 돕기 위해 파송되었으나 이제는 병이 들어 거의 죽게 된 사람인데도 본문 25절에 보면 다섯 가지로 그를 묘사하고 있다.

(1) 나의 형제요(그리스도 안에서의 형제)

(2) 함께 수고하고(주의 일에 동역하는 자)

(3) 함께 군사 된 자요(십자가의 정병이요 선우)

(4) 너희 사자로(교회에서 특별한 사명을 위해서 보낸 사람이란 뜻)

(5) 나의 쓸 것을 돕는 자라(이 돕는 자라는 단어는 당시에 큰 공헌한 사람에게만 사용되는 단어였다고 한다).

과연 우리들도 이런 쓸모가 있는 사람이 되려면 어떻게 해야 하는가?

2. 에바브로디도는 빌립보 교회의 대표

에바브로디도는 빌립보 교회의 대표로서 헌금을 바울에게 전달했을 뿐 아니라 파송을 받아 로마의 감옥에 있는 바울을 돕다가 병들어 거의 죽게 되었는데도 사명을 잊지 않았다. 즉 에바브로디도는 자기의 사명에 충성된 사람이었다는 점이다. 오늘날 에바브로디도 같은 목회자, 장로, 권사, 집사들이 꼭 필요하다.

3. 바울이 빌립보서를 기록

바울이 빌립보서를 기록해서 에바브로디도 편에 보내면서 그 돌려보낸 이유.

(1) 너희로 저를 보고 기뻐하게 하며(28절 중)

(2) 내 근심도 덜려 함이니(28절하).

4. 바울이 빌립보 교인들한테 바란 기대

바울이 빌립보 교인들한테 어떻게 주의 종을 대해줄 것을 기대하고 있었는가?

(1) 모든 기쁨으로 저를 영접하고 우리는 주의 종들은 물론이고, 모든 새 신자들을 기쁨으로 영접해야 한다.

(2) 존귀히 여기라. 지금도 교회를 위해서 일하는 사람들을 존귀히 여겨야 한다.

그 이유는? 자기의 목숨을 바쳐서 봉사해온 사람이기 때문이었다.

그리스도의 마음을 품자

(빌2:1-11)

바울은 빌립보 교회가 사랑도 있고 열심도 있으나 불화가 있다는 소식을 듣고 믿음의 아버지로서 그들에게 사랑의 공동체가 될 것을 권변하였다.

1. 어떻게 교회의 일치를 이룰 수 있는가?

(1) 그리스도를 중심으로 같은 마음을 품어야 한다.

(2) 각각 자기보다 남을 낮게 여기고 돕는 마음을 가져야 한다. 이기심이나 허영심을 버리고, 남을 존중하여 자기 일에만 골몰하지 말고, 남의 일도 돌보아 주어야 한다.

(3) 하나 되는 가장 근본적인 방법은 겸손한 마음을 갖는 것이다. 바로 예수님의 마음을 가져야 한다.

(4) 모든 이름 위 뛰어난 이름 앞에 모두가 꿇어야 한다.

예수님의 이름은 예수(마1:21. 구원하다는 뜻), 그리스도(기름부음을 받은 자), 인자(단7:13에서 유래, 인성과 신성을 동시에 나타내는 말), 하나님의 아들(제2위라는 뜻), 주님 등.

2. 자기를 비어라는 말

7절에 "자기를 비어"라는 말을 자기비하라고 부른다. 그 뜻은 무엇인가? 이것은 예수님께서 자신의 신적 권위를 스스로 버리고 인성을 취하사 자신을 낮추신 것을 두고 하는 말이다.

(가) 예수님은 왜 성육신하셨는가?

① 하나님을 인간에게 나타내려고,

② 죄인들을 불러 구원하시려고,

③ 대속의 제물이 되려고,

④ 마귀를 멸하시려고,

⑤ 자비로운 대제사장이 되기 위해서,

⑥ 다윗과의 언약을 성취하려고(눅1:31-33),

⑦ 높이 들어 올림을 받기 위해서이다.

(나) 예수님이 비하하신 내용은 무엇인가?

① 성육신

② 율법에 대한 복종

③ 수난

④ 사망

⑤ 장사

⑥ 지옥에 내려가심, 흑암권세에 대한 승리 선포(벧전3:18).

3. 우리는 어떻게 살아야 하는가?

(1) 주님의 마음을 품어야 한다. 주님의 마음은 기득권을 포기하는 희생의 마음이다. 주님의 마음은 종의 형체를 가진 낮은 마음이다.

(2) 구체적으로 주님의 마음을 품는다는 것은 무엇을 말하는가? 무엇보다도 깨끗한 마음이다. 나보다 남을 낮게 여기는 겸손한 마음이다(3절). 남을 돌보는 사랑의 마음이다(4절). 놀라운 것은 이것이 바울의 마음을 즐겁게 하고, 주님의 마음을 즐겁게 하는 비결이 된다.

(3) 10-11절에 오늘의 말씀의 결론이 나온다.

"모든 무릎을 예수의 이름에 꿇게 하시고, 모든 입으로 예수 그리스를 주라 시인하여, 하나님 아버지께 영광을 돌리게 하셨느니라."

첫째는 모든 무릎을 예수님 앞에 꿇게 하는 것입니다. 교만한 마음이 겸손해지는 것이다. 다음에는 만나는 사람마다 예수님을 주라 고백하도록 해야 한다.

둘째는 하나님 아버지께 영광을 돌리게 해야 한다. 영광이 무엇인가? 영어로는 glory이고, 헬라어로는 'doxa'란 말이다. 본래의 뜻은 '무겁게 여긴다.'는 말이다. 이 말은 '영예'를 뜻한다. 권세와 지위를 뜻하기도 한다. 놀라운 것은 요12:23절에서는 "인자의 영광을 얻을 때가 왔도다."라고 표현함으로써 고난 자체를 영광으로 표현하고 있다. 예수님께서 당시에 불명예로운 십자가를 영광으로 표현한 것은 아버지 뜻을 이루는 모든 것이 다 영광임을 보여준다. 이제 우리는 주님의 마음을 품도록 하자.

디모데의 연단

(빌2:19-24)

본문을 보면 바울이 그의 제자요 믿음의 아들인 디모데를 빌립보교회에 파송했나.

1. 바울은 왜 디모데를 보냈는가?

"안위를 받기 위함이니"(19절) 그러면 어떤 위로인가? 크게 두 가지 다.
첫째는 빌립보 교인에게 바울의 근황을 전하여 빌립보 교인들을 위로하고,
둘째는 디모데가 바울에게 돌아왔을 때 바울 자신이 위로를 받기 위해서였다. 이것을 보면 성도의 교제가 얼마나 중요한가를 알 수 있다. 즉 성도의 교제는 안위 받고 위로를 받는 데 있는 것이다.

2. 디모데는 어떤 사람인가?

여기서 바울은 두 가지를 언급하고 있다.
하나는 바울의 생각과 뜻을 같이하는 친구요, 다른 하나는 디모데가 빌립보 교인들의 사정을 잘 알아서 그들을 목양할 수 있는 자격자임을 암시하고 있다. 바울이 바울 될 수 있는 것은 바로 디모데와 같은 좋은 일꾼들이 그와 함께 일하였기 때문이고 또 그런 일꾼을 키웠기 때문이다. 그러므로 우리 교회도 교육을 바로 해서 디모데와 같은 많은 천국 일꾼을 배출할 수 있기를 축원한다.

3. 바울이 유럽에 최초로 개척한 빌립보교회 교인들

바울이 유럽에 최초로 개척한 빌립보교회의 교인들은 어떤 사람들로 구성되어 있는가 하면 그들은 바울을 사랑하고 존경하고 많은 선물을 바울에게 보내어 주었다. 그러나 그 가운데는 '자기 일을 하는 자들'이 있었다고 기록한 것을 보면 현실 교회에는 항상 자기중심의 사람들이 있음을 말해 준다.

4. 디모데가 훌륭한 일꾼이 된 연유

디모데가 훌륭한 일꾼이 된 것은 그의 연단 때문이었다. 그러면 디모데가 받은 연단은 무엇인가?

(1) 바울의 제1차 선교여행 때 바울을 만나 바울의 믿음의 아들이 되었다(행16:3)는 데서 시작한다. 당시의 선교여행은 오늘날의 낭만적인 이행과는 전혀 다르다. 죽음을 각오해야 하고, 많은 시련이 따르는 것이다. 따라서 여기서 디모데는 많은 훈련을 받은 것이다. 사람은 누구나 훈련 없이 큰 일꾼이 될 수 없다.

(2) 바울이 제2차 선교여행 때 에베소의 소동에 휘말려 있었을 때 바울을 대신하여 빌립보 지역을 순방하였다(행19:22). 벌써 이때부터 디모데는 바울을 대신한 일을 시작한 것이다. 이것은 바울을 대신하여 고난을 당했다는 뜻이기도 하다.

(3) 바울이 제3차 선교여행 때 핍박을 피해서 왔을 때에 그를 영접하고 함께 복음에 동참하였다(행20:4). 바울의 고난에 동참하였기 때문에 영광에도 동참하게 되는 것이다.

이때에 디모데는

① 자식이 아비에게 함같이 대하였고,

② 바울과 함께 복음을 위하여 수고하였다.

오늘 이 말씀 속에서 우리는 바울의 '동역자 의식'을 배워야 한다. 사실 효과적인 복음전파를 위해서는 독단적으로 하는 것보다 함께 연합하여 하는 것이 가장 좋은 것이다.

다음으로 바울의 신실한 동역자의 한 사람인 디모데를 발견한다. 우리는 이런 신실한 동역 자들과 함께 주의 일을 해야 한다.

끝으로 바울은 그가 석방되리라는 것을 확신(2:24절)하였다는 점을 기억해야 한다. 확신의 사람이 아니고는 죽음을 각오한 큰일을 할 수 없는 것이다.

나를 본받으라

(빌3:17-21)

인간은 어려서 부모를 본받고 커서는 선배나 존경하는 사람을 본받는 것이 일반적 관례입니다. 이것을 흔히 role model이라고 말합니다.

요즈음에는 유명한 운동선수나 배우들이 숭상의 대상이 되는 경우가 많습니다. 그러나 우리 성도들은 다 주님을 본받는 자입니다. 또 바울이나 베드로나 성경에 나오는 인물들이 숭상의 대상이 되고 있습니다. 그래서 자녀들의 이름도 다윗이니 사무엘이니 요셉이니 마리아니 하고 짓습니다. 다 좋은 것입니다.

그러나 우리가 눈으로 볼 수 있는 어떤 사람의 본을 가진다는 것은 신앙생활에 많은 유익이 있습니다. 그런 점에서 바울이 '나를 본받으라'고 한 것은 큰 도전이 됩니다. 여기서 본받으라는 말은 펜글씨 쓰는 사람들이 서범(penmanship)을 놓고 그 위에 쓰면 쉽게 배울 수 있고, 또 잘 쓸 수가 있는 것처럼 빌립보 성도들에게는 바울의 본을 배우는 것이 필요하였습니다. 요즈음 말로 표현하면 role model이 되었다는 것입니다.

바울이 왜 이런 말을 하였을까요? 그것은 당시에 십자가의 원수로서 행하는 거짓 교사들이 있었기 때문에(18절) 바울은 눈물을 흘리면서 권면하였던 것입니다. 이 유대주의자들을 본받지 말고, 바울처럼(물론 바울이 모든 것의 모범이 되는 것은 아닙니다) 오직 하나님의 은혜와 믿음으로 구원받는다는 것을 믿고 오직 그리스도만을 영화롭게 하는 우리들이 다 되시기를 축원합니다.

1. 십자가의 원수들은 구체적으로 누구인가?

그들은 예수 그리스도의 구속의 은혜를 믿지 않고 또 그리스도인의 참 자유를 왜곡한 사람들, 율법주의자들, 유대주의자들이었습니다. 지금도 그런 모임이 종종 있습니다.

구체적으로 말하면 시험을 받을 분들이 많기 때문에 말씀드리지 않지만 우리는 영을 분별할 수 있어야 합니다. 그런데 많은 성도들이 영의 분별 은사를 받지 못해서 좀 친절하면 좋다고 하고, 뭐 좀 주면 입이 벌어집니다. 솔직히 이단 치고 친절하지 않은 사람들이 있습니까? 그들은 처음에는 모든 남자들을 왕자처럼, 모든 여자들을 공주처럼 대해주고 물질적으로도 많은 것을 도와줍니다. 그러나 일단 거기에 빠지면 재산을 약탈하고, 협력을 안 할 때에는 심지어 생명의 협박까지 합니다.

2. 두 가지 종류의 사람들

이 세상에는 많은 사람들이 살고 있지만 이 사람들을 두 가지로 나눌 수 있습니다.

(1) 세상에 속하여 세상 것만을 바라보면서 사는 세상 사람들이 있고
   (빵바라기 성도)
(2) 하늘에 시민권을 가진 천국의 백성들(주 바라기 성도)이 있습니다.

당시 빌립보 교인들이 로마로부터 멀리 떨어져 있었으나 로마제국에 속해 있는 것처럼 지금 우리 성도들도 하나님의 나라에서 멀리 떨어져 산다 해도 우리의 소속은 하늘에 있는 것입니다.

3. 세상 것만을 바라보고 사는 사람들의 신학

(1) 종착점이 지옥이기 때문에 멸망(구원의 반대 개념)을 향해 가고 있음
(2) 저희의 신은 배, 즉 잘 먹고 잘 입고 사는 동물적인 데 생의 목

적이 있습니다. 다시 말하면 세속주의자들이요, 쾌락주의자들이란 뜻입니다.

(3) 그들의 영광은 영적으로 도덕적으로 부끄러움에 있습니다. 부도덕한 일을 서슴없이 하고 있음을 지적한 것입니다.

(4) 땅의 일을 생각하는 자라(본능적인 것만을 추구하는 것을 말한다).

4. 하늘의 시민권을 가진 자들의 철학

그러면 우리 하늘의 시민권을 가진 자들의 철학은 무엇이어야 하는가? 바울이 말한 대로 그룹 role model로 삼고 살아야 합니다. 그러려면 다음 세 가지를 하면 됩니다.

(1) 하늘의 법을 지킵니다. 왜냐하면 하늘의 일을(20절. 요3:12절) 생각기 때문입니다.

(2) 주 예수 그리스도만을 의지합니다. 바울은 오직 예수님만을 의지했습니다. 수많은 핍박과 고난이 왔지만 심지어 마침내는 죽음이 찾아왔지만 주님을 의지하는 그의 마음에는 변함이 없었습니다. 초지일관, 오직 예수였습니다.

(3) 소망을 영광의 몸의 형체로 변케 하시는 그 날을 기다리면서 삽니다. 즉 재림의 날을 기다리는 것입니다. 그러나 지금 우리는 낮은 몸을 가지고 있습니다. 낮은 몸이란 죄짓기 쉬운 몸, 죽음과 질병과 고난에 무방비한 몸인 것입니다. 영광의 몸이란 썩지 아니할 몸, 신령한 몸(고전 15:42-44절)을 말합니다.

맺는 말

오늘 우리는 미국의 시민권보다(세상에서 가장 많이 갖고 싶어하는 것) 한국의 시민권보다(제3세계에서 직장을 얻기 위해서 올라오는 사람들은 한국을 부러워한다) 더 귀중한 하늘의 시민권을 얻기 위해서 무엇을 하고 있나요? 또 시민권을 얻은 후에 무엇을 하고 있나요? 혹시나 로버트 김씨가 미국의 시민권을 가진 사람이면서도 한국의 해군을 위해서 스파이 짓하다가 체포되듯이 하늘의 시민권을 가지고 있으면서도 아직도 세상을 위해서 살아가고 있지는 않은지요?

참으로 하늘의 시민권자라면 우리는 어떻게 살아야 할까요? 우리는 세상의 일을 생각하지 말고 하늘의 일을 생각하는 성도가 되어야 합니다.

6.25의 의미와 우리의 사명

(고전 10:11)

지도자는 누구인가? 선각자이다. 한 마디로 말해 역사의식을 바로 가진 사람이다. 그러나 지금 우리나라는 역사책 하나 변변히 만들지 못한 채 국민들의 여론은 둘로 나누어져 있다. 그러므로 지도자가 되려는 사람은 역사의식을 갖는 것이 중요하다.

나는 『성서적으로 본 세계사』라는 크리스천문학나무에 연재하면서 내가 얼마나 역사에 대해 무지한가를 깨닫게 되었다. 오늘 우리는 6.25 70주년을 맞이하면서 아직도 끝나지 않은 전쟁인 6.25의 의미와 우리의 사명을 살펴보려고 한다.

1. 6.25의 원인은 무엇인가?

(1) 북한은 풍부한 수력자원과 지하자원. 공업시설이 많았다. 반대로 남한은 농업중심과 소규모 공업. 그래서 사회는 사회주의자들의 방해와 경제적 어려움을 극복하려고 허우적거리고 있었다. 게다가 민주주의의 뿌리가 내리지 않아 사회적으로 더욱 혼란했다.

(2) 게다가 미국의 국무장관인 애치슨이 1950년 1월 12일 미국의 극동방위선을 발표했다. 그 내용은 '미국의 방위선은 알라스카 서남부에 있는 섬들인 알류산 열도와 일본 오키나와, 필리핀을 묶는 선.'이라는 것이었다. 따라서 한국은 미국의 방위선 밖에 있다고 천명한 것이다. 이것은 미국의 큰 실책이었다.

(3) 김일성은 스탈린과 모택동의 전쟁 시에 도움을 약속받은 상태였

다. 누가 보아도 북한의 승리는 확실한 상태였다. 따라서 김일성은 남침의 모든 준비와 정치적 분위기까지 다 확보한 상태였다. 그래서 3일 만에 서울을 점령할 수 있었던 것이다. 당시 한국에는 미군 500명의 군사고문단이 있었을 뿐이었다. 모든 미군은 다 본국으로 떠난 뒤였다. 대포 하나 변변한 것이 없었고, 박격포가 고작이었다. 총도 세계대전 때 사용했던 구식총인 M1과 칼빈 총이 전부였다. 미국은 한국이 무장이 되면 이승만이 호언장담했던 북진할 것을 걱정했고 그러면 미국의 한미동맹으로 인해 원치 않게 전쟁에 개입하게 될 것이 두려웠다. 그러나 북한에는 수많은 탱크와 장거리포로 완전 무장을 하고 있었다.

(4) 누가 38선을 만들었나? 38선으로 인한 남북의 분열은 한마디로 말해 얄타회담의 결과였다. 얄타는 소련 남부에 있는 흑해 연안의 도시이다. 1945년 2월 4일부터 11일까지 소련의 얄타에서 미국의 루즈벨트, 영국의 처칠, 소련의 스탈린 등 세 사람이 모여서 러시아의 2차 대전에 참여할 것과, 그 후에 일본 무장 해제를 38선을 기준으로 북쪽은 소련이 남쪽은 미군이 하기로 결정한 것이다.

그런데 문제는 1945년 6월 오키나와를 점령하는데 미군의 희생이 너무 컸다. 1만 2천 명이 전사한 것이다. 일본은 군인 10만 명, 민간인 12만 명이 죽었다. 일본은 1억 명이 죽을 때까지 싸우려는 기세였다. 이런 역경 속에서 미국은 너무도 급했기 때문에 소련의 전쟁참여를 독촉했다.

이때 미국은 1945년 7월 16일에 원자탄을 만들었고 1945년 8월 6일에 일본의 히로시마에 원폭을 투하해서 32만 명을 죽게 했다. 그러나 일본이 여전히 항복하지 않자 8월 9일에 나가사키에 원폭을 다시 투하해서 27만 명을 죽게 했다.

그런데 우려했던 소련이 너무 빨리 한반도에 들어왔다. 처음에는 미국 혼자서 일본군의 무기를 회수하려고 했으나 어쩔 수 없이 얄타회담에서 결정한 38선을 중심으로 북쪽은 소련이, 남쪽은 미군이 점령하게 되었다. 본래 38선은 군사적 분계선이지 정치적 분계선은 아니었다. 러나 신탁통치가 미국이 원하는 대로 되지 않아 결국 정치적인 분계선이 된 것이다.

(5) 6.25의 전쟁은 1950년 6월 25일에서 1953년 7월 27일까지의 약 3년 1개월간의 동족상잔의 피비린내 나는 전쟁이었다. 다행스러운 것은 16개국의 유엔군의 참전과 미국으로부터의 의료팀의 도움을 받았다. 이런 도움이 없었다면 남한은 완전히 김일성의 계획대로 두 달 안에 공산화가 되었을 것이다. 그러나 중요한 것은 6.25의 전쟁 휴전을 하고 있을 뿐, 종전 상태는 아니란 점이다.

다시 말해 6.25의 전쟁은 아직도 계속 중이란 점을 기억해야 한다. 나는 용산에 있는 미군 전사자들의 이름을 보고 눈물을 흘린 적이 있다. 전사자가 3만 6,940명, 부상자가 9만 2,134명, 총 13만 7,250명이다. 남의 나라를 위해 이런 희생을 할 수 있는가? 중국은 장개석이 유엔의 대표권을 가지고 있었고 중요한 것은 소련의 입장이었다. 당시 김일성은 두 가지 계획을 가지고 있었다. 남북이 자유로운 투표를 할 경우 북한에서는 80%, 남한에서는 65-70%의 표로 통일할 수 있다는 통계를 가지고 있었다. 이 통계는 전혀 근거 없는 것이 아니다. 왜냐하면 당시 박헌영을 비롯한 좌익계 사람들이 남한에서 활동함으로 인해 수많은 지도자들이 공산주의를 지지하고 있었기 때문이다. 지금도 북한을 지지하는 세력은 남한에만도 적어도 삼분의 일이 넘는다고 보고 있다.

김일성의 두 번째 계획은 무력을 동원한 남침이었다. 이것은 김일성이가 볼 때 남한의 공산화는 너무도 확실하다고 보았다. 그는 두 주에서 두 달이면 남한을 점령할 수 있을 것이라고 믿었다. 유엔군의 참전이 없었다면 김일성의 예측은 거의 정확했다.

처음에 김일성과 박헌영이 스탈린을 만났을 때는 김일성의 전쟁계획을 스탈린이 거절했다. 그러나 나중에는 스탈린도 북한을 돕기로 생각을 바꾼 것이다. 북한은 세계 공산화를 위한 전략적 목적으로 아주 중요한 위치에 있다고 생각했기 때문이다. 그것이 증명된 것은 최근에 발견된 '고트발트 서한'이다.

이 서한은 스탈린이 체코의 대통령인 고트발트에게 보낸 서한을 말한다. 거기에 구체적으로 소련이 북한을 도운 내용이 나와 있기 때문이다. 김일성은 어떻게 전쟁을 준비했는가?

첫째 북한군에게 소련제 무기와 장비로 무장케 했다.

둘째 군사 작전 계획과 실행을 위해 소련장교들을 적극 참여케 했다.

셋째 스탈린의 지시와 충고, 및 조언들을 세밀하게 했다는 데 있다. 마침내 김일성은 소련으로부터 2억 1,200루블의 차관과 경제 원조를 받게 되었다. 다음은 1950년 3-4월에 김일성이 박헌영을 만나 남한의 공산화를 위해 많은 대화를 나누었다. 그러나 소련은 이런 모든 계획을 비밀리에 하려고 유엔에서 유엔군 파병을 결정할 때에는 소련의 대표로 하여금 출석하지 않도록 한 것이다. 만약 소련이 거부권을 행사했다면 지금쯤 대한민국은 존재하지 않을 것이다.

(4) 6.25의 세계사적 의미와 성경적 교훈.

세계사적 의미로는 6.25는

첫째 자유민주의가 승리한 전쟁이란 점이다. 이것으로 인해 남한으로
　　하여금 자유수호의 가치와 자신감을 갖게 해주었다.

둘째 유엔동맹 조직이 평화유지에 필요함을 인식케 해주었다. 그뿐
　　아니라

셋째 다원적 정치적 군사적 유대강화가 필요함을 알게 했다.

넷째 세계의 공산주의와 북한의 공산주의의 정체에 대한 인식을 우리
　　와 모든 자유세계에 하게 했고, 재평가하는 계기가 된 것이다.

다섯째 유비무환의 중요성을 인식케 했다. 그러므로 한미동맹이 흔들
　　려서는 안 된다. 문제는 사드문제로 인해 한미동맹에 금이 가고
　　있다는 점이다. 그러나 감사한 것은 며칠 전 6.23일 충남 태안
　　에서 대통령이 참관한 가운데 현무 2미사일을 실험한 일이다.
　　800키로 미터나 날아가기 때문에 북한의 전역을 공격할 수 있
　　는 '킬 체인'의 중심 무기이다.

여섯째 하나님의 섭리와 뜻을 깨닫게 한 것이다. 이 중에서도 마지막
　　여섯 번째가 가장 중요한 하나님의 교훈이다. 역사는 인간의
　　생각과 연구와 노력에 의해 앞으로 가는 것같이 보이지만 사실
　　은 하나님의 섭리 안에서 움직인다는 점이다. 특별히 한국은
　　셈족의 하나로 태평양시대에 하나님의 뜻인 세계복음화의 마
　　지막 주자임을 보여주는 것을 깨닫게 하려는 데 있다.

본문에 보면 두 가지를 말씀하고 있다.

첫째는 일어난 일을 본보기가 된다는 것.

둘째는 이 모든 일들은 우리를 깨닫게 하기 위해서란 것이다. 70년이
　　나 계속되는 6.25전쟁은 아직도 끝나지 않았다. 그러므로
　　6.25가 아무 의미 없이 일어난 것이 아니라 점이다.

　　① 6.25는 이승만 장로를 대통령으로 삼은 것은 한국을 복음

화하기 위해서 세웠는데 하나님의 하라는 일은 하지 않고 부정과 부패로 가고 있었기 때문에 하나님께서 경고의 심판을 하신 것이 바로 6.25이다.

② 우리를 향한 하나님의 뜻은 한국이 태평양시대의 마지막 주자로서의 사명자임을 깨달으라는 하나님의 뜻이요 계시인 것이다. 그것을 위해 하나님께서는 나와 여러분들을 불러 전국적인 회개의 운동부터 시작하라는 뜻이 오늘 6.25전쟁 70주년을 맞게 하신 하나님의 뜻임을 잊지 말아야 한다. 할렐루야!

타임아웃(Timeout)

(로마서 13:11-14)

1. 타임아웃이 필요하다

운동 시합을 보면 이기는 팀은 항상 좋은 감독들이 있다. 아무리 훌륭한 선수들이 있다 해도 감독이 작전을 잘못 짜면 결국 실패하는 경우가 많기 때문이다.

인생이란 것도 결국 하나의 시합일 뿐이다. 그래서 우리는 자기 인생을 설계하고 작전을 잘 짜야 한다. 그런데 인생이란 결국 하나님의 피조물로서 그의 설계 속에서 이루어가는 드라마요 시합이 아닌가?

따라서 우리는 감독되신 하나님의 작전을 잘 듣고 순종하면 아름다운 드라마, 후회 없는 좋은 시합을 할 수 있다.

시합을 보면 작전대로 잘 진행되는 경우도 있지만 그렇지 못한 경우가 많다. 이때에는 하프 타임(Half time)과 타임아웃(Time out)을 잘 활용해야 한다. 이것을 위해 하나님께서는 매주 하루씩 안식일이란 타임아웃을 주셨고, 휴가라는 제도를 통해서 자신을 재검토해볼 수 있는 기회를 주셨다.

그래도 듣지 않을 때에는 병이란 특별 조치를 통해 억지로 쉬게 하시면서 일생을 재설계할 수 있는 타임아웃을 주신다. 그런데도 수많은 사람들은 그 의미를 잊은 채 도살장을 향해 눈을 껌벅거리면서 걸어가는 소처럼 살고 있다.

나는 가끔 걸어가던 발걸음을 멈추고 주변을 돌아본다. 함께 가던 수

많은 친구들이 다 먼저 갔다. 그들은 모두가 부러워하는 성공자들이었다. 그러나 나는 그들을 결코 부러워하지 않는다. 내 인생은 내가 사는 것이요 사람마다 그 역할은 모두가 다르기 때문이다.

나는 소띠, 정축년에 태어난 사람이지만 소처럼 살고 싶지는 않다.

물론 소처럼 열심히 일하고, 소처럼 자신을 희생하면서 살고는 싶지만, 그러나 소처럼 미련하게 살고 싶지는 않다. 그래서 생각을 많이 한다. 옛날처럼 깊은 철학이나 글을 생각하기보다는 이제는 인생을 관조한다고나 할까? 그래서 가장 많이 하는 것이 시 쓰는 일이다.

나는 본래 소설가가 되려고 했지만 목사가 되는 바람에 바쁘게 살다보니 소설가가 되지 못했고 아내가 대신 소설가가 되었다. 결국 나는 시인이 되었다. 그것도 은퇴한 후, 나이 70이 되어서야 늦게 한국문단에 등단해서 그동안 6권의 시집을 발간했다. 그 내용도 자세히 보면 그저 습작이라고 해야 할지, 아니면 낙서라고 해야 할지 모를 정도의 글들이다. 그런데도 이 책을 소중히 여기는 것은 거기에 내 삶의 단면들이 솔직하게 기록되어 있는 일기와도 같은 것이기 때문이다.

시들을 보면 시에는 거짓말이 없다. 너무도 내 삶의 편린이 순간순간 포착되어 있고, 표현되어 있다. 그래서 남들에게는 낙서처럼 보이지만 내게는 아주 소중한 것이다.

나는 거울을 보기 전에는 내 얼굴이 어떻게 생겼는지, 얼마나 늙어가는지 모른다. 그러다 가끔씩 거울을 보면서 벌써 이렇게 늙었구나 하고 깜짝 놀란다. 더구나 최근에는 다이어트를 한다고 해서 체중을 줄이고 보니 얼굴에 주름살이 더 많이 보이고, 눈 아래와 목 주변 살이 많이 늙어가는 것을 볼 수 있다. 그러면 내 속사람은 어떻게 되어 가고 있는가? 그것을 나는 나의 시들을 통해서 보고, 스스로 놀랄 때가 많다. 너무도 솔직한 나 자신의 시에 내게 이런 면이 있었던가 하고 스스로 놀란다. 그래서 여기서는 최근에 쓴 몇 편의 나의 시들을 소개하면서 나의 나 아닌 여러분 자신의 얼굴을 볼 수 있기를 바란다. 지금이 바로 타임아웃이기 때문이다. 책을 읽는 시간만큼 자신을 볼 수 있는 소중한 시간은 없기 때문이다.

2. 시 속에 나타난 나의 모습

지금의 순간을 가장 잘 표현한 것이 나의 '남은 미래'라는 시이다. 그것은 이렇게 시작된다.

남은 미래

내 어린 시절/ 누님 시집가던 날에/ 그처럼 우시던 이유를/ 이제는 조금은 알 것만 같은데/ 내게 남은 미래는 어떻게 오나/ 더 이상 후회할 것도/ 그 무엇 줄 것도 없는/ 뼈만 남은 노인/ 그래도 나는 보람 있게 산 것인가/ 서럽도록 슬퍼지는 것은/ 그립도록 사랑한 때문인가/ 남은 날이 얼마인지는 몰라도/ 이제는 셀 수 없는 밤을 보내지는 않으리.

위의 시보다 하루 먼저 쓴 시가 있다. 그것은 이렇게 시작한다.

인생은

인생은 한 구름 조각배/ 바람 불면/ 방향 잡지 못해/ 요동치다가도/ 바람이 잠잠해지면/ 큰 꿈 가지고/ 태양으로 간다./ 온 종일 달려보지만/ 본래 있었던 곳/ 맴돌았을 뿐/ 기력 다하면 항해는 끝나는데/ 큰 꿈도 깨고 나면/ 변한 것 없는데/ 다음 날도 소년은/ 같은 일을 반복한다/ 피곤도 잊은 채 / 내일을 향해.

이 시도 비슷한 시이다. 둘 다 인생의 허무함을 노래하고 있다. 어쩔 수 없는 한계 속에서 결과에 관계없이 배를 저어가는 것이다. 거기에 한 작은 꿈이 있다. 마치 구약의 솔로몬의 전도서를 읽는 느낌을 가질 것이다. 그러면서도 그 속에는 작은 꿈이 있는 것을 보았으면 좋겠다.

위의 시들은 다음 시의 긍정적 맥락 속에서 좀 더 분명해질 것이다.

그대 있으매

그대 있으매/ 호수에 갈매기 날고/ 하늘이 푸르릅니다/ 그대 있으매 내게는 시가 있고/ 내일이 기다려집니다/ 그대로 인해/ 어제보다 오늘이 행복하고/ 그대 있으매/ 내 심장은 바람처럼/ 국경 없이 다닙니다.

가장 나의 생각을 잘 표현한 것이 '나무가 되고 싶어요'라는 시이다. 오늘처럼 따가운 날이면/ 그늘 만들어 주는/ 나무가 되고 싶어요./ 님이 와 앉을 때/ 시원한 그늘 만들고 싶어요./ 추운 겨울이 오면/ 온 가지 늘어뜨려 울타리 만들어/ 님을 따뜻하게 해주는 이불이 되고 싶어요./ 님이 피곤에 지치면/ 잠깐이라도 누워 쉴 수 있는 나무 침대가 되고 싶어요./ 비오는 날에는/ 두 손 벌려 큰 우산 만들어/ 우리 님 비 맞지 않도록/ 해주고 싶어요./ 그러다 내가 늙어/ 아무 쓸모없는 고목이 되면/ 나는 베어 장작토막이 되고/ 그곳에 님이 앉고 쉴 의자로/ 영원히 남고 싶어요.

이런 필자의 생각은 '세상은 아름답다'란 시에서 더욱 잘 타난다.

해가 진 밤이라 해도/ 하늘에 달이 비치는 한/ 세상은 아름답다/ 달마저 없는 하늘이라 해도, 별이 비치는 한/ 여전히 세상은 아름답다/ 별마저 구름으로 가려 있어도/ 내 마음의 영혼이 불타고 있는 한/ 여전히 세상은 아름답다/ 내 영혼의 불꽃이 사라진 뒤에도/ 임이 함께 계신

한/ 세상은 언제나 아름답다.

3. 타임아웃을 어떻게 이용해야 하나?

하나님께서는 모든 사람들의 인생게임에 다 타임아웃과 하프 타임을 주신다. 그러나 미련한 사람들은 그저 살아온 대로 그냥 살기를 원한다. 그것이 편하기 때문이다. 교회생활을 보면 절기들이 있고 가장 중요한 것은 매주 한 번씩 주일(안식일)이 있다. 이것이 바로 타임아웃이다.

이 절기와 주일을 통해 하나님에게 우리의 좌표를 맞추고 이탈된 선로를 다시 수리하게 해 주신다. 그러므로 우리는 주님 중심의 생활을 해야 한다. 그러나 한국교회가 실패하는 가장 큰 이유는 교인들을 다 교회에 묶어두려는 데 있다.

천주교는 7가지 성례를 통해 교인들을 더욱 심하게 묶어놓는다. 솔직히 교회도 열심히 하려면 직업을 다 그만 두어야 한다. 더구나 새벽기도까지 하다 보면 더욱 바쁘다. 이처럼 교회생활이 다양하고 복잡하기 때문이다. 그러나 목회자는 교인들을 묶어두는 것이 아니라 자립할 수 있도록 만들어 주어야 한다. 그들을 죄악에서 풀어주고 교회에서도 묶어두지 말아야 한다.

왜냐하면 교인들이 살아야 하는 곳이 바로 세상이기 때문이다. 세상의 빛과 소금이 되어야지 교회의 빛과 소금이 되는 것은 의미가 없다. 모든 교인들이 세상에서 일하고 세상에서 사명을 감당해야 한다. 그들은 세상에 보내어진 선교사들이기 때문이다. 교회는 세상에 살면서 고장난 교인들을 수리하는 곳이고, 문제가 있는지 없는지를 미리 확인해 주는 곳이어야 한다. 교회는 일종의 패밀리 닥터이다.

그러기 위해서는 교회는 좀 더 많은 카운슬링을 통해서 교인들이 교인답게 살 수 있도록 도와주어야 한다. 심방을 통해 축복장사나 해서는 안 된다는 말이다. 말하자면 교회는 주님의 방법인 원심력적 센터가 되어야지 유대교처럼 구심력적 센터가 되어서는 안 된다.

그러나 목회자들은 교인들이 교회를 떠날까 봐 두려워하고, 헌금과 봉사가 줄어들까봐 두려워하여 계속 교인들을 직분으로 묶고, 시간으로 묶고, 인간관계로 묶고 이렇게 저렇게 묶어두려고 하는데 문제가 있다. 병원의 목적이 환자가 하나도 없는 그런 건강한 세상이 되게 하는 데 있듯이 교회는 이 세상이 교회가 필요 없는 천국으로 만드는 것이 목적이 되어야 한다.

지금이 바로 '하프 타임'이고 '타임아웃'이다. 기도하며 생각하여 각성하는 시간이 되어 여생을 보다 보람 있게 사는 성도가 되기를 축원한다.

축복의 사닥다리

(마5:1-12)

신약성경은 마태복음의 8복에서 시작하여 계시록의 7복으로 끝난다. 중요한 것은 마5-7장의 산상설교는 예수님의 말씀의 핵심이란 점이다.

1. 왜 하필이면 8복인가?

(1) 7은 완전수이고, 8은 완전히 끝난 후 처음으로 돌아가 새롭게 시
　작한다는 뜻을 가진다. 예를 들면
　　① 8일째 되는 날에 할례
　　② 안식일 후 8일째 되는 날(주일)에 부활
　　③ 7×7=49 지난 첫째 날 성령강림(오순절)

(2) 왜 산에 올라가 앉으셨는가?

성경에는 산의 이름이 안 나오지만 분명한 것은 가버나움에서 가까운 타브가(Tabgha)산으로 알려져 있으며 거기에 1938년에 팔복교회가 지어져 있다.

그때의 설교의 주제는 하나님 나라(마4:13)였다. 그때 주님은 앉아계셨다. 당시 랍비들은 가르칠 때에 꼭 앉아서 가르치는 것이 관습이었기 때문이다. 따라서 주님은 참 랍비이심을 보여준 것이다(마13:1-2: 마26:55). 앉는다는 또 다른 뜻은 통치를 의미하기도 한다(사도신경:'하나님 우편에 앉아계시다가').

여기서 주목할 것은 여기서 말하는 복은 세상이 말하는 오복이나 세속적 복이 아니라 마카리오이(Blessing=bleed에서 온 말)이다. 즉 종말론적,

영적 축복을 뜻하는 말이다.

2. 주님이 선포한 팔복은 무엇인가?

축복에 이르는 8개의 사닥다리이다. 중요한 것은 세상에서는 올라갈
수록 좋지만 영적 세계는 내려갈수록 좋은 것이다. 따라서 이 8개의
사닥다리는 내려가는 계단이다.

(1) 첫 계단은 심령의 가난함이다.

이 첫 계단은 기독교의 시작이요 핵심이다. 이 심령의 가난 없이는
믿을 수도 없고(짝퉁신자) 천국에 들어가지도 못하기 때문이다. 이거야 말
로 '시작이 반'이다.

누가 참으로 예수를 믿는가? 심령이 가난해야 예수를 믿고 또 진정한
기도를 드릴 수 있다. 여기서 심령의 가난과 영적 가난은 전혀 다르다.
심령은 가난해야 하지만 그러나 영적으로는 부요해야 한다(계3:18).

라오디게아 교회(계3:17)가 책망은 받은 것은 심령이 부요하였기 때문
이다. '나는 부자라. 부요하여 부족한 것이 없다하나 네 곤고한 것과 가
련한 것과 가난한 것과 눈 먼 것과 벌거벗은 것을 알지 못하는도다'. 영
적 깊이는 자신의 죄됨을 얼마나 깊이 알고 있느냐에 비례한다는 점을
잊지 말자.

바울을 보라. 그는 영적 빈곤을 철저하게 느낀 사람이었다. 롬7:24
'오호라 나는 곤고한 사람이로다. 이 사망의 몸에서 누가 나를 건져내랴'

(2) 심령의 가난이란 뜻은?

① 천주교의 해석 : 세상의 재산을 포기하고 자발적으로 가난하
게 살고, 수도원에 들어가서 프란시스코나 도미니칸처럼 사는
것이다.

② 바른 해석: 자신의 죄를 보며 아무런 선함이 없음을 깨닫고 하

나님의 긍휼하심만 바라보는 마음(영적 도산자)이다. 세리와 바리새인의 기도의 차이점에서 잘 나타난다. 눅18:10-14. "하늘을 쳐다보지도 못하고, 다만 가슴을 치며 이르되 하나님이여, 불쌍히 여기소서. 나는 죄인이로소이다." 비워야 채운다. 손에 있는 것 다 비워야 하나님이 채울 수 있어 채우신다.

(3) 심령의 가난을 어떻게 알 수 있는가?

　　① 시131-2 "내 중심이 젖 뗀 아이와 같도다."(젖을 안 떼려고 안간 힘을 다하는 아기들) 이때 젖꼭지에다 금계랍을 바르기도 했다.

　　② 옷 벗은 사람처럼 부끄러워한다.

　　③ 영적으로 한탄한다. "예수여 당신의 나라에 임하실 때에 나를 기억하소서."(눅23:42))

　　④ 기도할 것밖에 없어 전적으로 주께 매어 달림

　　⑤ 살 길은 하나님의 은혜밖에 없음을 알고 그의 은혜를 갈급해 함.

(4) 심령이 가난한 자가 받을 축복은?

　"천국이 그들의 것임이요"(마5:3).

　3가지 종류의 천국이 임한다. 즉

　　① 심령의 천국(마4:17)

　　② 하나님의 통치(눅17:21)

　　③ 종말론적 천국(완성된 천국 : 갈5:21)

3. 두 번째 사닥다리의 계단은 애통이다(마5:4)

(1) 애통이 다 좋은 것은 아니다. 그러면 잘못된 애통은 어떤 것인가?

　　① 세상 근심으로 인해 애통하는 것(고후7:10)

　　② 회개가 없는 애통(마27:4) : 가롯 유다와 베드로의 차이점(마26:75)

③ 소유물을 상실하여 애통(출14:5). 아합왕이 나봇의 포도원을 갖고 싶어 근심과 애통을 했다.

④ 육욕을 이루지 못한 애통(삼하13:2. 암논이 다말로 인해).

(2) 축복받는 애통은?

① 가슴을 치며 자신의 죄를 애통하는 것.

② 다른 사람들의 불신을 애통(기도의 눈물: 예레미야 애가)

③ 복음적 애통(눅15:11-17): 탕자의 비유

④ 사랑의 표현인 애통(요20:13) 막달라 마리아의 탄식 : "사람이 내 주를 가져다가 어디 두었는지 내가 알지 못함이니이다."

(3) 애통하는 자가 받을 축복은?

"그들이 위로함을 받을 것임이요" 여기서 위로란

① 용서받는 것

② 천국

③ 소원의 성취를 말한다. 구체적으로 십자가에 달렸던 한 강도의 애통은 용서와 낙원을 약속받았다(눅23:43).

④ 요엘2:12 "여호와의 말씀에 이제라도 울며 애통하고 마음을 다하여 내게로 돌아오라" 13절에 "뜻을 돌이켜 재앙을 내리지 아니 하시나니"(용서의 약속).

⑤ 시137:1 "시온을 생각하며 울었도다."(포로에서 돌아와 스룹바벨을 통해 성전을 건축케 하심).

⑥ 김성광 목사의 구국기도 운동은 민족을 위한 애통이기 때문에 때가 차면 큰 축복으로 채워주실 것이다.

4. 세 번째 사닥다리는 온유의 계단이다(마5:5).

이 세상은 약육강식의 세상이요 적자생존의 세상이다. 따라서 모두가 힘을 갖기를 원한다. 그래서 니체 같은 사람은 온유를 여자의 연약함으로 오해했다.

그러나 온유는 성령의 열매 중에 하나이다(갈6:22-23). 외형적으로 얌전한 것이 온유가 아니다. 온유의 대표적 인물은 구약의 모세이고, 신약에서는 예수님 자신(마11:29)이다. 민12:3 "모세는 온유함이 지면의 모든 사람보다 더 하더라"고 했다.

모세는 성격이 불같았다(출2~12). 그러나 그가 구스 여자와 재혼을 했을 때 누이 미리암과 형 아론에 반대하고 일어났으나 모세는 그들에게 온유하게 대했다. 대신 하나님께서 미리암에게 문둥병에 걸리게 하여 심판했다. 그때 모세는 용서해 달라고 하나님께 기도했다. 얼마나 온유한 지도자인가!

(1) 무엇이 온유인가?

원문의 뜻은 '맹수를 길들이다'란 뜻이다. 늑대를 가정에서 아이들과 잘 노는 애완용으로 길렀던 것과 같은 것이다.

(예화) TV 조선 아시아 헌터(4월 27일 토 오후 8:20)에 타일랜드에서 맹수인 악어와 함께 사는 것을 소개했다.

이삭의 경우 : 창26:18(아브라함의 우물을 다시 팠다). 26:19에도 우물을 다시 팠다고 했고, 21절에 보면 또 다른 우물을 팠다고 했다. 블레셋 사람들에 대해 온유한 성품을 가졌던 것을 말해준다.

(2) 왜 온유해야 하는가?

① 예수님이 온유했기 때문에(마21:5, 나귀를 탄 것):마11:29.

② 성도의 가장 아름다운 영적 장식품이다. 성형외과에 가서 예쁘게 성형하는 것보다 온유의 창작품으로 예쁘게 꾸미자. 하나님과 같게 만들어준다(악인에게도 해와 비를 주심).

요즘 땅값이 장난이 아니다. 그러면 어떤 땅을 주신다는 말인가? 그런데 세상 땅이 아니다. '땅의 주인'이 되게 한다는 뜻이다. 세상에서 활동 무대를 넓게 해주고, 많은 사람들 도와주는 자리에 앉는 것이다.

나폴레옹은 그의 군대로 세상을 점령했으나 결국은 세인트 헬레나 섬에서 외롭게 죽었다. 그는 이렇게 부르짖었다. "나는 포와 기마병을 가지고 온 세상을 점령하려고 했으나 지금은 아무것도 가진 것이 없고, 예수는 바늘 하나 없이 온 세상을 점령했구나."

　(3) 온유하게 되는 비결은?

　　① 계속적 온유하신 주님만 바라보며(달이 해를 보듯)사모해야 한다.

　　② 온유는 성령의 열매이기 때문에 계속해서 기도해야 한

　　③ 고전15:31 "나는 날마다 죽노라" 말씀처럼 내 자아가 죽고, 죽고 또 죽어야 한다.

5. 의에 주리고 목말라하는 것이 네 번째 단계(5:6).

이것은 스스로 의롭다고 생각하는 바리새인들과 반대되는 말이다. 이 말씀은 우리에게는 의무요 하나님께서 주시는 약속이다.

　(1) 육적으로 주리고 목말라해 본 적이 있는가?

그것이 얼마나 심각한지 모른다. 세상에는 두 가지 주림이 있다. 하나는 육체적인 주림이고 다른 하나는 영적인 주림이다. 육적 주림은 인간을 비참하게 만든다. 죽거나 병들게 하기 때문이다. 그러나 굶주림은 우리에게 축복이 된다.

굶주림이란 죽은 자에게는 없다. 오직 살아있는 사람에게만 있다.

　(예화) 아이가 태어나면 제일 먼저 젖을 먹으려고 한다. 벧전2:2 "갓 난아이들같이 순전하고 신령한 젖을 사모하라"

　(2) 왜 의를 사모하고 목말라해야 하는가?

자신에게는 없기 때문이다. 중요한 것은 우리가 의에 주리고 목말라하면 하나님께서는 우리에게 그리스도의 의를 전가시켜 주고 의로 채워

주신다. 그러므로 우리는 영적인 것을 사모하고 목말라 해야 경건하게 될 수 있다.

시73:25. "하늘에서는 주 외에 누가 내게 있으리요, 땅에서는 주밖에 나의 사모할 자 없도다."

우리의 영적 젖은 무엇인가? 첫째는 하나님의 말씀인 성경이고 둘째는 선포된 말씀인 설교이다. 정말 우리는 의에 주리고 목말라 하는가? 아니면 그저 그런가? 그렇다면 영적으로 병이 들었거나 아니면 이미 영적으로 죽었다는 뜻이다. 지금 나의 상태를 진단해 보라.

대부분의 사람들은 조금 사모한다. 왜? 영적으로 늙었기 때문이다. 왜 노인들은 젊은 시절의 그 배고픔이 없는가? 그 운동량이 적기 때문이다. 영적 운동은 첫째 영적 숨쉬기 운동인 기도이고, 교회에 와서 봉사하고 직장에서 전도하는 일을 하면 그것이 바로 영적 운동이다.

(3) 의에 주리지도 않고 목마르지도 않은 경우는?

① 이미 죽었거나 아니면 죽음이 가까웠기 때문

② 세상의 쾌락에 흠뻑 빠져 있기 때문.

(4) 영적으로 목말라하는 사람의 표식은?

① 배가 고프다.

② 계속 먹고 싶어 한다.

③ 먹는 것만 눈에 보인다.

④ 무엇을 주어도 잘 먹는다(먹는 것에 대한 불평이 없다)

불평의 종류 : 싱겁다. 짜다. 맵다. 너무 딱딱하다. 맛이 없다. 메뉴가 마음에 안 든다. 어느 정도 배가 고파야 하는가? 시42:1-2 "하나님이여 사슴이 시내 물을 찾기에 갈급함같이 내 영혼이 주를 찾기에 갈급하나이다. 내 영혼이 하나님 곧 살아계시는 하나님을 갈망하나니 내가 어느 때에 나아가서 하나님의 얼굴을 뵈올까?"

(5) 영적으로 갈급하려면 어떻게 해야 하나?

    ① 먼저 입맛을 방해하는 것을 피해야. 지금 식당에서 먹는 음식 은 조미료를 너무 사용하여 몸에 유해한 것임을 잊지 말라. 자 연 조미료는 좋다. 그러나 화학조미료는 유해하다. 싼 식당일 수록 조미료를 많이 쓴다. MSG(글루탐산 나트륨)을 사용하지 말 라. 미원은 유해하다.

    ② 배고픔을 잊게 하는 것을 버려야(도박, 마약, 세상의 쾌락 등).

    ③ 입맛이 나게 하라. 그러려면 운동을 매일 하고, 간을 알맞게 맞추고(미국에서는 자신이 한다). 반찬에 신경을 써라.

(6) 만약에 주리고 목말라 하면 어떤 축복을 주시나?

"저희가 배부를 것이요"(너무 문자적 번역을 했다). 원문의 뜻은 Filled(채우다)이다. 무엇이 채워지나? 은혜가 채워지고 평안이 채워지고, 축복이 채워진다.

6. 긍휼히 여기는 것은 다섯 번째 단계이다(5:7).

마5:7. "긍휼히 여기는 자는 복이 있나니 저희가 긍휼히 여김을 받을 것이요."

(1) 긍휼이란 가련한 처지에 있는 사람을 불쌍히 여기고 동정한다는 뜻이다. 긍휼에 대해 성경을 이렇게 말한다. 사42:3 "상한 갈대 도 꺾지 아니하며 꺼져가는 등불을 끄지 아니하고"

우리가 긍휼히 여겨야 할 대상은?

    ① 고아와 과부와 나그네(슥7:9-10)

    ② 가난한 자(시72:13)

    ③ 원수들(삼상23:21): 다윗이 사울왕을 긍휼히 여김

    ④ 의심하는 자(유22절).

(2) 긍휼히 여기지 않는 것은?

한마디로 죄이다. 그것은 하나님의 은혜에 대해 감사하지 않고, 또 느끼지 않기 때문이다.

(3) 긍휼히 여길 때 주시는 축복은?

① 주님으로부터 자비하심을 받는다(삼하22:26)

② 자손이 복을 받는다(시37:26). 자녀에게 줄 최고의 유산이 바로 이 긍휼히 여기는 것이다.

③ 생명과 의와 영광을 받는다(잠21:21)

(4) 어떻게 긍휼을 베풀 수 있는가?

은혜의 보좌 앞에 나가야(히 4:16): 하나님의 긍휼하심을 체험할 때만 가능하다. 긍휼이란 무엇인가? 히브리어로 라함이란 말인데 그것은 여자의 자궁을 뜻하는 말이다. 자궁이 그 안에 들어 있는 생명을 안전하게 보호하고 무조건적으로 사랑하듯 한다는 뜻이다.

(예화) 호세아가 고멜을 사랑한 것은 긍휼이다. 그 사이에 첫 아들은 로루하미(No Mercy), 둘째는 로암미(Not my peoplejeje)라고 했다.

7. 여섯째 사다리는 마음의 청결이다(마5:8)

"마음이 청결한 자는 복이 있나니 그들이 하나님을 볼 것이요."

(1) 마음은 어디에 있는가? 뇌 안에 있는가? 아니면 가슴에 있는가? 전통적으로는 가슴에 있다고 하였다. 한자에도 마음 심(心)자를 심장의 모양으로 표현한다. 그러나 최근 뇌 과학이 발달하면서 뇌에 있다고 말한다.

(예화) 1907년에 맥두건 박사는 인간의 영혼(마음)이 무게가 있는데 20그림으로 나왔다. 그러나 개는 사람과 달리 살았을 때나 죽었을 때나 꼭 같았다고 한다. 분명한 것은 기억. 기쁨과 분

노 등은 다 뇌의 작용에 기인한다는 점이다. 그는 딸을 죽인 아버지의 뇌를 촬영하여 보니 커다란 혹이 자라고 있음을 발견했다. 그는 그 혹이 자라면서 분노를 관장하는 뇌 부위를 압박하여 생겼다고 결론지었다.

(2) 왜 마음이 청결해야 하는가?

① 마음은 하나님이 거하는 처소이기 때문에(고전3:16)

② 청결은 하나님께서 우리를 선택하고 구원할 목적이기 때문(엡1:4).

③ 성도들은 하나님처럼 청결하고 거룩해야 하기 때문에

④ 우리가 마음이 청결하지 않고는 하나님 앞에 나아갈 수 없기 때문에.

(3) 마음이 청결치 못한 사람의 표식은?

① 무지(영의 세계를 보지 못함)

② 라오디게아 교회처럼(계3:17)

③ 기도가 응답되지 않음(시66:18)

④ 불신앙

⑤ 탐욕에서 여러 가지 죄악(배교, 불만, 불의, 살인)이 나온다.

(4) 마음이 청결한 사람의 표식은?

① 신실함

② 죄를 미워함

③ 죄의 모양까지 미워함

④ 청결한 삶

(5) 청결한 마음을 가지는 비결은?

① 항상 말씀을 상고

② 주님께 대한 믿음

③ 기도에 힘씀

　　④ 구별된 생활

　(6) 마음이 청결한 자에게 주시는 축복은?

　　① "하나님을 볼 것이요." 출33:20절에는 "나를 보고 살 자가 없
　　　음이라"(육신의 눈으로 보는 것을 말함).

　　② 하나님의 영광에 참여함

8. 일곱째는 화평의 사닥다리(마5:9)

　청결과 화평은 다르지만 서로 연결되어 있다. 약3:17 "오직 위로부터
난 지혜는 첫째 성결하고, 다음에 화평하고."

　(1) 왜 화평케 하는 자가 되어야 하나?

　　① 하나님의 뜻이기 때문에, 고전7:15 "하나님은 화평 중에서 너희
　　　를 부르셨느니라."

　　② 화평은 청결과 함께 가기 때문.

　　③ 세상에는 두 종류의 사람이 있을 뿐.(troublemaker peacemaker.)

　(2) 화평케 하는 사람이 되려면?

　　① 마음의 탐심을 버려야 함(잠28:25), 마음이 탐하는 자는 다툼을
　　　일으키나

　　② 내 안에서 성령께서 역사하도록 기도해야 함.

　　③ 상대편의 좋은 점만 보아야 함. 그래야 섬같이 떨어져 있는 사
　　　람들에게 교량 역할을 할 수 있음.

　(3) 화평케 하는 자에게 주시는 축복은?

　"저희가 하나님의 아들이라 일컬음을 받을 것임이요."

　우리는 예수 믿고 하나님의 자녀가 되었으나 그것은 단순히 양자일
뿐이다. 혈통적으로는 아니다.

　양자가 되면 무엇이 변하나?

① 먼저 이름이 바뀐다. 즉 새(new) 이름을 얻는다.

② 아버지와 함께 하나님의 모든 영광에 참여한다.

문제는 하나님의 자녀가 되어야 모든 것이 결정된다. 이제 남은 것은 하나님의 은혜와 긍휼하심을 얻어야 한다.

9. 의를 위하여 핍박을 받는 것이 마지막 단계이다(5:10).

믿음의 세계는 축복만 있는 것이 아니라 회개의 눈물과 핍박도 따른다. 믿음에는 내세의 큰 보상이 있고, 이생에서는 성령께서 함께하시고, 인도하시고, 그 핍박을 감당케 하신다. 그것이 우리가 받을 축복이다.

(1) 핍박이란 무엇인가?

헬라어의 뜻은 '방해하다' '괴롭게 하다'란 뜻이다. 이 핍박에는 감옥에도 갇히고 순교도 따른다. 우리의 힘만으로는 감당하지 못한다.

놀라운 것은 핍박의 가시로 찔리면 거기서 향기가 난다. 믿음의 냄새가 나고 하나님의 영광이 나타난다.

(2) 핍박의 이유와 목적은?

① 믿음이 연단됨. 단12:10 "많은 사람이 연단을 받아 스스로 정결케 하며"

(예화) 순금을 만드는 방법

② 히12:10 "오직 하나님은 우리의 유익을 위하여 그의 거룩하심에 참예케 하시느니라." 거룩하심에 참여케 하기 위해서이다.

(3) 축복되지 않는 핍박도 있다.

① 두 강도중 하나는 자신의 죄로 인해 고통을 당했다.

② 내가 범죄 함으로 인해 당하는 고통은 축복이 아니다. 그러나 믿는 자들은 그것도 반면교사로 삼아 보다 깊은 은혜의 강가로 간다.

(4) 의를 위하여 당하는 핍박은 큰 축복이 된다. 벧전4:16 "만일 그

리스도인으로 고난을 당하면 부끄러워하지 말고 도리어 그 이름
으로 하나님께 영광을 돌리라.

(5) 핍박이 올 때 어떻게 해야 하나?

① 그리스도의 군사로서 당하는 훈련과정을 기쁘게 받아야 한다.
  딤후2:3 "너는 그리스도 예수의 좋은 병사로 나와 함께 고난을
  받으라."

② 그리스도에 대한 바른 지식을 가져야 한다. 딤후1:12 "내가 또 이
  고난을 받되 부끄러워하지 아니함은 내가 믿는 자를 내가 알고

③ 진리는 사되 팔지는 말아야 함. 잠23:23

④ 성경을 가까이 해야 함
  시119:50 "이 말씀은 나의 곤란 중에 위로라"

⑤ 자기를 부인하고 자기 몫에 태인 십자가를 지고 가야.(마10:38)
  "자기 십자가를 지고 나를 따르지 않는 자도 내게 합당하지 아
  니하며" 두려움이 옵니까? 두려워 말라. 왜? 요일5:3 "그의 계
  명은 어려운 것이 아니다."

맺는 말

하나님의 축복의 사닥다리는 내려가는 것이 특징이다. 세상에서는 올
라가는 것이 성공이기 때문에 남을 모함해서라도 끌어 내리고 내가 그
자리에 올라가려고 한다. 바울도 예수 믿기 전에는 위로 올라가려고 기
독교인들을 박해했으나 주님을 영접한 후에는 '나는 죄인 중에 죄인'이
라고 자기를 낮추었다. 사실 우리 힘만으로는 이 고난의 십자가 질 수
없지만 마11:30의 말씀대로 "내 멍에는 쉽고 내 짐은 가벼움이라." 했
다. 왜 그런가? 처음에는 내가 십자가를 지지만 나중에 보면 십자가가
나를 지고 가기 때문이다.

네 장막 터를 넓히라

(사54:1-5)

2013년을 영원한 과거로 흘려보내고 2014년 새해를 맞는 우리에게 주시는 하나님의 말씀은 54:2절의 "네 장막 터를 넓히라"는 것이다. 왜 장막 터를 넓혀야 하며 그 방법은 무엇인지 함께 살펴보자.

1. 인간의 사람됨과 시간의식

인간의 사람됨은 그가 얼마나 '시간의식'을 가지고 있느냐에 달려 있다. 크게는 역사의식, 작게는 시간의 흐름을 의식하면서 사는 데 있다. 만약 작년과 금년이 같다면 그는 소망이 없고 성공도 없다. 새해를 맞아서 뭔가 새로운 결심이 있고, 새로운 목표가 있어야 사람다운 사람이 될 수 있다. 전에 유행했던 말 가운데 하나가 '사람이면 다 사람인가 사람다운 사람이 사람이지'란 말이 있었다.

그러면 사람다운 사람, 참사람은 어떤 사람인가? 요컨대 그것은 바로 '시간을 아는 사람이다.'

사실 인간이 사는 데는 적어도 꼭 알아야 할 것 세 가지가 있다.

(1) 나는 누구인가?(자신의 정체성)

(2) 나는 어디 있는가?(세계의 역사의식)

(3) 나는 어디로 가고 있는가?(목적의식과 비전)

오늘 이 시간에는 두 번째 문제를 중심으로 말씀드리려 한다. 그러면 과연 시간은 존재하는가? 아니면 다만 우리의 의식세계에만 있는 것인가? 실제로 시간이 우리 밖에 따로 존재하는가? 있다면 시간은 가는 것

인가? 아니면 시간은 가만히 있고 인간이 가는 것인가? 그래서 철학의
시작과 마지막 과제가 시간이란 무엇인가이다. 그런데 성경에 보면 창
1:1절에 "태초에 하나님이 천지를 창조하시니라"고 했는데, 여기서 '창
조'란 말은 '시간의 시작'이란 뜻이다. 그 이전은 영원한 세계였으나 하
나님께서 시간을 창조하면서 함께 세상과 인간을 창조했다는 뜻이다.
다시 말하면 시간이란 영원의 일부가 아니라 서로 다른 차원의 세계인
것을 말씀한 것이다.

오늘 우리는 새해를 맞아서 새해의 의미를 살펴보고 우리의 갈 길을
발견해야 한다. 이것이 바로 믿는다는 크리스천인 우리의 사명이다.

2. 이 말씀은 누구에게 하는 것인가?

1절에 보면 "잉태하지 못하며 출산하지 못한 너"란 좁게는 예루살렘
과 시온을 두고 하는 말이다. 넓게는 지금 태신자를 잉태치 못하는 전
도 안 하는, 그래서 성장하지 못하는 우리들을 두고 하는 말이다.

3. 새해를 맞아 우리는 어디로 가야 하나?

과연 우리는 새해의 목표가 서 있는가? 그냥 작년의 연장인가? 목표
란 목적의 어떤 지점을 말하는 것이다. 따라서 목적이 먼저 서 있어야
하고, 다음은 그 목적을 이루기 위한 여러 가지 목표를 세우는 것이다.
(예 : 볼링 1, 3번을 스트라이크 존), 그것을 맞추기 위해서 중간에
　　　점들이 있다. 따라서 자기의 구질에 따라 그 점을 정해서 볼링
　　　을 쳐야 잘 친다.
A. Maslow는 인간은 삶의 5가지의 동기가 있다고 했다.
(생물학적 필요/ 안전/ 소속감과 사랑/ 존경/ 자기완성).
그렇다면 우리의 목적은 무엇인가? 알겠지만 우리 교회의 목표의 하
나는 진도를 통한 교회성장과 선교이다. 막16:15 "너희는 온 천하에 다

니며 만민에게 복음을 전파하라"고 했기 때문이다. 마24:14 "이 천국 복음이 모든 민족에게 증언되기 위하여 온 세상에 전파되리니 그제야 끝이 오리라."

그런데 우리는 예수님의 재림의 준비자이기 때문에 전도와 선교만이 살 길이요 삶의 목적이다. 새해를 맞아서 우리는 우리의 삶의 목적을 다시 확인해야 한다.

4. 구체적으로 어떻게 해야 하나?

(1) 첫째로 우리의 장막 터를 넓혀야 한다(사54:2))

'삶의 터를 넓히라'는 말이다. 이사야 당시의 형편은 바벨론 포로로 잡혀가 있었기 때문에 삶의 터전을 넓히기는커녕 그냥 살아남기도 어려운 형편이었다. 그러나 하나님께서는 삶의 터를 넓히라고 이사야 선지자를 통해 말씀했다. 요컨대 그냥 타성에 젖어 있지 말고 변하고 성장해야 한다는 말이다.

성공하는 사람의 특징은 항상 변화를 시도하고 열정을 가지고 최선을 다하는 사람이다. 무엇을 넓히라는 말인가? 기도의 입을 넓히고, 마음을 넓히고, 그래서 큰 그릇이 되어 하나님의 축복을 남김없이 담으라는 것이다. 본문에는 넓히는 방법으로 네 가지를 말씀했다.

첫째, 아끼지 말라. 돈만 아끼지 말고 시간을 아껴야 한다.

둘째, 널리 펴라. 활동의 범위를 널리 펴야 한다. 워킹을 넓게 펴야 한다. 기도의 영역을 넓게 펴야 한다.

셋째, 길게 하라. 국내에만 머물지 말고 온 세계로 뻗어가라는 것이다.

넷째, 견고히 하라고 가르친다. 견고히 안 하니까 비바람 불면 모래성처럼 무너진다. 가장 견고히 하는 방법이 무엇인가? 말씀의 벽돌로 지으면 반석 위에 세운 교회처럼 무너지지 않는다.

그리하면 하나님께서 우리에게 축복을 주시는데 세 가지를 주신다고 했다. 첫째, 네가 좌우로 퍼진다(번성하고 영향력이 커진다), 둘째 네 자손은 열방을 얻으며(세계를 지배한다). 셋째, 황폐한 성읍들을 사람 살 곳이 되게 할 것(하나님의 문화가 발전될 것)이라고 했다.

지금 세상은 사람 살 곳이 못 된다. 하나님의 문화도 없고 세속문화가 판을 치고, 세속주의가 교회 안에도 들어와 있다. 영적으로 황폐한 곳, 즉 사탄이 지배하는 곳이란 뜻이다. 인간에게서 하나님의 형상은 간 곳 없고, 육체가 되어 버린 것이다. 좀 직선적 표현을 한다면 짐승처럼 고깃덩어리가 된 것이다. 우리는 이런 세상을 사람이 살 곳으로 만들어야 하는데 그것은 바로 복음이요 말씀이요 성령의 역사이다.

5. 우리가 해야 할 것은 무엇인가?

(1) 4절에 먼저 "두려워하지 말라"고 했다. 두려움은 범죄한 인간의 특징이다.

아담은 하나님이 불렀을 때 창3:10절에 보면, "내가 벗었으므로 두려워하여 숨었나이다." 바로 두려움이었다. 지금은 고인이 되었으나 하버드대학의 칼부레드 교수의 말대로 '불확실성의 시대'에 살기 때문에 누구나 미래가 두려운 것이다. 급변하는 세대 속에서 어디로 가야 할지 모르기 때문에 두려운 것이다. 북한이 언제 전쟁놀이를 할지, 그들이 만든 핵을 언제 사용할지 몰라 두렵다. 실직을 할까 봐 두렵고, 경제적 위기로 인해 두렵다. 그러나 성경은 말한다. "내가 벗었으므로 두려워"한다고, 그러므로 사실은 그리스도로의 옷을 입지 않기 때문에 두려운 것이라고. 그러므로 성도들이 그리스도로 옷 입으시기를 축원한다.

지금 많은 목회자들이 두려워하고 있다. 왜? 교인들의 인기는 떨어지고, 교회성장은 안 되고, 교회의 예산이 부족해서 두렵다. 그러나 따지고 보면 전도와 선교를 안 하는 것을 두려워해야 한다. 하나님의 심판을 두려워해야 한다. 최근에 세계적으로 기이한 현상이 일어나고 있다. 2009년 31일 밤 11시 반에 아칸소주의 비르란 도시에 찌르레기들이 우박처럼 떨어졌다. 학자들은 그 이유를 세 가지 중 하나로 본다. 첫째 비밀무기의 실험으로 인한 것, 둘째 UFO에 의한 소행, 셋째, 종말론적 현상으로 보는 것이다. 또 주목할 것은 2010년 1월 3일에 루이지아나 주에서는 붉은 어깨찌르레기가 한꺼번에 500여 마리가 떨어졌고, 더욱 놀라운 것은 AFP통신에 의하면 스웨덴에서 갈가마귀 100마리가 눈 쌓인 거리에 떨어졌다는 점이다. 이것이 무엇을 의미하는가? 저는 예언자가 아니기 때문에 정확한 원인을 말씀드리지 못하나 중요한 것은 점점 주님의 재림의 때가 가까이 오고 있다는 징조이다.

그러나 사41:10절에는 말씀한다. "두려워하지 말라 내가 너와 함께 함이라 놀라지 말라. 나는 네 하나님이 됨이라. 내가 너를 굳세게 하리라. 참으로 너를 도와주리라 참으로 나의 의로운 오른손으로 너를 붙들리라." 믿습니까? 그렇다면 두려워하지 말라.

(2) 둘째로 5절에 보니 우리를 지으신 분이 누구인가를 알아야 한다고 했다.

성경에는 7가지 언약이 있는데 본문에는 새로운 각도에서 언급하고 있다. "너를 지으신 이가 네 남편이시라." 영적으로 우리는 하나님의 신부라는 말씀이다. 결코 혼자 있는 과부가 아니라는 뜻이다. 그것도 무능한 남편이 아니라 우리를 창조하신 전능하신 하나님이 우리 성도들이 섬겨야 하는 남편이라는 것이다. 그가 우리를 보호해주고 돌보아 주고, 인도해주고 항상 함께하시는 남편이라는 것이다. 그러므로 두려워하지 말고 우리는 새해에 하나님의 말씀대로 우리의 장막을 넓혀야 한다.

최근에 한국의 온도가 평균 1.5도 정도 올라갔다. 그것을 주목해야 한다. 우리나라는 본래 온대성기후였으나 제주도는 이미 아열대성으로 변했다. 그래서 지금은 제주도에는 사과나 복숭아 같은 것의 재배가 끝나고 이제는 망고와 아치초크와 같은 것을 재배하고 있다.

지금 온도의 변화로 인해 바다의 물고기 종류도 변하고 있다. 그렇게 흔했던 동태가 귀하게 되었다. 이것은 단순히 기후의 변화가 아니다. 종말론적 현상이다.

내가 왜 이 이야기를 하는가? 지금 온도도 변하고, 자연도 변하고 세상이 변하는데 불행하게도 한국의 영적지도자들은 변하지 않고 있고 성도들도 변하지 않고 있기 때문이다. 우리가 변하지 않으면 한국교회는 유럽의 교회처럼 형태만 남은 교회가 될 것이기 때문이다. 이건희 회장의 말처럼 '마누라만 제외하고 다 바꾸라' 지금 팝 음악을 보니까 옛날에는 가사중심의 음악이었는데 지금은 곡 중심으로 변했다. 무슨 말인지 영어도 아니고, 한국말도 아니고 그저 비트가 심한 dance곡이 중심을 이룬다.

여자 가수들은 패션처럼 화려한 의상과 섹시한 모습과 춤에 호소하고 있고, 어떤 때는 스트립 댄스처럼 옷을 하나씩 벗어가기 때문에 점잖은 사람들은 그 앞에 앉아 있기가 민망스럽다.

남자 가수들은 여성스러운 모습과 break dance를 가지고 승부를 건다. 매주 새로운 사람들이 나타나 인기를 끄는데 이름도 영어 중심으로 되어 있는데 뭐 2NE1 2PM SG 워너비, 싸이, 등등.

물론 자기의 이름이 아닌 소위 연예명은 옛날에도 사용했지만, 그러나 지금은 그 이름이 한국 이름이 아닌, 그렇다고 영어 이름도 아닌, 어떤 암호 같은 이름으로 나타났다가 인가가 사라지면 또 다른 이름으로 출연하는, 정말 귀신 곡할 노릇이 되었다.

지도자는 누구인가? 지도자와 피지도자의 차이점은 무엇인가? 간단하다. 변하지 않으려고 하는 사람들은 다 피지도자이고, 변화를 시키는 사람은 다 지도자이다. 왜 사람들은 변화를 싫어하는가? 그것은 그냥 있는 것이 더 익숙하고, 쉽고 편하기 때문이다. 그러나 모든 것은 변하기 때문에 우리도 변해야 산다. 우리 가운데 컴맹이 있을 것이다. 지도자로서의 자격이 없는 사람들이다. 왜 새로운 시대의 핵심인 컴퓨터를 모르고 살아가는가? 지금은 최소한 두 가지를 해야 지도자가 된다. 영어와 컴퓨터이다.

1월 3일 나는 Lou Gerstner의 인터뷰를 들었다. 그는 IBM 회사를 적자에서 흑자로 만든 전 회장이다. 그는 지도자는 급변하는 사회에서 변화를 이끌어가는 사람이라고 정의했다. 옳은 말이다. 그러기 위해서는 무엇보다도 소통과 정직성이 있어야 한다. 우리의 문제점이 무엇인지 아는가? 일방소통만 하려고 한다. 다른 사람의 소리를 듣지 않는다. 더 무서운 것은 하나님의 말씀도 듣지 않는다.

그러므로 2014년을 맞아 우리는 우리의 장막 터를 넓히는 근본적 변화가 일어나야 한다. 장막 터를 넓힌다는 말은 '하나님의 축복을 담기 위한 우리의 그릇을 넓히라'는 말이다. 장막 터를 넓히란 말은 기도의 영역을 넓히고, 편집과 생각의 영역을 넓히고, 선교활동의 영역을 넓혀가라는 말이다. 그러기 위해 두 가지가 있어야 한다.

첫째는 영성 개발에서 시작된다. 기독교의 역사를 보면 6번에 걸친 영성운동이 일어났다.

(1) 초대교회에서는 수도원적 영성운동이 있었고

(2) 그 후에는 신비주의적 영성운동이 일어났다.

(3) 다음에 일어난 것이 토마스 아켐프즈의 '그리스도를 본받아'에서 나타난 그리스도를 모방하는 영성운동이었다.

(4) '7세기에는 교리중심의 정통주의에 반대하여 경건주의운동인 요한 웨슬레의 운동이 있었고

(5) 19세기에는 신비적 종교적 경험을 중심하는 자유주의적 영성운동이 있었으나

(6) 20세기에는 성령의 은사를 강조하는 오순절의 영성운동이 있었다. 이제는 근본부터 새롭게 변화된 성경적 영성운동이 일어나야 한다. 다시 말해서 그리스도 중심적 영성운동이어야 한다. 즉 헌신과 훈련을 중심으로 한 그리스도와의 연합과 일치를 강조하는 영성운동이 이제 우리들을 통해서 일어나야 한다.

장막을 넓히라는 말은 다시 전도와 세계선교의 기치를 올려야 한다는 말이다. 물론 지금 한국의 선교사들의 숫자가 세계에서 둘째지만 선교사로서 저는 감히 말한다. 현재로서 통계만으로 만족하지 말라. 중요한 것은 선교현장도 변해야 하지만 더 중요한 것은 한국의 모든 교회들이 선교적 마인드를 가져야 한다는 말이다. 자기 교회만의 성장이 아니라 모든 교회들의 성장을 이끌어내야 한다. 그것을 위해서 우리 교회는 금년에 전국적인 깨우침의 운동 마지막 단비의 부흥운동을 일으켜야 할 것이다.

사실 지금 세계는 종말론적 현상이 일어나는 위기이지만, 그러나 그 위기는 또한 우리의 기회이다. 기회는 누구에게나 오지만 오직 준비된 자만의 것이다. 그러므로 이 새해에는 영성운동에서 시작하여 전도와 선교운동으로 우리의 장막 터를 넓혀 2014년에는 하나님의 놀라운 축복을 받기를 원한다. 이 '깨우침의 운동'이 바로 우리의 존재목적이 되어야 한다.

"오, 주여 우리를 사용하여 주옵소서."

"우리를 버리지 마옵소서."

후회 없는 목회자

(삼상15:11)

성경에 보면 구약의 사울왕과 신약의 가룟 유다는 참으로 귀한 직분을 가진 사람이었지만, 그러나 하나님께서 후회하는 인물. 스스로도 후회하는 인물이 되었다. 오늘은 사울 왕을 중심으로 하나님께서 후회하는 종이 되지 말자란 제목으로 함께 은혜를 살펴보려고 한다.

1. 사울은 어떤 사람이었는가?

그는 베냐민 지파, 기스의 아들로 준수하고(외모는 성공의 중요한 조건의 하나이다. 그래서 성형수술의 투자를 한다.) 겸손한 청년("가장 작은 지파 베냐민 사람이 아니까")이었다(삼상 9:1-2). 아버지의 암나귀를 찾으러 갔다가 사무엘에게 찾아가서 그에게 발탁되어 이스라엘의 초대 왕이 되었다. 여러분들도 세상 것 찾다가 예수를 믿게 되고, 신학교에 입학하게 되었을 것이다. 나도 영어 잘하려고 영어선생에게 매달리다가 예수 믿게 되고 신학교에 입학했다. 중요한 것은 만남에 있다. 부모와의 만남은 어쩔 수 없는 운명이지만, 그러나 다른 것은 다 우리의 선택에서 온다. 가장 중요한 만남은 배우자의 만남('악처는 백년의 흉작'), 친구들과의 만남, 직업과의 만남(미국의 경우는 공항에 누가 나오느냐에 따라 변함), 좋은 교수님과의 만남. 목회자와의 만남이다.

2. 사울은 왜 하나님께서 후회하는 사람이 되었는가?

단번에 그렇게 된 것이 아니다. 여러 단계를 통해서 그렇게 된 것이다. 인간의 타락은 순간에 되지 않는다. 여러 단계가 있다. 자동차 사고도 순간에 일어나지만, 그러나 그 이전에 여러 단계의 경고가 있다. 운전하다가 아찔한 순간, 스마트 폰하며 문자 메시지 보내면서 운전하다가 갑자기 신호가 바뀌어 아찔한 순간, 과속하다가 사고 날 뻔한 경우 등 이런 수많은 경고를 무시하면 결국 사고가 난다. 인생도 마찬가지이다. 사울의 경우를 살펴보자.

(1) 블레셋과의 전쟁에서 사무엘이 약속 시간에 나타나지 않자 불안한 사울이 번제를 드림. 왜? 사람들이 흩어지니까. 이것은 신권에 대한 도전이었다. 그러나 문제는 사무엘이 왜 기다리지 않고 번제를 드렸는가 하고 책망했을 때 사울이 회개했으면 해결되었다. 그러나 그는 핑계만 대었다. '부득이 하여' 누구나 잘못은 있다. 그러나 잘못 했을 때 절대로 핑계대면 희망이 없다.

(2) 충동적 행위가 문제다(14:24) 블레셋에 대한 보복이 끝나기까지 아무도 음식을 먹으면 안 된다고 사울 왕이 명령. 그러나 그의 사랑하는 아들 요나단은 거기에 없었으므로 그것을 몰라 지팡이 끝으로 벌집의 꿀을 찍어먹어 허기를 면함. 그러나 백성들의 기도가 있어 살기는 했다.

(3) 아말렉과의 전쟁에서 사람과 동물과 모든 생명을 가진 것은 다 멸절하라고 명령했는데 아각 왕과 기름진 소와 양은 살려 줌. 그러자 삼상15:11절에, 하나님께서 사울을 왕으로 세운 것을 후회하심. 그리고도 사무엘은 온 밤을 여호와께 부르짖었으나 사울은 책임을 전가시킴. 15:21절. "당신의 하나님 여호와께 제사하려고 양과 소를 끌어 왔나이다 하는지라"

(4) 지도자는 시기와 질투를 하면 안 되는데 사울은 다윗을 시기하고 질투했다. 18:7-8절 "사울이 죽인 자는 천천이요 다윗은 만만이라 한지라 사울이 그 말에 불쾌하여 심히 노하여" 여기서부터 다

윗을 제거하려고 계획을 세움(19:1).

(예화) 목회자들이 강사들을 청빙할 때에 자기만 못한 사람 같은 유의 사람만 청하고 뛰어난 사람은 청하지 않고, 그것도 품마시를 한다.

(5) 놉의 제사장들을 죽임(22장) 문제는 에돔 사람 도엑을 심복으로 쓴 일이다. 왜 제사장들을 죽였는가? 다윗과 그의 부하들이 다윗에게 음식도 주고 골리앗의 칼도 준 것을 고한 것이다. 그래서 85명의 제사장들을 도엑에게 명하여 죽이게 함.

(6) 다급해진 나머지 신접한 여인에게 찾아가 자기의 미래를 의논하였다(28:7) 그러나 이 사무엘은 악령의 역사로 인한 환환일 뿐이다. 가장 큰 문제는 하나님을 떠나 무당에게 가서 묻고 의지하는 것이다. 우상 숭배에 빠지면 여기에는 소망이 없다.

3. 하나님께서 후회하지 않는 종이 되려면

하나님께서 후회하지 않는 종이 되려면 어떻게 해야 하는가?
골프 치듯 하면 된다.

(1) 골프 칠 때는 절대로 공에서 눈을 떼면 안 되듯이 주님에게서 눈을 떼면 목회는 끝난다. 사실 세상에는 우리의 눈을 유혹하는 수많은 것들이 있다.

(2) 공을 앞에 놓은 후에 뒤에 가서 앞을 보며 공을 치게 될 곳을 Visualization해 본다. 피할 곳은 어디이며(벙커, 숲, 물) 목회의 비전을 머릿속에 간직해야 한다.

(3) 자신감 즉 믿음을 가져야 한다.

(4) 그립을 잡는 법을 배워야 한다. 너무 꼭 쥐면 힘이 들어가 공이 멀리 안 나간다. 마치 달걀을 쥐듯이 그렇다고 전혀 힘을 안 주

어도 안 된다. 죽을 둥 살둥 목회하면 안 된다는 말이다.

(5) 공을 멀리 보내려고 힘만 내어 휘두르면 안 된다. 내가 공을 보
내는 것이 아니라 클럽이 보내는 것이다. 나는 다만 클럽의 손과
연결시켜 크게 아크를 그리도록 부드럽게 휘두르면 된다. 목회도
내가 하는 것이 아니다. 주님이 하신다. 나는 다만 주님의 도구
가 되어 순종하면 된다.

(6) tempo가 중요하다. 목회한다고 잠도 안 자고 발광해 봐야 빨리
죽을 뿐이다(매제의 경우: 원당교회). 월요일에는 철저하게 쉬고 아내
와의 시간을 가져야 한다(한영조 목사의 회개)

(7) 멀리 공을 보내려고 드라이버에만 신경 쓰지만 그것은 잘못이다.
이런 격언이 있다. Driver is show, but putting is money.
많은 사람들에게 설교하는 것에 너무 많은 시간을 보낸다. 아니
다. 작은 모임 즉 심방이나 생일잔치, 회갑 및 결혼식, 장례식
같은 것이 교인들의 숫자를 안정되게 늘려준다(충현교회의 성장 비결의
하나는 장례식에 있었다).

(8) 골프는 마치 비를 가지고 마당을 쓸 듯이 부드럽게 해야 슬라이
스가 안 나고, 생크(shang)도 안 난다. 즉 목회에서는 부드러운
인간관계가 핵심이다.

(예화) 미국에서 가장 상장한 한인교회 방문담.

(9 척추를 움직이지 말아야 한다. 일어났다 앉았다 하면 골프공은 똑
바로 나가지 않는다. 말씀의 축에서 벗어나지 말아야 한다. 왜 성
경을 캐논이라고 하는가? 우리의 믿음과 행위의 척도, 자이기 때
문이다.

(10) 스탠스를 바로 해야 한다. 즉 목회는 목적이 분명해야 한다.
Purpose driven Life by Rick Warren.

(11) 골프를 잘 치려면 정규적으로 연습해야 한다. 왜냐하면 운동근육은 72시간만 입력이 되기 때문이다. 마찬가지고 성공적인 목회자는 정규적으로 말씀을 연구하고 정규적으로 기도해야 한다!

(12) 골프에서 가장 중요한 것은 자신과의 싸움에서 승리해야 한다. 박인비가 최근에 갑자기 못하는 이유는 자신과의 싸움에서 지고 있기 때문이다.

(예화) 골프의 영원한 전설인 잭 니콜라우스가 그렇게 말했다. 목회도 경쟁자들을 보지 말라. 자기의 최선만 다하고 남들과 비교하지 말라. 남들의 점수(교인 숫자와 일년예산)에 신경 쓰지 말라.

(13) 골프는 끝나 봐야 안다. 마지막 날 18번 홀에서 더블보기를 해서 지는 경우를 많이 봤다. 목회도 그렇다. 죽어야 목회도 끝나는 것이다. 그러므로 단기 목회를 하지 말고, 마라톤식 목회를 하라.

(14) 골프는 언제나 위기가 있다. 숲속으로 들어가 오비(out of bounds)가 날 때도 있고, 벙커에 들어가거나 앞에 큰 나무가 막고 있을 때가 있다. 이런 때 당황하지 말아야 한다. 한 타일은 한이 있어도 잘해낼 수 있다는 믿음을 가지고 당황하지 말아야 한다

나에게도 이런 위기는 많이 있었다. 오늘 오후에 나는 병원에 가서 대장에 생긴 혹이 암인지 아닌지 암이면 어떻게 해야 할지를 결정해야 한다. 나는 하나님을 믿는다. 내게 사명이 있는 동안을 산다는 확신이 있다.

사도신경을 고백하지 않으면 이단인가?

사도신경은 성경에 없는데 왜 모든 교인들이 고백하는가? 또 사도신경을 고백하지 않으면 이단인가?

1. 사도신경은 신자가 믿어야 할 기본적 교리의 요약

사도신경은 간단히 말해서 신자들이 믿어야 할 기본적인 교리를 간결하게 요약한 표준 신앙고백이다. 전설에는 주후 70년 예루살렘이 함락하기 전에 12사도들이 모여서 믿고 가르치고 전파해야 할 내용을 한 마디씩 말해서 모아진 것이라고 했다.

물론 사도신경은 12마디로 되어 있는 것은 사실이지만, 그러나 야고보 사도는 그 이전에 일찍 순교했고 다른 제자들은 복음을 전하기 위해 흩어져 있었기 때문에 그런 모임이 일어날 수 있는 형편이 아니었다. 다만 325년의 니케아 종교회의와 381년의 콘스탄티노플 회의. 그리고 431년의 에베소 회의와 451년의 칼케톤 회의를 거치면서 사도신경이 확정된 것이다.

위에서 말한 전설도 104년에 루피누스(Rufinus)가 쓴 '사도신조 주석을 쓸 때 12사도가 각기 한 절씩 썼다고 말한 데서 생겨진 것이다. 그러나 사도신경은 동방교회(희랍정교회)에서는 한 번도 공적으로 신앙고백으로 채택하지 않았고 루터와 칼뱅도 사도신경을 '교리문답서'에는 넣었지만 예배순서에는 넣지 않았다.

또 어떤 이유인지 모르지만 원문 끝에 있었던 '이 신앙고백을 반대하는 자에게 저주가 있을지어다.'란 말이 영문과 우리말에는 다 같이 빠져 있다. 아마도 너무 지나친 말이란 생각에서 뺐을 것이다. 물론 사도신경의 고백을 믿지 않는 사람은 진정한 의미의 신자라고 할 수 없는 것은 사실이다.

그렇다고 사도신경을 예배시간에 고백하지 않는 사람들은 다 이단이라고 하는 표현은 지나친 말이다. 왜냐하면 좀 현대적인 교회에서는 젊은이들에게 이해될 수 있는 새로운 신앙고백으로 사도신경을 대신하는 경우도 있기 때문이다.

개신교와 가톨릭교회는 성경의 용어 사용이 다른 경우가 있기 때문에 사도신경의 용어도 다르다. 예를 들면 개신교의 사도신경에 '성도가 서로 교통하는 것'이란 말은 가톨릭에서는 '모든 성인의 통공을 믿으며'라고 했다. 전혀 그 뜻이 다르다. 여기서 통공(通共)이란 '살아 있는 신자들과 죽은 신자들 간의 영적 결합'과 성도의 공로와 기도가 통한다는 뜻이다.

이것은 연속성의 근거로 삼기 위해서이다. 가톨릭에서는 성도란 말은 죽은 지 오래 된 자중에서 특별 심의를 거쳐 서품되는 복자와 성자를 지칭하는 말이다.

'거룩한 공회'(새번역에는 '거룩한 공교회')란 말은 본래는 catholic church 란 말에서 유래된 것이다. '보편적'이란 뜻이다. 대문자로 쓸 때는 가톨릭교회가 된다. 그러나 그 이유 때문에 사도신경을 반대하는 것은 너무 좁은 생각이다.

그래서 우리는 '공교회'란 말로 번역한 것이다. 중요한 것은 사도신경보다 더 기독교의 교리를 바로 요약한 것이 없기 때문에 이것을 예배시간에 함께 고백하는 것은 바른 것이다.

2. 사도신경의 신학적 문제점은 무엇인가?

(1) 가장 중요한 것은 구원의 교리가 빠져 있다.

(2) 예수 그리스도가 죄인들의 유일한 구세주란 고백이 없다.

(3) 사도신경에는 '하나님의 은혜로, 믿음을 통해 구원을 받는다'는 고백이 없다.

(4) 사7:14절에는 '처녀가(a virgin) 잉태하여'라고 했는데 사도신경에는 '동정녀 마리아에게서'(the Virgin Mary)라고 신격화시키고 있다.

(5) 사도신경에는 '본디오 빌라도에게서 고난을 받아'라고 되어 있으나 성경에는 유대인들이 예수님을 핍박했고 빌라도는 예수님을 놓아주려고 했다고 기록되어 있다.

(6) 사도신경에는 '십자가에 못 박혀 죽으시고'라고만 했다. 십자가에 못 박히셨는지, 피 흘려 죽으신 사실이 빠져 있다.

(7) '지옥에 내려가셨다'(He donceruded into hell)란 말이 영어 사도신경에는 있으나 한국의 사도신경에는 없다. 이 구절은 벧전3:19절에 근거한 것인데 그것은 전파가 아니라 구원사역의 성취를 선포한 것이다. 거기에는 자세(Plake)를 그냥 '옥'이라고 했고 가톨릭 성경에는 감옥이라고 해서 연옥으로 해석하고 있다. 그러나 이 단어는 루피누스의 사도신경(주후 404)에만 들어가 있다. 이 말은 지옥과 같은 뜻으로 사용된 것이다.

(8) '거룩한 공회'란 말은 좀 불투명한 표현이다. 그래서 새 번역에서는 '거룩한 공교회'란 말로 해석했는데 그러나 그것은 원문대로 '보편적 교회'란 말로 하는 것이 양심적 표현이다. 왜냐하면 가톨릭 냄새를 지우기 위해서 공교회란 말로 번역했기 때문이다.

(9) '성도가 서로 교통하는 것과'란 말은 가톨릭의 고해성사의 기초가

되는 교리이다. 가톨릭에서는 그들이 선정한 성인들은 쌓은 공력이 많아서 죄인들에게 그들의 공로를 나누어줄 수 있다고 주장하고 그래서 죽은 자들을 위한 기도를 한다.

(10) '죄를 사하여 주시는 것과'에서는 예수의 피로 말미암아 죄 용서받는 것을 기도하지 않고 있다. 가톨릭에서는 사제들이 죄를 사하는 권능이 있다고 주장하면서 고해성사를 하게 되면 사제는 '너의 죄를 사하노라'하고 선언한다.

여기서 우리는 사도신경이 성경 교리의 많은 부분을 요약하고 있음에도 불구하고 부정확한 부분과 그 유래가 가톨릭에서 왔기 때문에 개혁주의적 입장에서 볼 때에 만족하지 못한 부분들이 많은 것을 부인할 수 없다. 따라서 사도신경 고백을 하지 않는 교회나 신자들을 이단시하는 것은 지나친 것이다.

장요나의 신교방법과 특징

장요나 신교를 연구하는데 어려웠던 것은 그에 관한 제자가 별로 없다는 점이었다. 그러나 그것은 그가 자신의 기록을 남기실 말이 오직 비라카미(베트남, 라오스, 캄보디아, 미얀마) 선교에만 전념하였기 때문이다. 그래서 그가 인터뷰한 기록과 선교 보고 및 기도편지 등을 주로 참조하여 그것을 요약하였다.

간접적으로는 최요한 목사의 『꺼지지 않는 떨기나무 불꽃』이란 책자를 참고하였다. 바라기는 장요나의 선교방법과 모델이 계속 연구되어 앞으로 제2의 장요나, 제3의 장요나가 나와 선교의 불꽃이 계속 타 오르기를 바라는 마음에서 이 글을 쓴다.

장요나 선교를 이해하기 위해서는 먼저 장요나 선교사의 준비과정을 연구할 필요가 있다. 마치 바울의 선교를 이해하려면 바울의 회심 과정을 알지 않고는 안 되는 것과 같다. 그 후에 장요나 선교방법과 특징을 다루어 보려고 한다.

1. 장요나 선교사의 준비과정

장요나가 선교사가 된 과정을 보면 바울의 경우처럼 마치 하나님의 드라마 물을 보는 것과 같다. 그는 연세대 상대에 입학하고 데모 주동자로 한일회담을 반대하는 역사의식을 가진 청년이었다. 중요한 것은 그가 졸업한 후에는 파월되어 십자성 부대의 위생병으로 복무한 일이다. 그러나 그때에는 이것이 훗날 베트남에 다시 와서 선교사로 제2의

복무를 하게 될 줄은 역사를 주관하시는 감독자 하나님 외에는 아무도 몰랐다.

사회에 나와서는 장요나는 벽산그룹의 건설현장에서 기획실장직을 맡기까지 세 가도를 달렸다. 장요나 선교사가 지금까지 11개의 병원과 131개의 교회를 개척한 것은 이때 배운 대기업에서의 경영학적 경험이 큰 도움이 된 것은 두 말할 필요가 없다. 장요나가 가진 가장 눈에 띄는 점은 그가 관계적 사고를 누구보다도 잘 하고 있다는 점이다.

베트남의 정계는 물론 베트남 사람들과 또 한국의 수많은 사람들과 좋은 관계를 맺어 그것을 선교에 연결시키고 있다. 영력이 좋은 사람들은 흔히 인간관계를 바로 하지 못하는 경향이 있지만, 그러나 장 선교사는 그렇지 않다. 하나님과의 수직적 관계는 물론 사람들과의 수평적 관계를 폭 넓게 가짐으로써 그것을 선교에 활용하는 것을 보면 참으로 감탄하지 않을 수 없다.

그러나 처음부터 그런 것은 아니었다. 그는 모태신앙이요 교회에서는 집사였지만, 그는 술을 좋아했고 돈과 술, 이색에 빠져 성 아우구스티누스처럼 탕아의 생활을 했다. 그 후 장요나가 개인 사업을 했을 때 그의 경영학적 자질은 빛을 발해 86년도 아시안 게임의 요트 장을 수주하기까지 했다. 그러나 하나님은 장요나를 그냥 두지 않고 채찍을 들어 고생 대학의 질병학과에 입학시켰다. 갑자기 온 몸이 마비되어 10년 동안 식물인간이 되어 링거로 생명만 연장시켰던 것이다. 그의 몸무게는 35킬로로 줄어들었다. 가족도 포기한 상태였다. 그래서 가족들은 환자의 고통을 덜어주기 위해 숨을 거두게 하자고 의논까지 했다고 한다.

장요나의 기적적 변화는 경남 양산 하북면 삼감리에 있는 감람산기도원(이옥란 원장)에서 일어났다. 최요한 목사가 집회를 하고 있을 때였다. 환자 한 사람이 힘없이 벽에 기대어 있는 것을 보고 불쌍히 여겨 안수

기도를 했고 그때에 놀랍게도 신유의 은사가 나타난 것이다. 이때에 장요나는 하나님의 음성을 들었다.

"너는 니느웨 성으로 가라"는 음성이었다. 당시 그는 비몽사몽간에 네 나라의 이름을 들었고(여기서 그의 비라카미 선교가 잉태된다). 야자수 나무 아래 건물을 짓는 환상을 보았다. 이것이 오늘날 그가 짓고 있는 병원이요 고아원이요 교회인 것이다. 그의 본명은 장주석이었지만 하나님께서 "너는 요나라고 한 데서 바뀌게 된다. 그의 이름의 변화는 그의 영적 변화는 물론 인격적 변화도 삶의 변화를 가져온 것을 보여준다.

장요나는 꼬꾸라져 복받치는 울음을 참을 수 없었다. 그러자 꽁꽁 얼어붙었던 그의 몸은 풀렸고, 말문이 열리며 눈이 보이기 시작한 것이다. 이때 남서울 비전교회의 최요한 목사를 만나 든든한 선교후원자이자 기도 동역자가 된다. 하나님께서는 이 이름도 모르는 질병을 통해 왼쪽 눈을 실명하고 영안으로 대신 끼워주었다.

질병은 그것으로 끝나지 않았다. 98년 경 강직성 척추염으로 인해 45일간 요양을 받기도 했기 때문이다. 지금도 장요나는 이것이 바울의 가시(stigma)와 같은 경험으로 믿는다. 김창규 목사는 이것을 '하나님의 비상섭리'라고 표현한다. 또 김태연 박사는 '20세기 냉전시대의 스티그마(stigma)를 발견하고 평화의 촉진제로 하나님이 보내신 것'이라고 표현했다. 그러면 왜 김태연 박사는 그렇게 표현했는가? 그것은 장요나가 킬링필드의 아픔이 있는 캄보디아의 경우 고아가 많은 것을 보고 고아원사업에 착수했고, 의료사역이 필요한 곳에는 조산원, 치과병원 및 보건소를 만들었기 때문일 것이다. 그뿐 아니라 여성들에게 일자리를 주기 위해 직업학교를 만들고, 우물 파기 지원 사역을 하는 등 범 글로벌 치유운동을 하고 있기 때문일 것이다.

장요나는 즉시 감리회 신학교(신신묵 목사)에 입학하여 공부를 마치고

79년도에 설립된 사랑의 병원 선교회(사단법인)와 한강중앙교회(신신묵 목 사
와 남서울교회 요한 목사)의 파송을 받아 선교사가 된다. 또한 부산 수영로 교
회(정필도 목사)를 비롯한 여러 곳으로부터 협력을 받기도 한다.

2. 장요나의 선교방법과 특징

장요나 선교사의 선교관은 아주 간단하다. 선교를 순교와 동의어로
보는 것이다. 그러기에 그는 6번이나 베트남의 감옥에 들어갔지만 조금
도 굴히지 않았던 것이다. 그는 윌리암 캐리의 선교철학을 문자적으로
자신에게 적용하고 있다.

"우리를 이 영광스런 전쟁에 남김 없어 드리자, 우리의 시간, 우리의
은사, 우리의 힘. 우리의 가족, 우리가 입고 있는 옷까지도 우리의 것으
로 결코 생각하지 말자. 하나님과 그의 사역을 위해 이 모든 것을 다 바
치자."

그뿐 아니라 그는 관을 만들어 놓고 관 위에서 쟀다. 그것은 나는 죽
고 오직 예수뿐임을 잠자는 순간이라도 잊지 않기 위해서이다. 김태연
박사가 말한 것처럼 갈2:20의 삶이라고 할 수 있다.

"내가 그리스도와 함께 십자가에 못 박혔나니 그런즉 이제는 내가 산
것이 아니요 오직 내 안에 그리스도께서 사신 것이라 이제 내가 육체
가운데 사는 것이라. 이제 내가 육체 가운데 사는 것은 나를 사랑하사
나를 위하여 자기 몸을 버리신 하나님의 아들을 믿는 믿음 안에서 사는
것이라."

장 선교사가 가장 경계하는 것은 선교사들이 가진 자의 입장에서 해
결사 노릇을 하거나 구제자 역할을 하는 일이다. 그는 1996년 4월 30
일자의 '베트남 선교를 위한 방향 수정론'을 발표했다. 거기서 그는 과
거의 방법인 옷, 먹을 것, 약품, 의료기, 병원, 학교를 세우는 일이 초

기에는 효과적이었을지 모르나 지금은 지역의 상황과 필요에 의해 이루어져야 한다고 주장한다.

그는 선교의 핵심을 모라비안 운동의 진샌돌프의 정신을 살리는데 있다고 보았다. "I have one passion. It is He and He alone"(나는 하나의 열정, 그것은 오직 그분만이시다.)

그러면 장요나 선교사의 선교방법은 무엇인가? 요즘 흔히 말하는 복음의 상황화(contexualization)라고 할 수 있다. 그러나 그것만도 아니기 때문에 그의 선교방법을 상황화로만 규정지을 수는 없다. 왜냐하면 장요나는 기도 선교를 중시하기 때문이다. 그래서 그의 가장 중요한 일은 기도하는 일이며 기도편지를 통해 동역자들을 기도에 함께 동참케 하는 일이다(마9:36-37).

기독 교회사를 보면 선교는 초대교회 때부터 시작되었으나, 그것이 선교학(Missiology)이란 학문으로 연구된 것은 20세기에 들어서부터이다. 이때까지만 해도 신교의 모델은 첫 번째 모델인 영어적 모델(Translation Model)과 두 번째 모델인 수용적 모델(Adaptation Model)이 전부였다. 그러나 1960년대에 들어와서는 토착화(Indigenization) 이론이 학문적으로 되고, 그것은 다시 1963년 웁살라(Uppsala)대회에서 수용적 모델의 하나인 상황화(Contexualization)로 발전된다.

이때 선교는 교회의 사역이 아니라 하나님의 사역(Missio Dei)이란 개념으로 발전되면서 진보와 보수 사이에 치열한 논쟁이 시작된다. 특히 1974년 로잔 국제 전도대회 이후에는 그리스도인의 사회 및 정치 참여가 강조되었다.

보수신학이 이에 반대한 것은 종교의 혼합주의적(Syncretism) 위험성과 지역신학(Local Theology)으로 전락된다는 데 있었다.

선교의 세 번째 모델은 실천적 모델(Praxis Model)이다.

이것은 Gustavo Guiterter 등에 의해 체계화된 것으로 라틴아메리카의 해방신학, 한국에서의 민중 신학 등을 들 수 있다.

이들의 주장은 간단하다. 신학은 옳게 생각하는 것(Orthodox)만으로는 안 되며 바른 행동(Ortho-praxy)이 수반되어야 그 임무가 완성된다는 견해이다. 이것은 교리만을 강조한 것에 대한 당연한 반응이라고 할 수 있다. 그러나 실천적 모델은 한때의 유행으로 끝나고 말았다. 그것은 선교의 본래적 사명인 복음 전파를 외면하였기 때문이다.

선교의 세 번째 모델은 통전적 모델(Wholistic Model)이다. 여기서 필자가 네 가지의 모델을 다 소개하는 것은 장요나의 선교의 선 자리를 밝히기 위해서이다. 장선교사는 처음에는 병원선교에서 시작하여 벌써 11개의 병원을 지었다. 이것을 통해 장 선교사는 베트남의 고위인사들과 교류하게 되고 베트남 사람들에게 실제적 유익을 줌으로써 선교의 접촉점(Point of Contact)을 얻은 것이다.

필자가 IDF(International Diaspora Foundation)의 총재로 의료품과 의료기의 전달을 13년간 한 것도 바로 선교의 접촉점이 중요하기 때문이다.

장 선교사는 누구보다도 베트남에 대한 분석을 세밀하게 하고 접근한다. 그는 베트남의 정치적 상황분석은 물론 사회적 분석까지 치밀하게 하여 효과적 선교전략을 세운다. 베트남에 식수문제로 인한 치과, 안과의 필요성을 알고 보건소를 만들기도 했다. 또 베트남에 관광객이 증가될 것과 또 사진 먹기 좋아하는 베트남 사람들의 흐름을 보고 사진현상소를 차려 현지 종업원들을 두어 그들을 점차적으로 훈련시켜 선교사로 만들기도 한다. 또 시클로(삼륜차)를 구입하여 사업에 종사케 하여 그것을 이용하는 손님들을 전도케 하기도 한다. 놀라운 것은 장 선교사는 태권도 선교(정재규 목사)까지 도입하여 많은 사람들과의 접점을 찾았다.

여기서 우리가 주목할 것은 장선교사는 세비우스(Nexius)의 삼자원칙(Three Self-Formula. 즉 自養, 自傳, 自治)을 적용하되 필요한 경우에는 자립 때까지 돕는 것을 주저하지 않는다는 점이다. 그래서 자립하지 못할 때는 다시 도와주기도 한다. 삼자원칙의 선교이론을 좁게 작용하지 않고 기도 중에 들려오는 주의 음성과 성령의 음성에 따르는, 말하자면 바울 식의 '사도행전적 선교'를 하고 있다.

필자는 이 방법을 예수님의 성육신 모델(Incarnation Model)이라고 부르고 싶다. 왜냐하면 그는 복음에 핵심을 두면서도 문화를 초월하기 때문이다. 그런 점에서 김태연 교수가 장요나의 선교를 '비라카미 성육신 선교전략'이라고 부르는 것은 아주 적절한 표현이다. 박영찬 교수와 임희모 교수가 바람직한 베트남 선교의 방법으로 제시한 '사회봉사적 통 전적 선교'와도 통한다.

장요나는 기도 중에 프로젝트를 세우고 거기에 필요한 비용을 구체적으로 산출하고 다음에는 협력자들에게 기도를 요청하고 하나님께서 응답하실 때를 기다린다.

최근에 장 선교사가 하는 것은 '미전도 종족 입양선교'이다. 그는 섭씨 10도에서 40도까지의 기후에 속한 베트남, 라오스, 캄보디아, 미얀마 고아를 양자 삼아 양육하듯 자생능력이 생길 때까지 선교한다(비라카미 선교 98/4/26, p. 40) 여기서 우리가 주목할 장요나의 특징은 국가별로 선교하지 않고, 문화를 중심으로 하고 있다는 점이다. 그래서 베트남, 라오스, 캄보디아, 미얀마를 동시적으로 접근한다. 이것은 초대교회 당시 바울 외에 다른 선교사들에게는 흔히 볼 수 없는 방법이다.

장요나의 선교의 또 다른 특징은 역파송 정책이다. 그 동안 전도하여 도자로서의 은사를 가진 사람들을 발견하여 한국으로 11명을 역파송해서 총신이나 장신 같은 학교에서 수학하게 하고 어떤 이들은 박사학위까지 취득케 하여 베트남의 미래 지도자들을 양육하고 있다는 점이다.

그러면 장요나가 본 선교사의 책무는 무엇인가? 그는 비라카미 (2005. 4.26)에서 크게 세 가지를 언급하고 있다.

첫째는 영혼구원이요, 둘째는 교회설립이요, 셋째는 교회의 연합이라고 했다. 그러나 장 선교사 단어사용은 그 개념이 약간 다르다. 예를 들면 영혼구원이란 예수 믿게 영혼만 구원하는 것이 아니라 인간구원이라고 했다. 교회설립에는 삼자원칙을 고수하지만 위에서 볼 수 있는 대로 어느 정도의 융통성을 가진다. 또 교회의 연합이란 현지 교회들 간의 협력도 중요하지만 모 교회인 한국교회와의 교제와 지원을 말하고 있다. 장요나는 자신을 선교의 야전사령관으로 표현한다.

장 선교사는 선교사와 교회와의 관계를 4P(Pioneer. Parent. Partner. Participant)로 언급한다. 즉 모든 일을 직접 하고, 부모처럼 돌보아주고, 선교부와 현지교회가 대등한 입장에서 협력하는 동반자의 관계로 보고, 현지 교회가 지도력을 떠맡고, 선교부는 현지 교회의 요청이 있을 때만 도와주는 관계라고 한다.

따라서 장요나의 선교사의 자격기준은 대단히 엄격하다. 8가지로서

첫째, 소망(확신과 선교에 헌신된 자),

둘째 건강(정신적 육체적으로),

셋째 인격 (협력하며 덕망이 있는 자),

넷째 신앙(교회에 소속된 자),

다섯째 경험(교회 담임을 했거나 기관에서 봉사한 자),

여섯째 학력(신대원을 졸업한 자),

일곱째 연령(선교에 지장이 없는 자).

여덟째 언어실력(현지에 적응할 수 있는 정도의 언어구사)을 들고 있다.

여기서 우리가 주목할 것은 장요나는 현장중심의 정책을 펴고 있어 효율성에 역점을 두고 있다는 점이다.

여기서 필자는 체험을 통해 두 가지 제안을 하려고 한다. 대부분의 공산권 교회는 중국의 삼자원칙이 중심을 이루고 있다. 본래 중국의 삼자교회는 공산주의의 통일전선 전략으로 시작되었기 때문에 전석재 교수가 지적한 대로 신앙의 공동체가 아닌 애국종교사회조직이다. 그럼에도 불구하고 세대의 교체와 함께 많은 변화가 일어나고 있는 것이 현실이다.

끝으로 장요나의 선교는 아직도 진행형이기 때문에 그가 어떤 방향으로 어떻게 할지는 본인 자신도 모른다. 오직 하나님만이 아신다고 했다. 왜냐하면 그는 기도 중에 성령의 인도하심에 따라 선교를 하기 때문이다. 그런 점에서 우리는 그의 가는 선교의 방향을 주시하며 그의 건강이 계속되고 또 그의 뒤를 이어 가는 많은 후배들이 양육되기를 바랄 뿐이다.

공산권 복음화 심포지엄의 의미와 전망

이번 심포지엄은 공산권 복음화의 목적을 가지고 좁게는

(1) 장요나 선교의 현황을 살펴보고,

(2) 앞으로 가야 할 선교의 방향을 제시하기 위해서이다.

필자가 알기로는 한국교회 역사상 한 사람의 선교사를 놓고 십여 명이 넘는 한국교회의 대표적 선교학자들이 함께 모여서 4일 동안 발제하고 논찬한 경우는 과거에도 없었고, 앞으로도 없을 것이란 점에서 이번 심포지엄의 의미를 단적으로 알 수 있을 것이다.

여기서 필자는 포럼(공개토론) 위원장으로서 이번에 선교학자들이 발표한 내용을 요약하고 장요나 신교의 방향을 찾아보려고 한다.

전석재 교수는 '중국의 교회와 선교전략'이란 발제를 통해 중국선교 역사의 개론적 이해와 방법론적 이해를 주었다. 그는 지적하기를 삼자교회는 공산당의 전 중국을 장악하기 위한 통일전선 전략으로 시작되었으나, 그러나 그 안에는 여러 유형이 있다고 지적하고 있다.

따라서 삼자교회는 신앙공동체가 아닌 애국종교 사회조직이지만 그럼에도 불구하고 긍정적 면도 없지 않음을 밝혀주고 있다. 반면에 가정교회는 조직적, 반(半)조직적, 경제적 세 유형이 있음을 언급하고 문제점으로는 삼자교회에 잠식당하고 있을 뿐 아니라 등록 압력과 핍박을 당하고 있으며, 이단의 위협과 경제적 곤경을 당하고 있다고 했다. 전교수는 중국선교의 전략으로

① 현장 중심적 전략, 디아스포라 선교,

③ 전문성 개발,

④ 전문인 선교사 양성의 필요성을 제안하여 주목을 끌었다.

논찬에 참여한 장성진 교수도 이 점을 언급하고 있다. 마지막으로 장교수는 초교파적 중국선교 연합체가 필요하다고 지적하였다.

조은식 교수는 '북한 선교와 민족 문제'를 통해 북한에서의 민족개념의 변천을 언급하면서 북한이 대동단결론을 주장하여 반미 반정부 투쟁을 통한 통일전선의 확대를 꾀하고 있다고 경고하였다. 이것은 분단시대에 민족통일이 최상의 과제가 된 오늘의 우리들에게 경계해야 할 일이라고 보겠다. 논찬에 참여한 홍기영 교수는 조교수의 지적에 호응하면서도 한국교회의 대응책이 개시되었으면 하는 아쉬움을 표했다.

임희모 교수의 '공산권 선교전략 : 베트남을 중심으로'란 발제는 이번 발제 중에서 가장 세밀하게 다루고 있어 큰 감명을 주었다. 그는 베트남의 종교정책을 밝혀주면서 그 방법으로 '사회봉사적 통전선교'를 제안했다. 논찬에 참여한 박영환 교수는 그의 방법론에 전적인 동의를 표하면서도 좀 더 구체적인 방법을 주문하고 있다.

본인 자신이 탈북자인 정순희 전도사의 '공산권 문화에 대한 선교적

이해'라는 발제는 탈북자로서 신학석 훈련을 받고 선교적 접근법을 최초로 제시했다는 점에서 큰 도전을 주었다. 그 자신이 당했던 정체성의 혼란, 문화적 차이에서 오는 충격을 자신의 체험을 통해서 언급해준 점은 이번 포럼에서 우리가 얻은 큰 '보너스'라고 할 수 있다.

논찬에 참여한 남정우 교수는 1993-97년 러시아에서의 자신의 경험을 예로 들면서(어떤 선교사가 교회의 이름을 영락교회(Eternal Joy Church, 그러나 이것은 마약중독자들이 가지는 황홀경을 표현하는 말) 선교에 있어서 문화이해가 얼마나 중요하다는 것을 예로 들어 제자인 정 전도사의 체험이 북한 선교에서 얼마나 중요하다는 것을 간접적으로 지지했다.

김태연 교수는 '비라카미 성육신 선교전략'이란 발제에서 비즈니스 선교 전략의 중요성과 전문인 선교훈련의 강조를 함으로써 우리들에게 많은 교훈을 주었다. 이에 대해 논찬에 참여한 방연상 교수는 비즈니스 선교는 신식민지 개척을 위한 도구가 될 위험이 있고, 선교에서 주객전도가 되기 쉬우며 선교사의 부는 원주민들의 갈등을 가져올 것이라는 경고를 잊지 않았다.

마지막으로 최무열 교수의 '사회주의 국가의 효과적 선교를 위한 사회복지적 동전 선교 적용에 대한 소고'는 많은 내용을 쉽고도 간략하게 언급함으로써 참여자들에게 큰 도전을 주었다. 그는 이 방법이 공산권에서의 저항을 완화하고, 터전을 마련하며 인식의 전환과 치우치지 않는 선교를 할 수 있다고 했다

손윤탁 교수의 '선교의 성경적 근거'는 성경이 선교의 책임을 일깨워 주었다. 이번에 그가 봉건적 선교신학이 성경적 신학임을 성경신학적 관점에서 성서 신학적으로 서술한 것은 중요한 의미를 가진다.

끝으로 필자의 '장요나의 선교방법과 특징'은 장요나 선교사의 방법이 그의 현장중심의 선교체험과 그의 기도 선교에서 비롯된 것으로 구체적

으로는 예수님의 성육신 모델임을 보여준다는 점에서 선교학자들의 연구에 중요한 의미를 가진다. 더욱 중요한 것은 그의 선교는 지금도 진행 중에 있기 때문에 그가 또 다른 어떤 선교적 모델을 보여줄지는 하나님 외에는 아무도 모른다는 점에서 장요나 선교사는 우리의 기도와 연구의 대상이 된다고 하겠다. 이번에 많은 분들이 참여해 준 것을 감사한다. 할렐루야. 하나님의 영광이 세세토록 있을지어다.

하나님의 문화명령과 장로의 사명

(창1:28)

하나님께서는 인류들에게 두 가지 명령을 주셨다. 첫째는 지상(至上) 명령인 복음전파의 명령이요, 둘째는 문화명령이다. 이 둘은 서로 다른 명령이 아니다. 그러나 안타깝게도 하나님의 명령의 중요성을 깨달은 것은 루터의 종교개혁 이후의 일이다.

물론 우리들에게 시급한 것은 지상명령인 복음전파의 명령이지만 그러나 시간적으로 먼저 주신 것은 문화명령임을 잊지 말아야 한다. 그런데 불행하게도 우리는 이것을 바로 인식하지 못하고 있다. 지금 문화명령을 실천하지 않음으로 인해 사회적 불의, 즉 뇌물과 부정, 표절과 불법복사, 가정에서의 폭력, 학대, 학교에서의 부정행위 등 온갖 죄악이 우리 사회에 편만하다. 따라서 그 동안 한국 교회는 성공했으나 기독교는 실패하게 된 것이다. 그것은 신앙이 생활화되지 못했기 때문이요 하나님의 문화명령을 실천하지 못했기 때문이다.

그래서 여기서 필자는 하나님의 문화명령에 대해서 살펴보려고 한다.

1. 문화(culture)와 문명(civilization)의 차이점은 무엇인가?

두 가지 견해가 있다. 첫째는 문화와 문명을 같은 것으로 보는 견해이다. 그 경우 문명은 문화보다 작은 범위에 속한다. 즉 문화 안에 수많은 문명이 있다고 보는 것이다. 둘째는 문화와 문명을 서로 다른 것으로 보는 견해이다. 그 경우 문화는 정신적, 지적으로 보고, 종교, 언어, 예술 같은 것을 의미한다고 본다. 반대로 문명은 물질적, 기술적인 면으로 보는 것이다. 통속적 견해는 이 둘이 서로 다른 것으로 보는 것인데 그것은 독일의 철학이기도 하다.

2. 문화란 무엇인가?

문화란 인류가 학습을 통하여 이루어 놓은 모든 정신적, 물질적 성과를 뜻한다. 따라서 자연이 아닌 인간의 모든 생활양식, 즉 종교나 언어, 예술 등은 다 문화라고 할 수 있다. 따라서 전통문화, 소비문화, 대중문화, 정신문화, 제도문화, 물질문화 등 다양하게 사용할 수 있다. 요건대 문화는 인간 활동의 산물이기 때문에 마치 공기와도 같이 모든 사람들이 지니고 있는 행동양식이라고 할 수 있다.

그러면 일반(세속) 문화와 기독교 문화는 어떻게 다른가? 기독교 문화란 기독교 복음정신의 표현양식을 말한다. 그래서 문화신학자인 폴 틸릭은 "종교는 문화의 실체요. 문화는 종교의 표현양식이다"라고 했다.

여기서 우리는 리차드 니버가 말한 것을 기억할 필요가 있다. 그는 말하기를 "하나님은 문화를 초월하지만 문화를 매개체로 사용하신다."고 했다. 따라서 복음은 문화를 초월하지만 동시에 문화를 통해 표현하고 있는 것이다. 다른 말로 말해서 하나님의 말씀이 한국문화인 한국말로 표현된다는 말이다. 따라서 한국적 찬송가가 가능한 것은 바로 이 때문이다. 다시 말해서 하나님의 말씀은 계시로서 문화를 초월하며 하나님의 구속사의 섭리는 세계 모든 민족에게 보편, 동일하지만 하나님께서 각 민족에게 말씀하실 때에는 그 민족의 고유한 문화양식 속에서 그 문화를 통해서 말씀하신다는 말이다. 쉬운 예로 하나님께서는 한국 사람인 나에게 말씀하실 때에는 그의 말씀으로 말씀하지 않고, 나의 문화인 한국말로 내게 말씀하신다는 말이다.

3. 문화명령은 성경 어디에 있는가?

창세기에만도 네 곳에 말씀하고 있다. 먼저 창1:28절에 "땅을 정복(카비쉬)하라"고 했는데 좀 더 정확한 번역은 정복이 아니라 경작하다는 뜻의 culture 혹은 cultivate란 말이다. 흠정 역에서는 replenish. 즉 '완성케 한다.'는 뜻으로 번역하였다. 이 명령은 인간이 타락하기 전에 주신 명령이다. 따라서 주님이 주신 지상명령(복음전파의 명령)보다 시간적으로는 먼저 주신 것이다.

둘째로 하나님의 문화명령은 창2:19-20절에서 아담에게 모든 동물에게 이름을 주게 하신 데서 볼 수 있다. 이름을 짓는 것은 사람의 말로 표현했다는 뜻이요 비록 그것이 단순하기는 하지만 바로 문화 창조의 시작인 것이다.

세 번째는 창2:15절에서 주신 것을 볼 수 있다. "사람을 이끌어 에덴 동산에 두어 그것을 경작하며 지키게 하시고"라고 했는데 여기서 다스린다는 것은 바로 문화행위를 말하는 것이다.

네 번째는 하나님께서 그의 창조하신 것을 보시고 좋았다는 평가의 말 속에 문화 창조의 행위가 내포된다. 즉 여기서 좋았다고 한 것은 하나님께서 '반성 혹은 평가'하고 '경축'했다는 것인데 그것은 일종의 문화 행위인 것이다(창1:31-2:1).

4. 어떻게 하나님의 문화를 창조해야 하는가?

최근에 척 콜슨이 쓴 『이중적 명령』이란 책에서 복음전파의 명령과 문화명령의 문제를 비교적 쉽게 설명하고 있으나 이 문제에 대한 가장 고전적 해답은 리차드 니버(d. 1962)의 『Christ and Culture』(1951)란 책에 나오는 5가지 유형에서 볼 수 있다. ① 대립적 모델 즉, 'Christ against Culture'로 터툴리안의 견해이다. 극단적 견해로서 우리의 사명인 빛과 소금의 역할을 전혀 고려치 않고 있다. ② 일치적 모델 즉 'Christ of Culture'로서 혼합주의적 견해이다. 기독교 문화와 세속 문화를 구별하지 않은 문제점이 있다. ③ 종합적 모델 즉 'Christ above Culture'로서 가톨릭교회의 견해이다. 이 견해는 원리적으로는 맞지만, 그러나 현실적인 문제를 전혀 고려치 못한 문제점이 있다. ④ 역설적 모델 즉 'Christ and Culture in Paradox'로서 루터의 견해이다. 우리의 사명을 전혀 고려치 않는 문제점을 가진다. ⑤ 개혁주의적 모델 즉 'Christ transforming Culture'로서 요한 칼뱅의 견해이며 우리가 꼭 따라야 할 시대적 사명이 언급되어 있다.

여기서 우리에게 가장 적합한 견해는 마지막 다섯 번째인 요한 칼뱅의 견해라고 본다. 그것은 우리가 가져야 할 하나님의 문화와 세속적 문화의 차이점을 밝혀주면서도 그것을 개혁해야 할 본질적 사명을 바로 지적해주기 때문이다.

그러면 우리는 어떻게 하나님의 문화를 창조해야 하는가?

그 방법을 워터게이트의 핵심 인물이었던 척 콜슨은 문화명령을 지상명령의 마지막 부분으로 이해함으로써 지금의 우리에게 시작할 것은 복음전파 명령이며 그것을 완성하는 것은 하나님의 문화명령임을 지적해주고 있다.

우리는 구약에서 한 예를 노아에게서 볼 수 있다. 그는 폭력이 난무하는 사회 속에서 정직하게 살았고, 부패가 가득 찬 세상에서 허물없이 살았고 악인들 가운데서도 하나님과 동행하였기 때문이다. 그러나 그는 하나님의 명령을 이 땅에 세우는 데는 성공하지 못했다.

맺는 말

현대 교회는 이 문화명령을 망각 내지는 잊고 있다. 그것은 셋(Seth)

이 가인 문화를 개혁하지 못함으로 인해 홍수심판을 자초한 것처럼 만들 것이므로 지금이라도 한국교회는 하나님의 문화를 창조하여 복음전파와 함께 우리가 감당해야 할 것이다. 더욱이 평신도의 대표인 장로들은 이 문화명령에 앞장서야 할 것이다.

성경과 역사를 보면 인간의 전적 타락을 부인할 수 없다. 그렇다고 오직 구속역사만을 하나님의 문화로 본다면 우리는 반문화사상에 빠질 수밖에 없다. 따라서 적극적 문화사상을 가지고, 모든 영역에 하나님의 문화가 창조되는 유기적 공존주의를 펴야 하리라고 믿는다.

우리는 지금도 댄 부르운이 2003년에 쓴 소설인 『다 빈치 코드』를 다 기억할 것이다. 6,000만 권 이상을 판매한 베스트셀러일 뿐 아니라 영화로도 많은 돈을 벌었다. 그러나 그것이 그렇게도 많은 인기를 누린 것은 우리의 문화가 단순히 비기독교 문화가 아니라 한 걸음 더 나아가 반기독교 문화인 것을 말해주는 증거이다.

예수님과 막달라 마리아가 결혼했다는 악의적 추측이나 성배와 관한 이야기 등은 인기만을 생각한 비역사적이요 비과학적인 작품이었다. 그러나 그것이 대중의 인기를 누렸다는 문화적 배경이 문제인 것이다. 그것은 우리가 빛과 소금의 역할을 못하고 있다는 경고이기도 하다.

그러므로 한국 교회만이라도 하나님의 문화에 대한 명령을 잊지 말고 우리 기독교인들, 교회의 지도자들인 장로들이 힘을 합쳐 하나님의 문화명령을 이 땅에 이룩해야 할 것이다.

야베스의 기도

(대상 4:8-10)

성경에는 수많은 기도의 사람이 있지만 야베스의 기도만큼 유명한 것은 없다. 그것은 브루스 월킨슨의 '야베스의 기도'(2000)가 출판되면서 그의 이름이 기도의 대명사가 되어 전 세계를 휩쓸었기 때문이다.

1. 왜 이름을 야베스라고 지었는가?

세 가지 이유가 있다.

첫째는 어머니의 산통을 통해서 낳아주심을 잊지 않도록 그렇게 이름을 지었다. 인간만큼 망각증세가 많은 동물도 드물다. 잘 잊어버린다.

나는 과거에는 잊지 않고 잘 기억했는데 이제 87세가 넘어가니 치매가 시작되는지 잘 잊어버린다. 사람 이름도 잘 잊고, 단어로 잘 잊는다. 그러나 나는 세 가지만은 절대로 잊지 않고 있다.

① 내가 과거에 죄인이었다는 사실.

② 예수님으로 말미암아 하나님의 자녀가 되었다는 것.

③ 언제 죽든 천국에 간다는 것만은 잊지 않고 있고 그렇게 되기를 항상 기도한다.

둘째는 고통으로 인해 흘린 눈물의 가치를 기억하라고 야베스라는 이름을 지었다. 인간의 뇌는 145억 개의 세포로 되어 있고 각 개의 세포는 한 가지씩 정보를 가질 수 있다고 한다. 그러나 인간은 그 정보를 다 사용하지 못하고 죽는다. 통계를 보면 보통 사람은 뇌의 10%를 사용하고 아인슈타인 같은 천재는 15%를 사용했다고 한다. 그런데 현대에 와서 스마트 폰이 나오면서 길을 갈 때도 내비게이션이 길을 안내하는 시대가 되면서 인간이 1%의 뇌만 사용한다고 걱정하는 학자들이 많다. 야베스란 이름을 지어준 것은 낳아주신 부모의 은덕을 기억하여 보답하라고 그렇게 지어준 것이다.

2. 야베스는 어떤 사람이었는가?

그는 유명인사도 아니었고, 업적을 많이 남긴 사람도 아니었다. 또 남다른 능력의 사람도 아니었다. 다만 9절에 보면 "그의 형제보다 귀중한 자라고만 했다. 왜 그를 형제들보다 귀중한 자라고 했는가? 첫째로 하나님과의 관계가 바로 되었기 때문이다. 둘째는 성실한 사람이었다. 셋째는 기도의 사람이었다. 놀라운 것은 기도하는 습관만 잘 들이면 성실한 사람이 되고, 하나님과의 관계가 바로 된다. 그래서 새벽기도는 중요한 것이다. 그렇다. 기도하는 사람은 귀중한 사람이다.

어떤 분은 나는 돈도 없고, 늙고 병들어서 아무것도 못한다고 탄식한다. 그러나 기도는 할 수 있지 않은가? 그러면 큰일을 하는 것이다. 기도가 왜 소중한가? 하나님은 우리의 기도 없이는 아무것도 할 수 없기 때문이다. 하나님께서는 홀로 무엇을 하시지 않고 우리의 기도를 통해서 역사하시기를 기뻐하신다. 그러므로 기도밖에 못한다고 한탄해서는 안 된다. 기도가 시작이요 끝이기 때문이다.

좀 더 구체적으로 말하면 대상4:8절에 야베스는 '아하헬 종족'의 조상이었다고 했다. 요즘 말로 말하면 신앙의 명가를 이룬 사람이다. 대상2:55절에 보면 '야베스'에 살았던 '서기관 족속'이라고 했다. 미국에 가면 마을 이름을 그곳에 살았던 가문의 이름을 따서 짓는 경우가 많은데 그것은 유대인들의 관습을 따른 것이다. 중국에도 그런 경우를 볼 수 있다. 예를 들면 중국에 가면 장가계란 유명한 산이 있다. 중국 여행하는 분들은 여기를 반드시 가는 코스이다. 아마도 세계에서 가장 아름다운 곳이 아닌가 생각된다.

한고조 유방과 함께 항우를 이기고 한 나라를 세운 세 장군. 그 중에 두 장군, 소하와 한신은 그대로 남아 있다가 죽임을 당했고 장량(흔히 장 자방이라 부름)은 지혜가 있는 사람이라 그대로 있다가는 토사구팽당할 것을 알고, 병을 핑계로 깊은 산에 숨어살면서 장 가계를 이룬 곳으로도 유명하며 이곳을 흔히 무릉도원이라고 부른다.

따라서 야베스는 서기관 족속, 즉 성경에 능통한 사람이었다는 뜻이다. 가장 중요한 것은 야베스는 기도의 사람이었다는 점이다. 기도는 경건의 보증수표이다(10절). 믿는가? 기도만 많이 해도 명가를 이룰 수 있다는 것이다.

3. 야베스의 기도 내용은?

첫째로 "주께서 내게 복을 주시려거든(10절 상)이라고 했다. 안타까운 것은 우리말 성경의 번역이 때때로 불분명하다. 헬라어 원문에 보면 불완전 완료형 동사(imperfect)로 되어 있다. 이것은 하나님께서 주시고 싶은 것을 마음대로 달라는 '백지수표'를 뜻하는 '절대 신앙의 표현'이다. 예수님께서 내 원대로 마옵시고 아버지의 '원대로 하옵소서.'란 기도와 같은 기도이다.

둘째로 "나의 지역을 넓히시고"라고 했다. 옛날 번역에는 지역이라고 하지 않고, '지경'이란 말로 번역했다. 나는 여기서는 옛날 번역을 더 좋아한다. 우리가 성공한다는 것은 활동의 지경을 넓히는 것이다. 나는 하나님의 은혜로 30여 개 나라를 돌면서

일해 왔다. 지금은 주로 한국과 미국을 중심으로 일하는데 그
것은 통역이 필요 없기 때문이다.

내가 여러 나라를 다니면서 놀라는 것은 우리가 모르는 수많은 한국
인들이 세계 여러 곳에서 크게 성공적으로 활동하고 있고, 큰 공헌을
하고 있다는 것을 발견한 점이다. 바라기는 여러분들의 자녀들에게는
세계의 언어인 영어를 가르치고, 더 중요한 것은 기도를 통해 비전을
넓히고 활동의 지경을 넓히기를 축원한다.

셋째로 "주의 손으로 나를 도우사"라고 기도했다. 하나님의 손은 어떤
손인가? 세상을 창조한 능력의 손이다. 지금도 그 손으로 우
리를 축복하는 손이다. 그러므로 세상을 움직이는 것은 기도
를 통해 하나님의 손을 움직이는 사람이 되는 것이다. 따라서
지금 한국을 움직이는 것은 대통령이 아니고, 여러분들의 기
도의 손이다. 믿는가?

넷째는 "내게 근심이 없게 하옵소서."라고 기도했다. 인간은 쓸데없는
일에 근심할 때가 많다. 왜 우리가 쓸데없는 근심, 걱정. 염려
를 하는가? 그것은 미래에 일어날 일을 미리 생각해서 현재에
일어날 일처럼 착각할 때 일어나는 현상이다. 그래서 이 심리
를 이용해서 부자가 되는 사람들이 많이 생겼다. 그것이 바로
보험회사란 것이다.

영국에 에드워드 로이드는 사람들이 일어날 가능성이 작은 것에 염려
하는 것을 착안해서 1687년에 세계 최초로 해상 보험 회사를 차려 거
부가 되었다. 그 후에 여러 종류의 보험회사가 생기고. 이제는 보험회
사가 다 갚지 못할 때 그것을 대비해서 가입하는 보험회사까지 생겼다.

여러분들이 나를 초청했으니 그래서 오늘은 여러분들에게 가장 확실
한 보험회사를 소개하려고 한다. 그것은 바로 '천국보험회사'이다. 가입

비도 안 들고, 서류심사도 안 한다. 다만 기도하는 손만 있으면 된다. 미국에서는 도장을 안 찍고 손으로 사인만 하면 모든 서류가 완성된다. 하나님께 올리는 간구도 우리의 손을 올리고 기도하면 된다. 왜 손을 들고 기도하는가? 세 가지 이유가 있기 때문이다.

① 항복한다는 뜻이요.

② 나의 문제를 하나님께 올려드리는 표로,

③ 하나님께서 주시는 대로 받겠다는 뜻이다.

그러므로 마음의 손을 올리고 기도하라.

4. 하나님의 응답은?

10절 하반절에 보면 아주 간단하게 기록하고 있다. "하나님이 그가 구하는 것을 허락하셨더라." 야베스의 기도가 다 응답되었다는 말이다.

야베스의 기도를 통해 우리가 배워야 할 것은 기도 하나만으로도 신앙의 명가를 이룰 수 있고, 또 원하는 것을 다 얻을 수 있다는 사실이다. 내가 쓴 책 가운데 『닫힌 문을 여는 기도』란 책이 있다. 지금 여러분들에게 어떤 문이 닫혀 있는가? 돈인가? 직장인가? 건강인가? 어떤 문이든 기도의 열쇠로 열지 못하는 문은 없다는 것을 기억하라.

이 새벽에 그 문들을 기도로 엽시다. 믿습니까? 아멘. 다 같이 통성으로 문을 엽니다.

복음에 합당한 생활

(민1:27-30)

27절부터는 빌립보 교인들에게 주는 권면입니다.

당시 빌립보 교인들은 로마시민으로서 자존심이 대단했습니다. 이런 그들에게 싸움은 천국시민으로서의 자긍심을 심어주려고 하고 있습니다. 여기서 복음에 합당하게 생활한다는 헬라어는 '시민답게 산다'는 뜻입니다. 즉 하늘의 시민답게 살라는 말입니다. 그러면 어떻게 해야 합니까?

1. 일심으로 서야 '일심으로 서서'

이것은 군대용어입니다. 굳건하게 진지를 지킨다는 뜻입니다.

그러므로 우리는 교회를 지켜야 합니다.

(1) 세상으로부터,

(2) 교회를 헐려고 하는 사람들로부터,

(3) 악의 세력으로부터 교회를 지켜야 합니다. 마치 군인들이 진지를 굳게 지키는 것처럼 우리도 그래야 합니다. 군인들은 진지를 빼앗기지 않으려고 방카를 만들고, 군인들이 진지를 지킵니다. 우리도 우리의 진지를 구축하고 지켜야 합니다.

무엇이 우리의 진지입니까?

우리의 마음, 가정, 직장, 교회, 사회가 바로 우리의 진지입니다. 이것을 지켜야 합니다.

2. 복음의 신앙을 위해서 협력하는 것

지금 우리가 하고 있는 교회 일은 협력 없이는 안 되는 팀워크입니다. 목회자가 아무리 훌륭해도 목회자 혼자서는 안 됩니다. 손과 발과 입과 귀와 눈 모두가 서로 협력하듯이 우리도 서로 협력해야 합니다. 예를 들어 우리가 에너지를 소유하려면, 먼저 머리가 무엇을 먹으라고 결정해서 손에게 명령합니다. 그러면 발이 협력해서 그 음식이 있는 곳으로 가야 합니다. 다음에는 손이 음식을 입에 넣어주어야 하고, 위에서는 음식을 잘 소화시켜야 합니다. 혼자서 하는 것이 아닙니다. 모두가 협력하는 것입니다. 교회도 서로 서로 협력해야 합니다. 그러므로 열심히 복음의 신앙을 위하여 협력하시기 바랍니다.

스포츠나 음악에서 보면 협력만큼 중요한 것이 없습니다. 그런데 협력하려면 양보할 것은 양보해야 합니다. 혼자서 모든 것을 조정하려고 해서는 안 됩니다.

3. 대적하는 자들을 두려워하지 않는 일

당시 유대인들은 신자들에게 두려움의 대상이었습니다. 오늘의 우리에게는 무엇이 두려움의 대상입니까? 어떤 사람은 암을 두려워합니다. 어떤 사람은 가난을 두려워합니다. 어떤 사람은 실직을 두려워합니다. 사람마다 두려워하는 것이 다릅니다만 누구나 두려운 것은 다 있습니다.

그러나 우리는 무엇이든, 누구든 두려워하지 말아야 합니다. 이 두려워하지 않는 것이 우리의 대적자들에게는 멸망의 병거(증거)가 되고 우리 자신에게는 구원의 증거가 되는 것입니다. 당시 로마시민들은 전쟁의 소식을 들으면 항상 승리하였습니다.

오늘 우리들의 싸움도 마찬가지입니다. 왜냐하면 이미 다 이루었다고 하신 주님이 우리의 대장이 되시기 때문입니다. 우리의 전쟁은 하나님께 속한 전쟁이기 때문에 다 승리를 얻은 전쟁입니다.

4. 하나님께서 우리에게 은혜를 주시는 이유

(1) 다만 그를 믿을 뿐 아니라, 믿게 하려고 은혜를 주신 것입니다. 우리에게 믿음만큼 중요한 것은 없습니다. 교회 일은 믿는 데서 시작하는 것입니다. 믿지 않고, 승리하려고 해서는 안 됩니다.

(2) "또한 그를 위하여 고난도 받게 하려 하심이라" 고난은 장차 받게 될 영광의 보증 수표입니다. 고난이 없는 영광도 없습니다. 그래서 영국의 격인 'No Cross, No Crown.'이란 말이 있습니다. 십자가 없이 영광은 없습니다.

세상에는 두 가지 종류의 고난이 있습니다. 하나는 잘못해서 당하는 고난이 있습니다. 죄를 지어 하나님께 징계를 당하는 경우입니다. 다른 하나는 의롭게 살려다가 사람들에게서 오해받고, 미움을 받고 핍박을 당하는 경우입니다. 그러므로 지금 당하는 고난을 오히려 감사할 수 있기를 축원합니다. 왜냐하면 고난은 장차 받게 될 생명의 보증수표이기 때문입니다.

내 신을 만민에게 부어 주리니

(요엘2:28-32)

오늘은 하나님께서 요엘 선지자를 통하여 예언하시고, 오순절 때 성취된 말씀인 '내 신을 만민에게 부어 주리니'라는 제목으로 이 시간 다같이 성령 충만하여 구원의 기쁨을 회복할 뿐 아니라 날마다 성공적인 삶을 살 수 있기를 축복합니다.

지금 우리가 살고 있는 세상은 천국이 아니라 선과 악이 공존하는 세상이기 때문에 영적인 전쟁을 하고 있는 상태입니다. 따라서 항상 전쟁을 준비해야 합니다. 그런데 많은 사람들은 눈에 보이는 것만 생각하고, 그것만 준비합니다. 그러나 참으로 중요한 것은 눈에 보이지 않는 것들입니다. 계시록에 보면 12장까지는 세상의 여러 가지 현상들을 말하고, 그 후반부에서는 하늘에서 일어나는 일들을 말씀하고 있습니다. 다시 말하면 이 세상에서 일어나는 모든 일들은 하늘에서 일어나는 일들의 결과요 현상일 뿐이기 때문입니다.

1. 왜 우리는 성령의 충만을 받아야 하는가?

(1) 무엇보다도 중요한 것은 성령 충만은 하나님의 절대명령이기 때문입니다(엡5:18). 그런데 에베소서 5:18절에는 현재 명령, 즉 계속적으로 충만하라고 명령했습니다. 과거에 성령 충만한 것으로는 안 됩니다. 과거에도 현재에도 미래에도 성령으로 충만해야 합니다. 다시 말하면 성령의 충만은 일회적이어서는 안 됩니다. 그러나 많은 사람들이 성령의 체험이 부족합니다. 있다 해도 한

때에 받은 것일 뿐 계속해서 받지를 못하고 있습니다. 그래서 구원의 기쁨이 없고, 능력이 없고, 성공적인 삶을 살지를 못합니다.

(2) 성령 충만을 받지 않고는 성공적인 신앙생활을 할 수 없기 때문입니다. 예수 믿는 것이 재미도 없고, 지루하고 따분하고, 힘 드는 것은 성령의 충만을 받지 않았기 때문입니다. 그러나 성령 충만을 받으면 확신케 하는 역사가 나타나는데 먼저 죄에 대하여 깨닫게 되고, 다음은 의에 대하여 깨닫게 되고, 심판에 대하여 깨닫게 됩니다. 날마다 새로운 삶을 살아가는 것입니다.

(3) 우리가 성령의 충만을 받아야 하는 이유는 성령의 충만 없이는 성령의 인도하심을 받을 수 없기 때문입니다. 특별히 주님의 두 가지 큰 계명인 하나님을 공경하고, 이웃을 내 몸처럼 사랑하는 것은 우리의 힘만으로는 절대로 불가능합니다. 성령의 인도하심을 받아야 하는데 그것은 바로 성령의 충만을 받을 때 이루어집니다. 그러나 성령의 충만을 받으면 성령께서 우리 안에 내주하고, 우리를 하나님이 기뻐하시는 길로 인도하여 주십니다.

(4) 지금 우리는 영적 전쟁을 하고 있는데 그것은 바로 자신과의 싸움이요 세상과의 싸움이요 사탄과의 싸움입니다. 이 전쟁에서 승리하려면 성령의 충만 없이는 승리할 수 없습니다. 그래서 우리는 성령의 충만을 받아야 합니다. 우리가 자연인 그대로는 연약하여 절대로 승리할 수가 없습니다.

(5) 주님의 일을 하려면 성령의 충만 없이는 불가능하기 때문입니다 (행1:8). 왜냐하면 성령의 충만을 받아야 성령의 은사를 받고, 은사를 받았을 때 주의 일을 힘차게 할 수 있기 때문입니다. 인간적으로 열심히 일하는 분들은 용두사미처럼 처음에만 열심히 하

다가 나중에는 주저앉고 맙니다. 전에 열심히 일하다가 지금 축
처진 분들이 바로 그런 분들입니다.

(6) 하나님이 기뻐하시는 성령의 열매를 맺으려면 오직 성령의 충만
을 받아야 하기 때문입니다(갈5:22-23). 열매에는 사랑과 희락과
화평과 오래 참음과 자비와 양선과 충성과 온유와 절제의 열매뿐
아니라 성품의 열매, 섬김의 열매, 가르치는 열매 등이 있는데
이런 일에는 오직 성령의 충만을 받아야 얻게 됩니다.

2. 성령의 충만이란 무엇을 말하는가?

충만이란 말은 '가득하다. 넘쳐흐른다.'는 뜻입니다. 즉 성령 충만이
란 말은 우리가 그리스도로 가득 찬다는 뜻입니다. 또 다른 뜻은 '성령
의 지배를 받는다'는 뜻입니다. 다른 말로 한다면 '성령 안에 거한다'는
뜻(요일3:23)입니다. 지금 우리를 지배하는 것이 무엇입니까? 욕심입니
까? 그렇다면 그는 욕심이 충만한 사람입니다. 돈입니까? 그는 돈으로
충만한 사람입니다. 그러나 참 신자는 그리스도로 충만해야 합니다. 이
것은 우리가 로버트처럼 기계적으로 된다는 뜻이 아닙니다. 마치 배가
바람에 밀려가듯이 우리가 성령의 지배를 받게 될 때 이것을 성령의 충
만 이라고 말합니다.

3. 왜 소수의 사람들만이 성령의 충만을 받는가?

(1) 하나님의 말씀을 모르기 때문입니다. 말씀에 무지한 사람들은 성
령의 충만을 받을 수가 없습니다. 하나님의 뜻이 무엇인지, 어떻
게 기도해야 하는지를 알아야 합니다. 그래서 우리는 말씀을 배
우는 것입니다.

(2) 우리가 너무 교만하기 때문입니다. 자기의 힘으로 살 수 있다고
착각하고 있기 때문입니다. 그러나 세상은 그렇게 간단하지 않습

니다. 더구나 우리는 양 같아서 무지하고, 무능합니다. 인간의
지혜나 능력이란 상대적인 것이기 때문에 그것만으로는 큰일을
할 수가 없습니다.

(3) 사람들을 두려워하기 때문입니다. 남들을 의식하는 분들이 의외
로 많습니다. 남들이 나를 미쳤다고 생각하면 어떻게 하나 하고
걱정을 합니다. 그러나 성령 충만은 미치는 것도 아니고 광신자
가 되는 것도 아니고, 가장 정상적인 사람이 되는 것입니다.

(4) 성령 충만을 부끄러워하기 때문입니다. 남자들 가운데 그런 사람
이 많습니다. 남자가 뭐가 부족해서 성령의 충만을 받는가 하고
오해합니다. 성령 받지 못한 형식적인 신자가 사실은 부끄러운
것입니다. 외식하는 것이 부끄러운 것입니다. 이름만 있는 신자
가 부끄러운 것입니다.

(5) 마음에 죄악이 자리 잡고 있기 때문에 성령의 충만을 받지 못합
니다. 마음은 그릇과 같아서 거기에 더러운 것이 가득 차면 선한
것. 귀한 것들이 들어갈 수가 없습니다. 그러므로 이 더러운 죄
들을 다 토해내야 합니다. 회개해야 합니다. 그래야 성령이 들어
갈 수 있습니다.

(6) 하나님을 신뢰하지 않고 세상의 다른 것들을 신뢰하기 때문입니
다. 이 세상의 모든 사람들은 무엇인가에 의지하고 살고 있습니
다. 그래서 한문에 사람 인자를 보면 서로 의지하고 있습니다.
이것이 사람입니다. 어려서는 부모에게 의지하고, 젊어서는 부부
간에 의지하고, 늙어서는 자식에게 의지합니다. 그러나 인간은
근본적으로 하나님을 의지해야 살 수 있습니다. 왜냐하면 우리는
다 포도나무 가지와 같아서 줄기를 떠나서는 살 수가 없기 때문
입니다.

(7) 세상을 너무 사랑하기 때문입니다.

물론 우리는 세상을 떠나서는 살 수가 없습니다. 고기가 물을 떠나 살 수 없듯이 우리는 세상을 떠나 살 수가 없습니다. 그러나 중요한 것은 우리는 세상에 속해 있지 않다는 점입니다. 우리가 미국에 살고 미국의 시민권을 갖고 있어도 우리는 한국 사람의 피를 가지고 있듯이 우리가 세상에 살고 있어도 우리는 천국의 시민입니다. 믿습니까?

4. 성령의 충만을 받는 비결은 무엇인가?

요일5:14-15절에 보면 하나님은 성령의 충만을 주시겠다고 약속했습니다. 그러므로 하나님은 반드시 약속대로 주십니다. 믿습니까?

그러나 거기에는 방법이 있습니다.

(1) 먼저 의에 주리고 목마른 자처럼 성령을 받고자 하는 간절한 마음을 가져야 합니다(마5:6). 마치 '사슴이 시냇물을 찾으려고 갈급함같이'(시42:1) 간절한 마음을 가져야 합니다. 무관심하다든지 하면 하나님은 결단코 주시지 않습니다.

(2) 말씀을 사모하고 말씀에 갈급해서 들어야 합니다. 왜냐 하면 성령을 소멸하면 안 되기 때문입니다(살전5:19). 그러나 많은 사람들이 성령을 소멸합니다. 불을 끄는 방법은 불을 타게 하는 장작이나 기름을 차단하면 됩니다. 다음은 물이나 붓고 모래를 던지면 불은 꺼집니다. 그런데 지금 많은 분들이 영적인 장작이요 기름인 말씀을 읽지 않고, 듣지 않습니다. 바로 여기에 문제가 있습니다.

(3) 믿음을 가져야 합니다. 먼저 하나님의 약속, 즉 성령을 충만케 해주시겠다는 주님의 약속을 믿어야 합니다. 믿음은 기도의 반려

자입니다. 믿음이 있는 사람은 반드시 기도하고, 기도하는 사람
은 반드시 믿어야 합니다. 새가 두 날개로 훨훨 날아가듯이 우리
성도는 믿음과 기도로 주님께로 날아갑니다.

(4) 죄를 회개하고(행2:38) 열심히 기도해야 합니다. 그릇을 비워야
채울 수 있기 때문입니다. 오순절의 역사도 기도의 결과였습니
다. 행1:14절에 보면 '더불어 마음을 같이하여 전혀 기도에 힘쓰
니라' 오순절의 성령 충만이 일어나게 된 배경을 기록한 말씀입
니다. 기도할 때 첫째로 중요한 것은 '더불어' 즉 '지체의식'이 필
요합니다. 두 번째는 '마음을 같이하여' 다시 말하면 같은 기도제
목을 가지고 기도하는 것입니다. 끝으로 중요한 것은 '전혀 기도
에 힘쓰니라' 다시 말하면 '계속해서 기도'해야 한다는 말씀입니
다. 기도 중에서 두 가지가 중요한데 첫째는 회개의 기도요 두
번째는 성령 충만케 해달라고 간구하는 기도가 필요합니다.

(5) 겸손히 하나님의 말씀에 순종할 때 성령의 충만을 주십니다. 겸
손과 순종이란 말은 표현은 다르지만 뜻은 같습니다. 하나님 앞
에서 겸손한 사람은 순종합니다.

(6) 직분을 감당하기를 원할 때 하나님은 성령의 충만을 주십니다.
세상의 직분이 아닌 교회의 직분은 경험과 지식으로 하는 것이
아닙니다. 성령의 인도하심을 따라 하는 것입니다.

(7) 주님의 일을 하려고 할 때 성령의 충만을 주십니다. 주님의 일은
무엇이든지 다 성령의 충만을 받아야 할 수 습니다. 그런데 가끔
돈으로 주의 일을 하려고 하고, 인간의 지식으로 주의 일을 하려
고 하고, 경험으로 주의 일을 하려고 하는 사람들이 있을 때에는
교회는 시끄럽습니다. 주의 일은 오직 성령의 충만을 받은 사람
만이 할 수 있습니다.

그리스도의 종들이 꼭 가져야 할 것 세 가지

(고전2:20)

도입

사람들에게 꼭 있어야 것 세 가지가 있다.

고전13:13 "그런즉 믿음, 소망, 사랑, 이 세 가지는 항상 있을 것인데" 이것은 모든 사람들에게 '항상 있을 것'. 즉 꼭 있어야 할 것이다. 그러나 주님의 종이 되겠다는 사람에게는 믿음, 소망, 사랑 외에 갈 2:20절의 말씀처럼 세 가지가 꼭 있어야 한다. "내가 그리스도와 함께 십자가에 못 박혔나니 그런즉 이제는 내가 사는 것이 아닌 오직 내 안에 그리스도께서 사는 것이라 이제 내가 육체가 가운데 사는 것은 나를 사랑하사 나를 위하여 자기 자신을 버리신 하나님의 아들을 믿는 믿음 안에서 사는 것이라."

마치 포도나무가 가운데 있는 버팀목 없이는 설 수가 없는 것과 같다. 그것은 첫째 십자가. 둘째는 그리스도, 셋째는 믿음이다.

1. 첫째 십자가이다.

즉 먼저 십자가 위에서 내가 주님과 함께 죽어야 한다. 내가 살아 있으면 다른 것은 다 죽는다. 그러므로 내가 먼저 죽어야 한다. 내 성격도 죽고. 내 생각도 죽고, 내 철학도 죽고, 내 고집도 죽어야 그리스도의 종이 될 수 있다.

(예화) 대전 중앙교회에 갔을 때 교회가 전혀 성장치 않았다. 그래서 새벽마다 부르짖었다. 그 때 내게 응답이 왔다. 요12:24

절의 말씀이었다. "내가 진실로 진실로 네게 이르노니 한 알의 밀이 땅에 떨어져 죽지 아니하면 한 알 그대로 있고 죽으면 많은 열매를 맺느니라."

그때부터 교회가 세 배로 성장했다.

십자가는 3가지 종류가 있다. 주님이 지신 대속의 십자가. 두 강도들이 진 심판의 십자가, 우리들이 져야 할 내 몫에 태인 십자가이다. 그리스도의 종이 져야 할 십자가는 먼저 주님과 함께 십자가에 못 박아야 한다. 그리고는 내 몫에 태인 십자가를 지고 가야 한다. 어떤 사람은 가난의 십자가, 어떤 사람은 질병의 십자가, 어떤 사람은 가정의 십자가 등 사람마다 다르다. 그것을 기쁨으로 지고 가야 한다.

(예화) 4세기 콘스탄티누스 대제의 어머니 엘레나는 믿음이 좋은 분이었다. 그리스도의 십자가를 찾고 싶어 예루살렘의 감독에게 부탁을 하였다. 그런데 세 개의 십자가가 한데 묶어져 있었다. 어느 것이 주님의 십자가인지 확인하기 위해 죽어가는 한 여인에게 그 십자가 들을 대어 보았다. 한 십자가가 닿자 능력이 나타났다고 한다.

그리스도의 십자가는 언제나 어디서나 능력이 나타난다. 지금 많은 목사들의 설교에 십자가 예수님의 보혈이 없기 때문에 변화가 일어나지 않고, 능력이 나타나지 않는다. 그러므로 우리는 십자가를 좋게 붙들어야 한다.

찬송가(십자가를 내가 지고) :

십자가를 내가 지고 주를 따라 갑니다.

이제부터 예수로만 나의 보배 삼겠네.

세상에서 부귀영화 모두 잃어버려도

주의 평안 내가 받고 영생복을 받겠네.

우리는 십자가를 꼭 붙들어야 한다. 그러나 눈에 보이는 교회의 표시엔 그 십자가에는 아무런 능력도 나타나지 않는다. 교인들 중에는 그것 앞에 절하고 기도하는 사람들이 많다. 아니다. 십자가는 십자가에 달리신 예수님의 상징이다. 예수님의 보혈의 상징이 바로 십자가이다.

예수님의 보혈은 어떤 역사를 일으키는가? 우리를 죄로부터 깨끗하게 하고, 죽음에서 구원해 준다. 그 십자가에 나의 옛 사람을 못 박아야 한다.

2. 그리스도께서 사는 것이라

'오직 예수' 골프 칠 때 절대로 공에서 눈을 떼지 않는 것처럼 '오직 그리스도'만을 바라보고 그리스도 중심의 삶을 살아야 한다. 내가 죽으면 "오직 그리스도께서 사는 것이라" 예수님이 왕이 되시고, 예수님이 주인이 되시고, 예수님이 영광 받으시고, 예수님이 모든 것의 모든 것이 되어야 한다. 대교회의 문제점은 당회장이 교황이 되고, 교회를 사유화하고 그래서 교회 예산을 마음대로 쓰고, 심지어 자식에게 세습까지 한다. 그런 사람들을 나는 지옥환상에서 보았다.

 - 질문하는 나에게 주님은 마7:22-23절의 말씀을 주심.-

내가 질문을 할 때 여러분들은 '오직 예수'라고만 대답하세요.

(1) 왜 우리는 삽니까?

(2) 우리의 주님은 누구십니까?

(3) 우리의 행복은 어디에 있습니까?

(4) 우리의 삶의 목적은 어디에 있습니까?

(5) 우리는 누구에게 영광을 돌려야 합니까?

3. 내가 육체 가운데 사는 것은

나를 사랑하사 나를 위하여 자기 자신을 버리신 하나님의 아들을 믿는 '믿음 안에서' 사는 것이다. 그리스도의 좋은 믿음 안에서 살아야 한다.

막9:23 "할 수 있거든이 무슨 말이냐 믿는 자에게는 능히 하지 못할 일이 없느니라"(변화산에서 돌아왔을 때 제자들이 귀신 들린 아이를 고치지 못함).

4. 믿음(Faith)이란 무엇인가?

믿음이란 Forsaking all I take Him의 약자이다..
(1) 예수님만 붙들면 산다고 믿고 그만을 꼭 붙드는 것이요
(2) 성경을 액면 그대로 받아들이는 것이요
(3) 나의 모든 문제를 다 주님에게 내어맡기는 것이다.
(예화) : 간하배 선교사와 머리에 무거운 짐을 진 여인
(예화) : 골프 인스트럭터에게 One Point Lesson을 달라고 했더니 "목사님은 믿음이 없어 골프를 잘 못 칩니다."라고 했다. 믿음이란 구원의 수단만이 아니다. 인생의 모든 분야에서 꼭 필요한 것이다.

믿음의 역사는 어떤 것인가?

역사가 없는 믿음은 참 믿음이 아니다. 믿음의 역사는 소망으로 나타나고 사랑으로 나타나고, 인내로 나타난다.

(예화) 시카고가 대화제로 인해 불탈 때 무디가 짓고 있는 성전도 타버렸다. 이것을 보고 기자들이 빈정거렸다. "하나님은 전능하신데 왜 자기의 성전이 타는 것을 보고 그냥 계십니까?" 무디는 대답했다. "저는 오래 전부터 큰 성전을 짓기 위해서 기도했는데 하나님께서는 우리들이 짓는 교회보다 더 큰 교회를 짓기를 원하셨기 때문에 화제를 통해 허는 데 돈 안 만들게 하려고 하신 것입니다." 그 후 시카고에는 무디가 지은 큰 성전이 세워졌다. Positive Thinking이 믿음이다. 결코 Negative Thinking이 아니다. 그러나 믿음은 여기서 끝나는 것이 아니라

역사가 일어난다.

맺는 말

포도나무는 버팀목 없이는 올라갈 수 없다. 마찬가지로 주의 종들은 적어도 세 가지의 버팀목 없이는 목회에 성공할 수 없다. 십자가와 그리스도와 믿음을 꼭 붙들고 성공하는 미래의 목회자가 되기를 축원한다.

종려주일의 의미

(사53:1-6/ 요12:12-19)

예수님의 부활절 이전 40일간은 사순절(Lent)라고 부르고 한 주전을 종려주일이라고 부른다. 사순절은 재의 수요일(Aah Wednesday)에서 시작한다.

재는 일 년 전 종려주일에 사용했던 종려나무를 태워 만든 재를 이마에 바르고 죄를 고백하는 의식이다. 이런 것은 의식을 중시하는 가톨릭과 성공회, 루터 교와 감리교회에서만 지킨다. 나는 의식을 중시하지는 않지만 그 의미는 아는 것이 중요하다고 생각한다.

1. 종려주일

종려주일은 예수님께서 나귀를 타고 예루살렘에 왕으로 입성한 날이다. 왜 예루살렘 시민들은 예수님을 호산나 찬송하리로다 하며 환영했을까? 그것은 당시 열심당원들이 예수님을 로마로부터 해방시켜주는 메시야 왕으로 생각했기 때문이다. 그때에 사용한 종려나무가지는 평화를 상징하고, 승리를 상징하는 것이었다.

그러나 예수님은 "내 나라는 이 땅에 속한 것이 아니니라"고 했을 때, 로마로부터 해방시키기 위해 오신 분이 아닌 것을 안 유대인들은 열심당원으로 많은 사람들을 죽인 바라바는 놓아주고 예수님을 십자가에 못박게 한 것이다.

그러므로 종려 주일은 결국 예수님의 죽음을 향한 행진이었다. 구약 이사야서 53장에 예언된 고난이 성취된 것이다. 사53장 5절에 "그가 찔

림은 우리의 허물 때문이요 그가 상함은 우리의 죄악 때문이라"고 했다. 예수님의 고난은 우리의 구원을 위한 예비였다. 놀라운 것은 예수님은 억울하게 사형선고를 당했지만 예수님은 고난 중에도 "입을 열지 않았다" 침묵하심(사53:7절). 왜냐? 하나님의 예정된 뜻이요 섭리였기 때문이다. 사형집행자들을 용서키 위해서였다. 사실 증오와 미움으로 이룰 수 있는 것은 아무것도 없다.

오직 용서와 사랑만이 하나님의 뜻을 이룰 수 있는 힘이 있다. 예수님의 침묵은 순종의 의미였다. 요한복음에 보면 예수님의 죽음을 악행으로 몰고 간 관리들을 볼 수 있다. 그러나 놀랍게도 마27.59-60절에 보면 예수님은 죽은 후에 부자와 함께 있었다(5절)고 했다. 구약예언의 성취였던 것이다. 예수님은 선악과나무를 생명나무로 만들었다.

종려주일은 예수님의 예루살렘 입성한 첫날이었다. 그런데 슥9:9절의 예언대로 예수님은 나귀새끼를 타고 입성했다. 나귀는 평화의 상징이다. 본래 점령군의 사령관은 백마를 타고 입성한다. 그러나 예수님은 겸손하셔서 평화의 상징인 나귀새끼를 타고 입성했다.

그는 공의로우시며 구원을 베푸시며 겸손하여서 나귀를 타시나니 나귀의 작은 것 곧 나귀새끼니라(슥 9:9). 그때에 군중들이 종려나무 가지를 손에 들고 흔들며 환호했다.

2. 종려나무의 의미는 무엇인가?

구원과 승리의 표시이다. 이스라엘 마카비 왕조 때 동전에 종려나무를 새겨 넣었는데 그것은 승리의 표식이었다. 재미있는 사실은 깐느영화제 때 최고의 상은 '황금종려상'이다. 예루살렘의 군중들은 예수님의 승리를 기뻐하며 성도들의 승리를 믿으며 감사하고 기념했던 것이다. 따라서 종려주일은 예수님의 승리를 예표한 사건이며 고난의 시작일이다.

고난주간은 사순절(부활주일까지의 40일간)의 마지막 한 주간을 가리키는 말이다. 십자가에 달리신 그리스도의 고난을 기념하는 주간이다. 물론 고난주간이란 말은 성경에는 나오지 않는다. 그러나 이 고난주간은 종려주일부터 토요일까지를 말한다.

우리는 종려주일에 어떻게 해야 하나? 그 중에서도 죄를 덮는 사랑의 열매를 맺어야 한다.

3. 화요일(마21:23)

성전에서 가르치고 바리새인들과 특별히 중요한 것은 마리아가 향유를 부어 예수님의 장사를 예비하였다. 또 마리아가 12세자보다 먼저 부활한 주님을 만났는지 아는가? 예수님을 가장 많이 사랑했기 때문이다.

4. 수요일 : 성경에 기록이 없음

5. 목요일(마26:17-25):

최후의 만찬이 있었다. 마지막 설교(가룟 유다의 배신을 예언). 겟세마네 동산에서 피땀 흘리며 기도하셨다. 우리는 기도를 많이 해야 하나님의 역사가 나타난다. 기도는 마귀를 추방하는 유일한 방법이다. 그래서 주님은 "시험에 들지 않게 기도하라"고 했다(막14:38)

6. 금요일 : 체포되어 산헤드린 공회에서 재판 받음.

빌라도의 심문을 받고 사형언도를 받음. 마침내 골고다에서 십자가에 달려 죽으심. 일곱 마디의 말씀을 하시고 죽으셨다.

7. 토요일에서 주일 새벽까지(마27:31)

무덤에 머물러 있었다. 이때에 예수님의 영혼은 어디에 있었나? 벧전 3:19절에 "그가 또한 영으로 가서 옥에 있는 영들에게 선포하시니라."

고 했다. 헬라어로 '홀라케' 라고 했다. 그것은 지옥을 의미하는 말이다. 요20:17절에 보면 "나를 붙들지 말라. 내가 아직 아버지께로 올라가지 아니하였노라"고 했다.

그러므로 예수님은 지옥에 가셔서 그가 어둠과 사망을 이기시고 승리한 것을 선포한 것이다.

8. 부활절 새벽

예수님께서 죽음의 권세를 이기시고 살아나셨다.

그러면 우리는 고난 주간을 어떻게 보내야 하나?

(1) 마음 자세를 올바르게 하자. 행동과 말은 마음에서 나옴으로 예수님의 마음을 본받아야 된다.

(2) 예수님의 마음은 자신을 나추고, 온유한 마음이었다. 그것은 끝없이 내려놓는 훈련을 통해서만 가능하다.

(3) 고난에 대한 의미를 깨달아야 한다. 고난은 죄 때문에 온 것이다. 그러므로 회개하는 마음을 갖자. 그것만이 하나님의 은총을 받는다. 하나님은 우리가 회개만 하면 무슨 죄든지 다 용서하신다.

(4) 예수님의 고난에 동참하는 마음으로 교회에서 정하는 의식에 참여하자. 특히 고난주간에는 새벽기도에 적극 참여하자.

(5) 예수님의 고난은 모든 인류를 구원하기 위한 것임을 깨닫는 것이 중요하다.

사순절의 마지막 주일인 종려주일로 시작해서 사순절의 마지막 주간인 고난주간으로 이어지는 한 주간을 의미 있게 보내면 우리에게 영적으로 풍성한 축복을 받는다. 그런 하루가 되도록 기도하자.

목사와 선교

선교사의 눈물(시126:5-6 ; 마11:16-19)
Namaste(Hindi):힌디어로 Good morning.

어느 선교사의 눈물(필자의 시)

선교사의 눈물은
결코 낭만적인 눈물도
아름다운 눈물도 아닌
예레미아야가 흘렸던
바로 그 눈물입니다

선교사의 눈물은
오직 주님만이 아시는
남몰래 흘려야 하는
눈물입니다

혹여나 선교지에서
사모가 철수하자고 할까 봐
아내에게도
감추어야 하는 눈물입니다

흘려도 누가 보기 전에

몰래 빨리 닦아야 하고
자신의 무능함에 좌절한 눈물입니다

그 눈물 속에서 지내다 보면
저려진 배추처럼 축 늘어진
자신의 모습이 너무도 초라해
선교사는 오늘도 울고
또 웁니다.

〔시작노트〕 : 시인은 자연을 노래하는 경우가 많기 때문에 자연의 일부가 되어야 합니다. 그러나 또 한편으로는 시 언어의 마술사여야 하기 때문에 문화생활을 버릴 수가 없습니다. 그러나 저는 인도에 와서 문화를 등진 문하인으로 살아야 했습니다.

제가 가진 삼대 소원이 무엇인지 아십니까?

첫째는 욕조에 들어가 목욕을 하는 것입니다.

둘째는 밤에 플래시 없이 변소에 갈 수 있는 것이고 이메일을 자유롭게 할 수 있는 것입니다. 그래야 글을 쓸 수 있기 때문입니다.

셋째는 모기와 개미와 바퀴벌레에 물리지 않고 밤잠을 잘 수 있는 것입니다.

너무 사치한가요? 아니면 너무 유치한가요? 저는 결코 굉장한 것을 구하지 않습니다.

아주 작은 것, 그러나 꼭 필요한 것을 구하고 있습니다. 최근에 제가 쓴 시 가운데 '마지막 잎 새처럼'이란 시를 하나 더 낭송하고 저의 강의 하려고 합니다.

'마지막 잎새처럼'

겨울 앞둔
나뭇가지에는
얼마 남지 않은 잎새들이
바람에 흔들리며
마지막 춤을 추며
노래를 한다
누가 보는 것도
알아주는 것도 아닌데
한 손에는 나무 가지 붙들고
다른 한 손에는
님에게 전해줄 편지를 쓰며
시작도 끝도 없는
춤과 노래를 한다.

빨리 끝나면 좋으련만
멀리서 다가오는 구름이 지나면
눈바람 불기에
헐벗은 몸으로
끝나지 않은
춤과 노래를
언제까지 하려는가.

1. 눈물이란 무엇인가?

눈물은 과학적으로 분석하면 H_2O와 소량의 Sodium Chloride(염화나트륨)입니다. 다른 말로 하면 물과 소금입니다. salt란 말은 옛날에는 봉급이었습니다. 소금이 귀했기 때문입니다. 여기서 영어의 salary란 말이 나왔습니다. 이처럼 눈물은 선교사들의 봉급이고 하나님의 귀한 선물입니다. 그런데 이 귀한 눈물이 지금 말라가고 있지는 않습니까?

2. 눈물의 종류

세상에는 별별 눈물이 다 있습니다. 양파를 썰다가 흘린 눈물까지 있으니까요. 그러나 여기서는 중요한 것 몇 가지만 말씀드리겠습니다. 눈물에도 온도의 차이가 있습니다. 화산이 폭발하는 것 같은 닭똥 같은 눈물도 있지만 소리 없이 흐르는 호수처럼 흘리는 눈물도 있습니다.

(1) 어머니의 눈물은 소리 없이 흐르는 호수 같은 눈물입니다. (내가 아플 때 머리말에서 '내가 차라리 대신 아팠으면' 하시며 우시던 어머님/ 저의 두 아들들이 고열로 아플 때 옆에서 밤을 새우며 울던 아내의 눈물을 저는 잊지 못합니다.)

(2) 델릴라의 눈물은 억지로 짜내는 보이기 위한 눈물입니다.(삼손의 마음을 도적질하는 음부의 눈물입니다)

(3) 실패했을 때 흘리는 눈물은 화산과도 같은 폭발적 뜨거운 눈물입니다.(억울함과 앞으로 있게 될 앞날들이 막막해서 흘리는 눈물입니다)

(4) 성공했을 때 기뻐서 흘리는 감격의 눈물은 이번 광저우 게임에서 정대래 수영선수가 아시안게임 200미터 평형에서 금메달을 12년 만에 땄을 때 통곡의 눈물을 흘렸다고 했는데 그것은 그동안 있었던 수많은 아픔을 밟고 일어선 기쁨의 눈물입니다. 또 세계적인 역도선수인 장미란은 올림픽과 세계대회에서 금메달을 땄지만, 그러나 아시아에서는 처음으로 금메달을 따 그랜드슬램을

달성한 장미란도 기쁨의 눈물을 흘렸습니다.

(5) 성도들이 하나님께 드리는 회개의 눈물도 있습니다. 이 눈물이 있어서 한국교회는 성장했습니다. 교회성장의 밑거름이 된 것입니다.

(6) 선교사의 남몰래 흘리는 눈물이 있습니다. 그러나 경고하건대 슬프다고 함부로 말하지 말기를 바랍니다. 저 대신 이집트에 선교사로 간 이연호 선교사는 이집트에서 죽어 그곳에 묻히겠다고 노래처럼 말했는데 그렇게 되었습니다.

가수들도 그렇습니다. 예를 들면 1956년에 '산장의 여인'을 불러서 6일 만에 스타가 된 권혜경 씨는 그의 노랫말처럼 혼자서 은거하며 살다가 갔습니다. '아무도 날 찾는 이 없는 외로운 이 산장에/ 단풍잎만 채곡채곡 떨어져 쌓여 있네! 세상에 버림받고 사랑마저 물리친 몸/ 병들어 쓰라린 가슴을 부여안고/ 나 홀로 재생의 길 찾으며 외로이 살아가네.' 또 '낙엽 따라 가버린 사랑'을 부른 차중락 씨는 60년대 폭발적인 인기를 누렸지만 그의 노랫말처럼 27세의 젊은 나이로 뇌막염에 걸려 세상을 떴습니다.

'찬바람이 싸늘하게 얼굴을 스치면/ 따스하던 너의 두 뺨이 몹시도 그리웁구나/ 프르던 잎 단풍으로 곱게곱게 물들어/ 이 잎새에 사랑의 꿈을 곱게 물들여/ 그 잎새에 사랑의 꿈을 고이 간직하렸더니/ 아 그 옛 날이 너무도 그리워라/ 낙엽이 지면 꿈도 따라가는 줄 왜 몰랐던가/ 사랑하는 이 마음을 어찌 하오 어찌 하오/ 너와 나의 사랑의 꿈 낙엽 따라 가버렸으니'

그러나 송대관은 '해 뜰 날'을 불러 오래도록 해처럼 떠 있습니다. '꿈을 안고 왔단다. 내가 왔단다/ 슬픔도 괴로움도 모두 모두 비켜라/ 안 되는 일 없단다 노력하면은/ 쨍하고 해 뜰 날 돌아온단다.'

제가 사랑하는 이종영 목사는 '바보처럼 살았군요.'를 부르며 과거를 회개하고 하나님께 쓰임 받으면서 지금 미국에서 목회에 크게 성공하고 있습니다. '어느 날 찬 낙엽 지는 소리에 갑자기 텅 빈 내 마음을 보았죠/ 덧없이 흘러버린 오 그런 세월을 느낀 거죠/ 저 떨어지는 낙엽처럼 그렇게 살아버린 인생을 예-예-예예예예예/ 난 바보처럼 살았군요. 그는 대마초사건 이후에 목사가 되었습니다.

오늘은 이것을 중심으로 여러분과 함께 기도하려고 합니다.

3. 선교사의 눈물

선교사의 눈물을 분석해 보려고 합니다. 우리기 알이야 할 것은 어느 선교사는 눈물이 마르면 끝났다고 생각해야 합니다. 그것은 영성이 식었다는 뜻이고 주님의 아픔을 아직도 못 느끼기 때문입니다. 따라서 선교사는 시인과 같은 심정을 항상 가져야 합니다.

사실 선교사가 흘리는 눈물은 복합적인 눈물입니다.

(1) 문화의 충격에서 오는 눈물입니다. 바다에서 사는 고기를 민물에 던졌을 때 오는 그런 문화의 충격입니다. 그것은 언어의 충격/ 처음 먹어보는 음식의 충격/ 풍토와 습관의 차이에서 오는 충격의 눈물입니다.

(2) 다음은 외로움의 눈물입니다. 사실 선교사들은 하는 일이 바빠 친구도 별로 만날 수 없고, 이런 세미나가 있어야 겨우 만납니다. 만나도 본의 아니게 경쟁관계로 인해 모든 것을 숨겨야 하는 고통이 있습니다("목사님. 이것을 말하면 안 돼요"). 더구나 파송교회에 잘 보여야 하기 때문에 때로는 과장도 하고, 본의 아닌 거짓 보고도 해야 하는 고통입니다. 모든 취미도 좋았던 것들도 버려야 하는 외로움입니다.

(3) 비자문제(인도 정부를 속여야 하는 필요악이 있을 뿐 아니라 때로는 자신도 속여야 합니다.)와 경비문제(파송교회와의 관계에서 오는 눈물입니다). 경비는 생활비

가 전부인데 선교사로서 활동하려면 많은 비용이 필요하기 때문
에 여기저기 손을 벌려 소위 협력선교를 해야 하고 보고할 때에
다 말하지 못하고 숨겨야 하는 고통이 있습니다.

(4) 선교사의 가장 큰 눈물은 자녀들의 교육문제에서 오는 눈물입니
다. 형편에 따라 인도학교에, 혹은 국제학교에, 혹은 한국에, 혹
은 미국에 보내기도 하고 종류는 아주 다양합니다. 어쩔 수 없이
실력에 따라 그 형태도 다릅니다. 사모에게 왜 당신은 누구처럼
못하느냐고 핀잔도 받아야 하는 그런 눈물입니다.

(5) 어학문제(인도의 영어는 미국이나 영국의 영어와 다르기 때문에 다시 훈련을 해야 하
고 그것만으로도 만족하지 않기 때문에 카너드어나 힌두(hindoo) 등을 더 배워야
합니다. 나는 미국에서 영어를 많이 했기 때문에 이곳에 오면 별
문제가 없을 줄 알았는데 그것이 아니었습니다. 예를 들면 미국
에서는 peanut(인도에서는 ground nut), 미국에서는 kilogram(여기서
는 kg), 다른 것이 너무도 많습니다.

(6) 영적 그리고 지적 부족 내지는 파산에서 오는 눈물이 있습니다.
문제는 그것을 금방 used to 당연시합니다. 그만 타성(inertia)이
생깁니다. 남인도에 있으면 전체적으로 흘러가는 trends를 전혀
모릅니다. 이때에는 disruptive innovation을 해야 삽니다. 자
기가 있는 그 frame을 파괴하고 나와야 합니다. 그렇지 않으면
5년이 지난 후에는 '속이 텅 빈 강정처럼' 이름뿐인 선교사가 됩
니다. 이런 것을 예방하기 위해서는 글을 쓰는 것이 아주 큰 유
익이 되고 좋습니다. 물론 시간이 없다고 하겠지요. 그러나 나는
보통 4시, 어떤 때는 2시에 일어나니까 시간이 많던데요. 시간이
없는 것이 아니라 시간을 활용할 줄 모르기 때문입니다.

(7) No pension system이 문제입니다. 당회장이 바뀌면 그냥 선교

사는 하늘에서 낙하산도 없이 떨어지는 신세입니다. 선교사도 세월이 흘러가면 늙어지는데 늙어서 할 것도 없는데 어떻게 하란 말입니까? 자식이라도 교육을 잘 시켰으면 최소한 자식들이 생활비를 주어 살기는 하겠지만 말입니다. 또 순교라도 한다면 얼마나 좋겠습니까? 그래서 선교사는 여러 가지의 눈물을 흘려야 합니다.

4. 선교사가 흘린 눈물의 의미는 무엇일까요?

(1) 나는 선교사로서 많은 눈물을 흘리게 된 것을 감사합니다.

나의 삼대 소원을 말씀드렸습니다. 너무도 당연한 것인데 그것을 못해 눈물을 많이 흘렸습니다. 전에 제가 살아왔던 것과 너무도 달라 많이 울었습니다. 그래도 뱅갈로에 계신 분들은 그런 고통을 잘 모르십니다. 더구나 내가 학교에서 흘리는 눈물은 더 많습니다. 그러나 그것이 다 내에게는 교훈이요 훈련이 됩니다. 이유는 나의 집사람이 혈압이 낮아지고 있기 때문입니다.

중국의 시경(詩經), 소아 편에 학명이란 것이 있습니다. 거기에 이런 말이 나옵니다. '타산지석, 가이공옥(他山之石, 可以攻玉)'이란 말입니다. 옛날 중국의 형산에는 많은 옥이 나왔다고 합니다. 그러나 그 옥은 그냥 다 듬어지지 않고, 다른 데서 나는 가치 없는 타산의 돌로만 그 옥을 갈 수가 있었다고 합니다. 타산지석이란 말은 여기서 나온 고사 성어입니다. 일종의 반면교사와 같은 뜻입니다.

솔직히 저와 같은 사람은 경험이나 지식이나 그 무엇으로도 남들이 가르치고 훈련시킬 수가 없습니다. 그냥 무식하게 노예처럼 내리눌러야 합니다. 지금 제가 처한 환경이 그런 것입니다. 그래서 지금 제가 당하는 고통은 저를 주님의 앉은 낮은 자리까지 내려가게 만들어주는 타산지석입니다. 그래서 저는 이 눈물로 인해 감사의 눈물을 흘립니다.

  (2) 눈물에는 열매가 있습니다. 그것을 보셔야 합니다. 시편 126편 5-6절은 눈물의 열매를 잘 말해주고 있습니다. 기쁨으로 거둔다는 것입니다. 6절에는 '반드시'라고 강조했습니다. 예수님의 겨자씨 비유나 씨 뿌리는 자의 비유나 누룩 비유도 우리들에게는 큰 위로가 됩니다. 당시 제자들을 위로하기 위해서 주신 주님의 이 말씀임을 기억하십시오.

5. 어떻게 선교할 것인가?

  (1) 먼저 인도의 국교가 힌두교인 것을 잊지 말아야 합니다. 또 이슬람교의 공격이 무섭게 다가오는 것도 현실입니다. 솔직히 보통 때의 인도는 아주 평온하고 안전하게 느껴지지만 사실은 세계에서 가장 위험한 곳입니다. 그것은 3년 전 오릭사(Orissa)에서 일어난 사건이 그것을 잘 말해줍니다. 그래서 끝없는 기도를 해야 합니다.

첫째 인도에 오래 있으면 이 나라의 철학인 syncretism(혼합주의)에 물들게 됩니다. 지금 인도의 가장 큰 교파인 가톨릭을 보면 거의가 힌두교와 혼합된 것을 많이 볼 수 있습니다. 우리도 그렇게 된다는 것입니다. 물론 본인은 모르지만 말입니다. 그러나 인도에는 간접선교의 문은 활짝 열려 있습니다. 교육을 통해(Preschool, 초등학교와 중고등학교), 사회사업을 통해(서경석 목사의 Day Care Center 등) 선교를 할 수 있습니다. 그것을 이용하세요.

둘째, 직접선교는 반드시 해야 하지만, 그러나 조심하면서 해야 합니다. 여러 해 전에 김정훈 목사가 한 경우처럼 인맥과

정치적 끈과 의료선교를 겸함으로만 가능하기 때문입니다. 마니풀에서 매년 하는 3만여 명이 모이는 경우처럼 문이 열린 곳을 중심으로 선교를 할 수 있습니다. 이번 이영훈 목사님이 델리에서 한 선교사들을 위한 세미나는 간접선교이기는 하지만, 그러나 그것을 기회로 지역 교회에 힘을 주고 설교하는 기회도 가능합니다.

셋째, 그러나 오늘 제가 말씀드리려고 하는 선교의 방법은 비즈니스 선교입니다. 나는 십여 년 전 방콕에서 황성주 사장님과 함께 선교대회에 강사로 참여한 적이 있습니다. 그때에 황 선교사는 자기가 하고 있는 비즈니스 선교의 방법을 제시하면서 앞으로 자비량선교의 시대가 온다고 하면서 구체적 방법을 제시했습니다. 나도 당시에 앞으로 오게 될 경제적 위기와 이를 대처하기 위한 방법으로 그 방법을 지지합니다. 비즈니스 선교는 크게 몇 가지 장점이 있습니다. ① 어느 나라든지 들어갈 수가 있고 합법적으로 있을 수 있다는 점입니다. ② 경제적으로 안정되어 있다는 것입니다. ③ 다른 사람들과 연합하기가 쉽습니다.

그러나 이 비즈니스 선교에도 문제점은 있습니다.

첫째 신학적 훈련이 부족하기 때문에 기회가 있어도 선교하기가 쉽지 않다는 점입니다.

둘째 선교의 전문가가 아니기 때문에 자기가 하는 방법을 객관화하기가 어렵고 잘못될 위험성이 있습니다.

셋째 비즈니스 자체가 많은 변수가 있기 때문에 혼자서 비즈니스와 선교의 두 가지를 함께 하기가 시간적으로 어려움이 많다는 것입니다. 한 마디로 하면 비즈니스 선교방법은 secularization

의 장점이 있지만 그러나 secularism의 위험성이 많다는 게
있습니다. 그렇지만 그럼에도 불구하고 앞으로 비즈니스 선교는
보다 발전되어야 합니다. 끝으로 선교를 위해서는 전통적으로
해왔던 세 가지 방법을 계속 발전시켜야 합니다.

(2) Indigenization : 토착화란 어떤 특수한 문화의 형태와 상징 속
에 기독교 신앙을 옮겨 심는 것을 말합니다. 예를 들면 유대인들
이 말하는 메시아를 새로운 문화 환경 속에 '주 예수'라는 다른
이름으로 표현하는 것을 볼 수 있습니다(행 11:20). 좀 더 구체적
으로 말하면 예배의 양식이나 음악, 결혼, 및 장례예배, 교회의
구조, 지도자들의 조직(한국의 권사 제도) 같은 것을 복음에 의해 적
응 혹은 변화시킬 수 있다는 말입니다.

(3) Contexualization : 상황화란 말은 1972년에 『Ministry in
Context』란 책에서 처음으로 사용되어졌습니다. 상황화란 뜻
은 자신이 처한 구조 속에서 복음에 의미 있게 대처하고 수용하
는 것을 말합니다. 이 말은 1971년 스위스의 보세이(Bossey)에
서 열린 협의에서 처음으로 사용된 말입니다. 따라서 상황화란
어떤 특수교회에서 하나님의 말씀의 빛 가운데서 복음을 체험
하려는 노력이라고 할 수 있습니다.

(4) Incarnational Mission : 성육신적 선교란 말은 요한복음 1:1
절과 14절에 기초한 선교방법입니다. 간단히 말하면 예수님의
발자취를 따라가는 것을 의미합니다. 1960년 말에 1970년대 초
까지 일어난 라틴 아메리카의 해방신학이 일종의 성육신적 선교
의 일환입니다. 말하자면 Holistic Minis 인간의 한 일부가 아
니라 전인적인 목회를 말하는 것입니다.

인도의 J.R. Chandran은 성육신적 선교란 토착화를 의미한다고 했습니다. 이 선교개념은 missio dei와 깊은 연관을 가지는 것입니다.

하나님의 선교란 말은 1950년대 이후에 사용된 용어입니다. 본래는 어거스틴에 의해서 사용된 용어입니다. 그러나 구체적으로 이 용어를 사용한 것은 1963년 George F. Vicedomo이 쓴 『The Mission of God: An Introduction to the Theology of Mission』이란 책에서 유행하기 시작하였습니다. 하나님의 선교는 전통적으로 사용했던 선교의 개념을 모든 분야에 폭 넓게 적용한 것입니다. 한국의 민중신학도 해방신학과 함께 이 맥락에 속합니다.

그러나 인간의 모든 분야를 선교라고 한다면 결국 아무것도 선교가 아니란 말과 같은 뜻이기 때문에 선교의 방향을 그르칠 수 있습니다.

나는 베트남의 선교사로 있는 장요나 선교사를 연구한 적이 있습니다. 나는 그의 방법을 성육신적 선교방법이라고 불렀습니다. 물론 제가 원하는 방법과 때로는 배치되기도 하지만, 그러나 그는 이 시대의 살아 있는 전설이 되고 있습니다.

결론을 대신해서 : 선교학에 결론은 없습니다. 중요한 것은 선교의 최고 방법은 성령이 문을 열어주는 대로 가는 것이 최고의 방법이란 점입니다. 많이 다니면서 보세요. 많은 사람들을 만나 정보를 얻으세요. 혼자서 선교하려는 사람은 몇 년 후에는 한국에 가면 아프리카의 오지에서 온 사람처럼 이상한 사람이 되고 말 것입니다.

그러므로 책을 많이 보고 기도하는 일에 게으르지 말고, 이런 세미나에 와서 좀 보고 또 들으세요. 그러면 몇 년이 지난 후에 자신이 자란 나무 그늘에서 많은 사람들이 쉬고 놀 것입니다.

그것이 겨자씨 비유요 씨 뿌리는 자의 비유요 누룩 비유의 내용입니다. 나는 이번에 한국에 돌아가면 12월 14일에 섬유센터 17층에서 11시에 세계 선교협의회 총재직을 맡게 됩니다. 많은 사람들이 제게

"목사님은 왜 은퇴한 뒤에 선교한다고 난리입니까?"

하고 묻습니다. 저는 그런 분들에게

"제가 쓴 『내가 본 지옥과 천국』을 읽어보라고 말하고 싶습니다. 천국에 가보니 최고의 영광은 순교자이고, 두 번째는 선교사라고. 그런데 내가 한 것은 이 땅에서 영광을 받은 것밖에 없어서 이제 늦게나마 시작하는 것입니다"

라고.

"그러면 그 내용이 정말 사실입니까?"

하고 묻습니다.

나는 말합니다.

"내가 왜 인도로 갔을까요? 그것이 해답입니다."

그러면

"인도에 와서 무엇을 하셨습니까?"

하고 물으면

"이번에 제가 쓴 『인도에서 온 편지』를 읽어보세요. 한 늙은 선교사가 현지에 적응하려고 몸부림치며 우는 모습을 볼 것"

이라고 대답할 것입니다. 그리고

"또 얼마나 많은 실수를 하면서도 그래도 바로 살려고 몸부림치는 그 눈물을 볼 것이라고."

그러면 또 다시 인도로 갈 것이냐고 묻습니다. 그것은 저도 모릅니다. 한 가지 확실한 것은 저는 구름 나그네란 것을.

마지막 시로 세미나를 마치려고 합니다.

구름 나그네

바람 불면 왔다가
바람 불면 가야 하는
구름 나그네

바람 쉬는 날엔
쉬기도 하련만
쉴만하면 또 바람 불어
가야 하는
구름 나그네

언젠가 비되어
강으로 가는 날 기다리며
기다리고 흘러가야 하는
구름 나그네.

예수님의 기도

(마7:7-12)

기도 중에 가장 모범이 되고, 응답받는 기도는 예수님의 기도였다. 여기서 예수님의 기도의 다섯 가지의 특징을 살펴보자.

1. 어린 자녀가 사랑하는 이에게 구하는 그런 기도

막14:36절에 보면 감람산에서의 마지막 기도에서 '아바 아버지'하고 기도했다. 여기서 '아바'란 말은 아람어로 '아빠'(영어의 daddy)라는 애칭이다. 우리는 기도할 때 하나님을 설득하려는 기도를 할 때가 많다. 그래서 길게 하고 미사여구를 섞어가며 기도한다. 하나님을 감동시키려고 한다.

그러나 예수님의 기도는 용어도 사랑하는 아버지에게 하는 단순한 기도였고, 핵심만 말하는 짧은 기도였다.

물론 우리가 주일 낮에 대표기도를 하는 장로님들의 경우에는 여러 사람들의 기도를 대표하기 때문에 어쩔 수 없이 길 수밖에 없지만 개인 기도는 자녀가 사랑하는 아버지에게 하듯이 그렇게 단순하고 절대로 의존하는 그런 기도를 해야 한다.

2. 예수님의 기도는 '하나님 중심'의 기도였다.

앞에 인용한 마가복음 14:36절에 보면 "아버지께는 모든 것이 가능하오니 이 잔을 내게서 옮기시옵소서. 그러나 나의 원대로 마옵시고 '아버지의 원대로'하옵소서"라고 했다.

그러므로 우리의 기도의 중심에는 언제나 하나님이어야 한다. 그러나

우리는 기도의 중심이 나 자신에게 있다. 이것은 기도하는 자세가 아니
다. 자기중심의 기도는 철없는 아이가 '떼를 쓸 때에 하는 짓'이다. 그
러므로 우리는 기도할 때 그 중심에는 언제나 하나님을 두어야 한다.
내 뜻, 내가 원하는 것을 성취하려고 하지 말고 하나님의 뜻이 이루어
지도록 기도해야 한다.

그래서 주님은 주기도에서 '뜻이 하늘에서 이루어진 것같이 땅에서도
이루어지이다'라고 말씀했다.

3. 예수님의 기도는 '삼박자기도'였다.

마7:7-9절은 바로 삼박자 기도였다.

첫 박자는 구하는 것이다. 구한다는 것은 내게는 그것이 없고, 또 능
력도 없는 '무능한 빈손뿐'임을 고백하는 기도이다.

두 번째 박자는 찾는 기도이다. 왜 찾는가? 분실을 했기 때문에. 그
것도 '결혼반지처럼 아주 소중하고 보배로운 것을 분실했음을
인정하는 기도'이다.

세 번째 박자는 문을 두드리는 단계이다. 가장 좋은 예가 누가복음11
장 7-8절에 나온다. 주님의 비유이다.

떡이 없는 어떤 사람이 친구에게 밤중에 찾아가서 문을 두드렸다. 자
녀들에게 줄 먹을 것이 없다고 밤중에 문을 두드린 것이다. 주인이 말
한다. 문을 열려고 일어나면 곤히 잠자던 가족들과 아이들이 잠에서 깰
것이다. 현대처럼 문 여는 것이 간단한 것이 아닌 그런 구조 속에서 일
어나 문을 여는 것이 너무 번거로워서 열 수 없다고 했다. 그러나 그 다
음 구절이 중요하다.

벗됨을 인하여서는 일어나 주지 아니할지라도 그 '강청함을 인하여'
일어나 그 소용대로 주리라고 했다.

간단히 말하면 창32장에 나오는 야곱의 기도와 같은 기도이다. 거기에 보면 야곱이 얍복 강에서 천사와 밤이 새도록 씨름했다. 문을 두드리는 기도는 바로 야곱이 천사에게

"당신이 내게 축복하지 아니하면 가게 하지 아니 하겠나이다"(26절)

라고 한 결사적 기도이다. 이런 삼박자의 기도를 해야 응답된다. 믿으면 아멘하시기 바랍니다.

4. 예수님의 기도는 기도의 순서가 우리와 다르다.

마6:33절에 보면 "너희는 먼저 그의 나라와 그의 의를 구하라. 그리하면 이 모든 것을 너희에게 더하시리라" 이 구절은 우리들이 기도할 때마다 기억해야 하는데 늘 잊고 있는 말씀이다. 여기서 중요한 말은 하나님나라를 먼저 구하라는 것이다. 다음에는 '그의 의'라고 했는데 그것은 하나님과의 바른 관계를 뜻하는 말이다.

인간이 무엇인가? 인간은 관계적 존재이다. 위로는 하나님과의 관계를 가지고 밑으로는 사람들과의 관계를 가지고, 그 다음에는 자연과의 관계를 가지고 사는 존재란 말이다. 그러면 어떻게 하는 것이 하나님과의 바른 관계를 가지는 것인가? 십계명이 바로 그 해답이다.

제1계명에서 4계명은 하나님과의 바른 관계를 가지는 비결을 말씀한 것이고, 제5계명에서 제10계명까지는 인간과의 바른 관계를 가지는 비결을 말씀한 것이다. 그런데 우리는 이방인들이 구하는 것처럼 무엇을 먹을까 무엇을 마실까 하며 기도한다. 그러므로 마6:33절 한 구절만 지켜도 기도로서는 만점이다.

5. 예수님의 기도의 내용은 우리와 다르다

소위 주기도문은 기도의 내용과 순서가 어떻게 해야 함을 가르쳐준 기도이다. 예수님은 기도의 대상을 먼저 말씀하셨다. 하늘에 계신 아버

지 하나님이셨다. 우리는 사람 들으라고 기도한다. 그래서 사람들이 듣기 좋은 미사여구를 많이 쓰고 길게 하는 것을 좋아한다. 그것은 이방인이 하는 기도방법이다.

또 예수님의 기도는 그 내용이 우리와 다르다. 주기도문을 보면 먼저 하나님께 대한 세 가지 기도가 나오고 그 후에 우리의 필요를 위한 기도가 나온다.

하나님께 대한 기도는 어떤 것인가? 하나님의 이름이 거룩히 여김을 받게 해달라는 것이고, 하나님의 나라가 이 땅에 우리 가정과 교회와 사회에 이루어지게 해달라는 기도이다. 다음은 내 뜻이 아니라 하나님의 뜻이 성취되게 해달라는 기도이다.

두 번째 기도는 우리의 필요를 위한 기도이다. 가장 놀라운 것은 일용할 양식을 달라는 기도이다. 이것은 단순히 먹을 것만을 말하는 것이 아니라 우리에게 필요한 모든 것을 말씀한 것이다. 그런데 여기서 주목할 것은 '오늘날'이라고 한 말이다. 내일 일을 위한 준비 기도를 하지 말라는 것이다. 그것은 아버지 하나님께 대한 절대 신앙이 없기 때문이다. 그것은 이방인의 자세이지 하나님의 자녀의 자세는 아니다 라고 잘라 말했다.

그 다음의 기도는 무엇인가? 용서를 위한 기도이다. 우리의 죄를 용서해 달라는 기도이다. 끝으로 드린 기도는 시험에 들지 않고 악에 빠지지 않게 기도하라고 했다. 마태복음에서는 여기서 끝난다.

그러나 우리가 드리는 찬송가에 나오는 주기도문에는 마지막 송영이 나온다. 마태복음에 없으니까 하지 말아야 하는가? 아니면 전통적으로 하듯이 해야 하는가? 마태복음에는 안 나오지만 구약성경에 나오기 때문에 하는 것이 옳다. 역대상29:12절에 있는 기도를 요약한 것이다.

다음은 '대개'란 말이 있다가 없어졌는데 이것을 해야 하는가 안 해야 하는가? 나는 여러분들의 담임목사님의 가르침대로 하는 것이 옳다고 본다. 여러분들의 신앙상태를 가장 잘 아는 분이니까.

그러나 나 개인적으로는 대개란 말은 한자로 '뚜껑 개'란 글자이다. 이것은 헬라어의 GAR란 단어를 번역한 것인데 영어의 FOR BECAUSE란 뜻이기 때문에 현대어로 번역해서 쓰는 것이 더 좋다고 생각한다.

맺는 말

기도는 천국 창고의 열쇠이기 때문에 이것을 잃으면 모든 것을 잃는 것과 같다. 그러므로 날마다 기도하는 것을 잊지 말자. 주님이 가르쳐 준 기도의 다섯 가지의 특징을 잊지 말고, 기도를 통해 영적으로 풍성한 삶을 살기를 축원한다.

오직 양 무리의 본이 되라

(전5:1-4)

교회를 바로 세우기 위해서는 많은 직분이 필요합니다. 마치 집을 세우기 위해서 많은 자재가 필요하듯이 교회도 그렇습니다. 그 중에서도 장로 직은 바로 교회의 미래, 성격, 성공과 실패를 결정합니다.

물론 지금은 장로의 성격이 많이 변화되고 있습니다. 기독교의 초기에는 목사와 장로의 구별이 없었습니다. 둘 다 장로라고 불렀습니다. 그러다가 가르치는 장로와 치리하는 장로로 구별되었고, 보다 전문화의 필요성이 생기면서 오늘날의 목사직과 장로직이 생기게 된 것입니다. 그러므로 장로 직은 성직입니다. 벼슬도 계급도 아닙니다.

그러나 지금은 장로다운 장로가 많지 않습니다. 그래서 유행하는 말은 '장로면 다 장로인가? 장로라야 장로이지' 이 말 속에는 4가지 형의 장로가 있다는 말입니다.

첫째는 장로면 즉 이름만 장로인 장로, 유명론적인 장로가 있고,

둘째는 장로인가? 장로 같기도 하고 아닌 것 같기도 한 아리끼리한 장로가 있습니다. 술 먹고 담배 피우는 것 보면 장로가 아니고, 대표기도 하는 걸 보면 장로인 사람이 있습니다.

셋째는 장로라야. 어쩔 수 없이 장로 역할을 하는데 할 수 없어서 하는 의무적인 장로가 있습니다. 끝으로 장로라야. 참 장로, 장로다운 장로가 있습니다. 그러면 어떻게 하면 장로다운 장로가 될 수 있습니까? 서론적으로 말해서 장로다운 장로가 되

려면 자신의 직분이 성직임을 믿고, 교회를 위해서 헌신할 뿐
아니라 그 시대의 흐름을 알고 하나님께서 쓰실 수 있도록 준
비되어야 합니다.

1. 성경이 말하는 장로의 유형

구약에서 가장 장로다운 장로는 '아론과 훌'처럼 협력하는 상像(출
17:12)입니다. '아론과 훌이 하나는 이편에서, 하나는 저 편에서 모세의
손을 들어 올렸더니 그 손이 해가 지도록 내려오지 아니한지라' 이렇듯
목사를 협력하는 것이 가장 이상적인 장로상입니다.

2. 장로의 자격(딤후 2:15)

디모데 전서 3장과 디도서 2장에 장로의 자격이 자세히 나와 있습니
다. 그 중에서 딤후2:15절의 말씀을 드리려고 합니다.

(1) 말씀을 옳게 분변(orthtomounto=orthodox. 이단 척결).

(2) 인정(성도와 이웃과 하나님으로부터의 인정이 필요)

(3) 하나님 앞에 드리기를 힘쓰라(계속적인 헌신). 처음 장로 되었을 때
　　의 마음이 죽는 날까지 계속되어야 합니다. '개구리 올챙이 적
　　생각 못 한다'는 식으로 되어서는 안 됩니다..

3. 내가 원하는 장로

(1) 목회자의 비전(Vision)을 이해하고 협력하는 장로입니다. 목회자
　　는 배운 것이 모자라 표현을 하지 못할 수 있으나 누구나 다 나
　　름대로 목회철학이 있습니다. 그것을 이루도록 장로들은 협력해
　　야 합니다.

(2) 기도 많이 하는 장로(새벽에 늘 나와 기도하는 '새벽형'의 사람)입니다. 데살
　　로니가 교회에 보내는 편지에 보면 쉬지 말고 기도하라고 했습
　　니다. 성경에는 290번이나 기도하라는 말이 나오는데 왜 이렇게

기도하라는 말이 많습니까?

첫째로 하나님께서 주고 싶어서 그렇습니다.

둘째는 우리를 통해서 영광 받으시려고 기도하라고 한 것입니다. 그런데 실제로는 우리가 받지 못하는 경우가 참 많습니다. 왜 못 받습니까? 그것은 우리의 그릇이 준비되지 않았기 때문입니다.

셋째는 걱정스러워 못 주시는 것입니다.

(3) 시대의 변화에 앞장서는 장로가 되어야 합니다. 옛날에는 장로들은 금방 알아볼 수 있었습니다. 머리는 하얗고, 까만 옷을 다리지 않아서 무릎이 쑥 나오고, 와이셔츠가 후줄근하면 틀림없이 장로였습니다. 그러나 오늘날에는 다릅니다. 이제는 변화에 민감해야 합니다. 그래서 장로님들이 유행을 먼저 따릅니다. 좋은 현상입니다. 장로들이 시대에 뒤떨어지면 절대로 그 교회는 시대를 따라갈 수 없습니다. 여러분, 중생대에 지상에 많이 있었던 공룡이 지금은 왜 없어졌는지 아십니까? 공룡이 없어진 이유는 변화를 거부했기 때문입니다. 한보, 동아건설, 신동아, 기아, 대우 등이 망한 것도 변화를 거부했기 때문입니다. 아이엠에프 후에 가장 유행했던 말이 구조조정입니다. 불합리한 구조를 개조 내지는 축소시키는 것을 말합니다. 조선일보(12월 20일, 이건희 개혁 10년, '마누라와 자녀를 제외하고는 다 바꾸어라'). 왜 38선, 45정, 56도, 62오가 나오는가? 변화에 민감하지 못했기 때문입니다. 그러므로 Change is everybody's business(바보들은 항상 결심만 한다.)

(4) 야단치는 것이 아니라 칭찬을 통해서 격려해주는 장로. 켄 블랜차드의 『칭찬은 고래도 춤추게 한다』 범고래의 멋진 쇼는 먹이와 칭찬으로 이루어진 훈련 때문입니다(고래 조련사인 성산교회의 황 집사의 고백), 히딩크가 2002년에 월드컵에서 4강에 이르게 만든 것

은 칭찬의 방법을 사용했기 때문입니다. 원하지 않는 방향으로 갈 때에는 고래의 관심을 다른 데로 유도하는 것을 말합니다. 에너지를 궁극적인 방향으로 전환시키는 방법입니다. 그 중에 하나가 '경호'(工和): fighting(부시 대통령이 2000년에 당선되었을 때에 그의 선거 캠프에서 외친 말)입니다. 이것은 침체된 조직에 뜨거운 열정을 불어넣습니다. 장로는 교회의 리더입니다. 리더의 역할은 다람쥐 정신(의미와 보람)과 비버의 방식(자발적 협동)과 기러기의 선물(공기의 저항을 적게 하려고 V자를 거꾸로 난다. 또 소리를 내는 것은 서로를 격려하고 응원하는 것이다)이 필요합니다.

4. 어떻게 변화될 수 있는가?

(1) 성경연구 : 지금 장로들 가운데 성경에 무식한 사람들이 너무 많습니다. 장로다운 장로가 되려면 아볼로처럼 성경에 유식해야 합니다. 그러려면 두 개의 눈이 필요합니다. 첫째로 망원경식으로 성경을 연구하고, 둘째는 현미경식으로 연구해야 합니다. 저는 평신도들의 성경 공부를 위해서 몇 권의 책을 썼습니다. 제일 먼저 『엄마오 성경연구』 그 후에 국민일보에 『성경이 꿀맛이다』 『구원자적 성경연구』『망원경식 성경연구』. 국민일보에 실린 것을 출판한 『평신도를 위한 성경이야기』와 여러 해 전에 국민일보에 실린 『교리도 재미있다』와 이번에 출판한 『평신도 신학』은 큰 도움이 될 것입니다.

(2) 기도 : 어린 아이의 기도를 가장 기뻐하시는 하나님이십니다. 그러므로 어린 아이처럼 기도합시다. 요14:14절 "내 이름으로 무엇이든지 내게 구하면 내가 시행하리라" 렘33:3절에 "너는 내게 부르짖으라, 내가 네게 응답하겠고, 네가 알지 못하는 크고 비밀한 일을 네게 보이리라"

(3) 신앙 있는 장로가 되어야 합니다. 성경에는 그 role model이 많은데 그들을 본받아 사는 것입니다. 예수님이 나와 같은 입장에 있다면 어떻게 했을까? 하고 매 경우마다 주님을 본받는 것입니다.

요즈음에는 건강을 체크하는 병원이 따로 있어서 저도 작년에 받은 적이 있습니다. '한국 건강 검진 센터'라고 하는 곳인데 혈액을 조사해서 당뇨를 알아내고, 엑스레이를 통해서 폐는 물론 내장을 검사하고, 다 알아냅니다. 그런데 신앙에도 건강 체크하듯이 알 수 있는 방법이 크게 세 가지 있습니다. 첫째는 입술에 찬송이 있는가? 둘째는 마음에 감사가 있는가? 셋째는 마음에 기쁨이 있는가? 우리 함께 찬양하겠습니다. "

찬양하라 내 영혼아 찬양하라
내 영혼아 내 속에 있는 것들아 다 찬양하라(감사하라. 기뻐하라).

5. 하나님이 주 신 네 가지 말씀

2004년 3월 17일 새벽에 저는 기도하다가 기도 중에 하나님께서 제게 주신 네 가지의 말씀을 여러분들에게 드리려고 합니다. 그 때 저는 "주여 오늘날 하나님이 기뻐하시는 장로들은 어떤 사람들입니까" 하는 제목으로 기도하고 있었습니다. 그때 네 가지를 깨닫게 해주셨습니다.

(1) 거듭난 증거가 있는가? 거듭난 증거는 첫째 회개의 눈물이 있어야 한다. 둘째 믿음의 역사가 일어나야 한다. 셋째 기도의 응답이 있어야 한다.

(2) 직분자로서의 사명감이 있는가? 먼저 나의 삶이 덤으로 사는 인생임을 자각해야 합니다. 둘째는 하나님의 손이 되어야 합니다. 셋째로 나의 왕국이 아니라 그리스도의 왕국을 세우는 일을 해

야 합니다.

(3) 하나님께서 함께하시는 증거가 있는가? 함께하시는 증거는 첫째 위로부터의 기쁨이 있어야 합니다. 둘째로 생활 속에 기적이 일어나야 합니다. 셋째로는 승리의 확신이 있어야 합니다. 넷째는 사랑하지 않고는 견디지 못하는 마음 즉 용서의 마음이 있어야 합니다.

(4) 사랑의 봉사가 있는가? 교인들의 숫자가 중요한 것이 아니라 봉사자의 숫자가 중요합니다. 골3:23절에 "무슨 일을 하든지 마음을 다하여 주께 하듯 하고, 사람에게 하듯 하지 말라"

6. 하나님께서 심판하실 때

하나님께서 심판하실 때 장로들에게는 더 많은 것을 요구할 것입니다. 눅12:48절에 "무릇 많이 받은 자에게는 많이 찾을 것이요"라고 했기 때문입니다.

맺는 말

지금 한국의 역사는 어디서 만들어지는 것일까요? 사람들은 여의도에서 만들어진다고 믿고 있습니다. 노무현의 탄핵도 여의도에서 만들어졌고, 또 반대도 여의도에서 만들어졌으니까요. 그러나 저는 교회가 한국을 이끌어간다고 믿습니다. 그러면 교회는 누가 이끌어갑니까? 교회는 장로들이 이끌어갑니다. 문제는 장로들이 바로 서야 교회가 바로 서고, 한국이 바로 섭니다. 비전을 가진 장로들이 다 되시기를 축원합니다.

삼박자 감사

(살전5:16-18)

지금 이 세상에는 '감사불감증'이란 병이 조류독감보다도 더 무섭게 번지고 있습니다. 이 병을 고치지 않는 한, 인간은 어느 누구도 행복할 수가 없습니다. 그래서 오늘 추수감사주일에는 삼박자 감사란 제목으로 말씀을 드리면서 감사가 다시 회복되기를 축원합니다.

왜 우리는 감사해야 합니까? 첫째는 하나님께서 기뻐하실 뿐만 아니라 큰 영광이 되기 때문입니다. 그래서 오늘 본문에는 '감사가 하나님의 뜻이니라'고 했습니다. 둘째는 감사하면 기적이 일어납니다. 불행한 사람도 행복하게 되고, 슬픈 사람은 기쁨을 회복하는 기적이 일어납니다. 셋째는 감사하면 모든 관계가 회복됩니다. 하나님과의 관계는 물론 인간관계도 회복됩니다. 미워하던 사람도 사랑하게 되는 기적이 일어납니다. 넷째로 감사하면 하나님의 은혜가 더욱 넘치게 임합니다. 그러므로 우리는 감사하는 삶을 살아야 합니다.

그런데 우리의 삶은 음악처럼 박자가 있습니다. 물론 사람마다 박자가 다릅니다만 문제는 박자가 틀리는 그런 삶을 사는 사람들이 있는가 하면 항상 박자를 맞추듯이 절도 있는 삶을 사는 사람들이 있습니다. 바라기는 우리의 삶이 박자가 있는 그런 삶이 되기를 축원합니다. 오늘 본문을 보면 감사에는 삼박자가 있다는 것을 볼 수 있습니다.

1. 감사의 첫 박자는 기쁨에서 시작

이 박자가 틀리면 다른 것도 다 틀립니다. 그래서 살전5:16절에서

"항상 기뻐하라"고 했습니다. 기쁨으로 인생을 시작하고, 하루의 삶도 기쁨에서 시작하라는 것입니다. 중요한 것은 시작입니다. 마치 첫 단추가 잘못되었을 때 다 잘못되는 것과 같습니다.

그러면 어떻게 할 때에 항상 기뻐할 수 있을까요? 두 가지 방법이 있습니다.

(1) 첫째는 작은 일에도 기뻐하는 법을 배워야 합니다. 호흡이 있는 것을 감사하고, 살아 있는 것을 감사하고, 건강한 것을 감사하고, 굶지 않은 것을 감사하고. 이런 식으로 아주 작은 것에서도 기뻐할 수 있으면 항상 기뻐할 수 있고, 그 때에 참 감사가 나옵니다. 그러나 우리는 큰 것만 봅니다. 남과 다른 것을 가질 때 감사합니다. 그것도 잠깐뿐입니다.

(예화) 정능 아파트를 샀을 때. 그런데 얼마 안 가서 금방 잊고 말았습니다. 바로 이 건망증이 항상 기뻐하는 것을 못하게 만듭니다.

(2) 둘째는 영적인 것에서 기쁨을 찾으면 항상 기뻐할 수 있습니다. 세상 것에, 물질적인 것에 기쁨을 추구하면 잠정적이고, 때때로 기뻐할 수밖에 없습니다. 왜냐하면 세상 것은 다 일시적이고 잠정적이기 때문입니다. 세상 것은 오기도 하지만 또 떠나기도 합니다. 그러므로 우리는 항상 위의 것을 바라볼 수 있어야 합니다.

영적인 기쁨은 구원받았다는 것에서 시작하여 지금도 우리와 동행하는 하나님으로 인해 기뻐하는 것입니다. 천국이 있음을 인해서 기뻐하는 것입니다. 주안에서 승리할 것을 믿고 기뻐하는 것입니다. 그러므로 영적인 기쁨을 항상 찾을 수 있기를 축원합니다.

2. 감사의 두 번째 박자는 쉬지 않고 기도하는데 있음

쉬지 않고 기도할 때 감사가 보이지만 기도 안 하는 사람에게는 감사할 것이 안 보이고, 찾아도 없습니다. 기도할 때 우리는 눈을 감습니다. 그러면 세상 것이 아닌 영적인 세계가 보이고, 감사할 조건이 보이고, 감사가 입으로 나옵니다. 문제는 쉬지 않고, 기도하지 못하는 것이 문제입니다. 쉬지 않고 기도하는 것은

(1) 첫째로 중보기도를 하면 실제로 24시간 기도가 계속됩니다. 제가 목회할 때에는 교회 안에 중보기도 팀이 있었습니다. 이들은 우리 교회의 소망이었습니다. 여름철에 좀 쉬라고 하지만 이들은 쉬지 않고 항상 기도했습니다. 권사회에서는 교대로 기도 팀을 조직해서 기도합니다. 중요한 것은 다 중보기도를 한다는 것입니다. 솔직히 나 혼자서는 24시간 계속해서 쉬지 않고 기도하는 것이 불가능합니다. 그러나 성도들이 서로 연결하여 기도하면 가능합니다. 중보기도는 자신만을 위해서 하는 기도보다 능력이 있고 힘이 있습니다.

(2) 둘째는 기도라는 형식이 아니더라도 기도하는 마음으로 일하고, 기도하는 마음으로 활동하고, 기도하는 마음으로 잠을 자면 실제로 쉬기 않고 기도할 수 있습니다. 구약성경에 보면 사무엘 선지자는 기도하기를 쉬는 죄를 범하지 않겠다고 언급했는데 그것은 매일 같이 세 번씩, 즉 아침 점심 저녁에 기도하는 것을 쉬지 않고, 기도하는 것으로 말한 것입니다. 유대인들의 기도는 우리 의식기도처럼 잠깐 하는 기도기 아닙니다. 한 시간 이상씩 주의 전에 나와서 하는 기도입니다. 그러나 사무엘은 일을 할 때에도 기도하는 마음으로 했고, 잘 때도 기도하는 마음으로 잤습니다. 그래서 실제로 쉬지 않고 기도를 했던 것입니다.

(3) 쉬지 않고 기도한다는 것은 일을 시작하기 전에 기도하고, 일을 하면서 하나님께 물어가면서 기도하고, 일이 끝난 뒤에 하나님

께 보고하는 삶을 말합니다.

3. 감사의 세 번째 박자는 범사에 감사하는 것

지금 우리가 사는 세상의 문제점은 감사불감증이란 병입니다. 최근에는 bird flu(조류독감)입니다. 최근에는 암이 많아지면서 암이 무섭습니다. 최근에는 에볼라라는 바이러스가 온 세계 사람들을 긴장하게 만듭니다. 그러나 더 무서운 것은 감사불감증입니다.

물론 우리는 다 감사합니다. 문제는 범사에 하지 못하는 데 있습니다. 범사란 everything, 즉 모든 일에 감사하는 것을 말합니다. 형편이 좋아지든 나빠지든 무엇을 성취하든 못 하든 항상 감사한다는 뜻입니다. 우리가 흔히 불평하고, 원망할만한 일이 있을 때에도 감사하는 것을 말합니다. 문제는 어떻게 사물을 보느냐에 따라 감사할 수도 있고, 불평할 수도 있습니다.

(1) 범사에 감사하려면 첫째로 롬8:28절의 말씀처럼 모든 것이 합력하여 선을 이룬다고 믿을 때 할 수 있습니다.

(예화) 나의 감사의 시

'주여 당신은 내가 바라던 지식을 허락지 않으셨으나
당신은 내게 지식의 근본이신 하나님을 알게 하셨나이다.
주여 당신은 내가 바라던 부를 허락지 않으셨으나
당신은 내게 금보다 귀한 믿음을 주셨나이다.
주여 당신은 내가 바라던 명예를 허락지 않으셨으나
당신은 내게 하나님의 아들이 되게 하셨나이다.
오, 주여, 당신은 내가 바라던 것을 하나도 허락지 않으셨으나
나는 누구보다도 많이 받았나이다.

(2) 둘째로 범사에 감사하는 비결은 어두운 면을 보지 않고, 밝은 면

을 보고, 모든 것을 긍정적으로 생각할 때에 범사에 감사할 수 있습니다. 이 세상에 이다나 어두운 곳은 있습니다. 개인에게도 가정에도 교회에도 사회에도 어디나 다 있습니다. 그럴 때 어두운 것을 보면서 그것이 전부인 것처럼 생각지 말아야 합니다. 밝은 면을 보아야 합니다.

(3) 셋째로 범사에 감사하는 비결은 현재의 결과를 보지 말고 하나님의 편에서 영원 속에서의 결과를 볼 때 우리는 범사에 감사할 수 있습니다. 감사를 못하는 가장 큰 문제는 우리의 근시안적 사고와 생활에 문제가 있습니다.

(4) 하나님만으로 기뻐하고 즐거워할 때 우리는 범사에 감사할 수 있습니다. '합3:17-18절의 인용'

"비록 무화과나무가 무성치 못하며 포도나무에 열매가 없으며 감람나무에 소출이 없으며, 밭에 식물이 없으며 우리에 양이 없으며, 외양간에 소가 없을지라도 나는 여호와를 인하여 즐거워하며 나의 구원의 하나님을 인하여 기뻐하리로다."

맺는 말

바라기는 오늘 추수감사절에 삼박자 감사를 회복할 수 있기를 축원합니다. 범사에 감사하면 기적이 일어나기 때문입니다. 지금 이 시대는 기적을 보기가 어렵습니다. 그러나 범사에 감사하면 지금도 기적이 일어나는 것을 체험하게 될 것입니다. 저와 여러분 모두에게 추수감사절을 맞아 서 이런 기적이 일어나기를 축원합니다.

히브리 시의 특징과 찬송가 가사의 개발

1. 히브리 시의 3가지 특징.

(1) 히브리 시에는 대구법(Parallelism)이 있다.

대구법의 가장 큰 공헌은 영국의 비숍인 Robert Lowth이다.

그의 박사학위 논문(On the Sacred Poetry of the Hebrews, 1778년)에서 히브리시의 연구에 큰 공헌을 했다. 그것이 1787년에 Lectures on the Sacred Poetry of the Hebrews가 출판되면서 구약연구에 혁혁한 공헌을 했다. 그는 세 가지 유형의 대구법이 구약 시의 특징이라고 했다.

대구법을 일명 Thought rhyme이라고도 부른다. Word rhyme을 대신해서 사용한다. 그러나 좀 더 넓게는 5가지가 있다.

첫째 동의적 대구법(Synonymous Parallelism) : 사2:4/미4:3/시 24:2(1절과 2절).

둘째 반의적 대구법(Antithetical Parallelism) : 잠 10:1/1:6(진리와 대조).

셋째 종합적 대구법(Synthetic Parallelism) : 시 119:11(원인과 결과).

넷째 점진적 대구법(Progressive Parallelism),

① 계단식 점진법(Stairlike parallelism) : 시 1:1(따르다. 서다.)

② 풍토적 점진법(Climatic Parallelism) : 29:1

다섯째 내향적 대구법(Introverted Parallelism) : 91:14(4째줄/3째줄/ 2째줄/1째 줄).

(2) 히브리 시는 시적 리듬과 운이 부족하다.

대부분의 현대시와 다른 점은 시적 리듬이 부족하다는 점이다
유대인들은 리듬을 두 번째로 생각했다.

(3) 비유적 표현을 많이 사용한다. 예 : 시23:1절(목자)/ 시23:4(사망
의 음침한 골자기)

2. 찬송가 가사의 특징(사43:21절).

현재 우리가 사용하는 찬송가는 645장으로 되어 있다. 그 중에 한국
인의 곡이 108장이다. 여기서 우리는 찬송가와 복음성가의 차이점과 예
배 시에 복음성가를 사용하는 점에 대한 연구가 필요하다. 크게 말하면
성가에는 두 가지가 있다. 예배음악(찬송가)과 선교음악(복음성가)이 있다.
그 차이점은 무엇인가? 크게 6가지가 된다.

(1) 찬송가와 복음성가의 차이점

현재 사용하고 있는 찬송가에는 찬송가(Hymns)와 복음찬송가
(Gospel Hymns)와 복음성가(Gospel Songs)등 세 가지로 되어 있다.
복음찬송가와 찬송가는 무엇이 다른가? 찬송가는 전적으로 하나
님이 대상이지만 복음찬송가는 간접적으로 하나님을 대상으로
하고 있다. 예를 들면 십자가, 보혈, 은혜 등이다. 여기에는 그
정도에 따라 아멘이 나온다.

찬송가에 수록된 복음성가는 교회적으로 예수의 피가 있다고 믿고 수
록한 것이고, 복음성가는 예수의 피가 있는지 없는지 분명치 않다는 점
이다.

① 가사의 차이점 : 찬송가는 대상이 전적으로 하나님으로 되어
있으나(이유는 하나님께 합당한 찬양을 하고 영광을 돌리는데 목적이 있기 때문)
복음성가는 사람이 대상이다.

② 음악형식의 차이점 : 아멘의 유무로써 찬송가는 아멘으로 끝나
지만 복음성가는 아멘이 없다.

③ 찬송가는 회중이 쉽게 부르는데 관심이 없으나 복음성가는 쉽게
   익히도록 하는데 목적이 있다.

④ 찬송가는 하나의 가사에 하나의 음을 붙이는 것이 일반적 특징이
   지만 복음성가는 비교적 자유롭게 짜임새가 되어 있다.

⑤ 화성(코드) 사용의 차이점 : 찬송가는 장엄하고, 신중하고, 수직적
   화성이 진행하나 복음성가는 가볍고 색채적 효과를 위해 수평적
   으로 화성이 진행된다.

⑥ 멜로디의 차이점 : 찬송가는 선율이 직선적이고 장엄하나 복음성
   가는 전도를 목적으로 하기 때문에 쉽고, 가볍고 때로는 정열적이
   다.

여기서 주목할 것은 예배는 예배다워야 한다는 점이다. 기분 푸는 것
이 아니다. 복음성가를 하드록과 같이 시끄럽게 연주한다면 성도들의
청각에 문제가 생긴다. 뇌신경에 나쁜 영향을 주어 찬송가가 은혜롭지
못하게 된다. 은혜 받는 것과 열 받는 것은 전혀 다르므로 holy dance
로 착각하지 말아야 한다.

끝으로 어거스틴의 고백록 제10권. 33번에 이런 말이 나온다. "내가
만일 찬송의 내용보다도 그 음악 소리에 마음이 끌렸다면 그것은 벌 받
을 만한 죄를 지은 것이다"

맺는 말

찬송가와 복음성가는 그 대상과 내용에 큰 차이가 있음을 깨닫고, 가
사를 쓸 때에 그 목적을 분명히 하는 것이 필요하다.

행복한 직장

(고전10:31-33)

먼저 여러분들에게 질문을 하고 싶습니다.

(1) 여러분들은 지금 직장에 대해 행복하십니까? 행복하다면 왜 행복하고, 행복하지 않다면 왜 행복하지 못합니까? 월급이 적어서 불만입니까?

(2) 여러분들은 왜 살고 있습니까? 죽지 못해 삽니까? 아니면 어떤 목적이 있어서 삽니까?

(3) 여러분들은 왜 이 직장에서 일합니까? 지금 모든 여건이 만족하십니까? 아니면 불만입니까? 기회만 있으면 더 좋은 직장에 가고 싶지 않습니까? 한 마디로 말하면 여러분들의 욕구가 충족되어야 행복한 직장이 됩니다.

그런데 직장에는 세계적으로는 2만 개가 넘고 우리나라에만도 1만 4천 개나 됩니다. 왜 여기서 일하십니까? 목구멍이 포도청이라 어쩔 수 없이 일합니까? 그렇다면 여러분들은 월급에 관계없이 불행할 수밖에 없습니다. 그래서 오늘은 여러분들의 직장이 행복한 직장이 되는 비결을 말씀드리려고 합니다.

심리학자인 아브라함 매슬로우의 말을 빌리면 인간의 욕구는 크게 5가지가 있다고 했습니다. 생리적 욕구/ 안전욕구/ 소속감과 애정욕구/ 존경받고 싶은 욕구/ 자아실현의 욕구라 했습니다.

그러나 이 다섯 가지를 다 이룬 사람은 그렇게 많지 않습니다. 좀 죄

송한 말이지만 저는 그 다섯 가지를 거의 다 이루었다고 믿고 마지막
다섯 번째인 자아실현을 다 이루기 위대 힘쓰고 있습니다. 그래서 저는
지금 진심으로 행복합니다.

왜 행복합니까? 돈이 많아서, 유명해서, 아니면 왜 행복합니까? 그
비결을 말씀드리려고 합니다.

1. 참 행복은 목적이 있는 삶을 살아야

오늘 본문 31절을 보면 인생의 참된 목적이 무엇인가를 말씀하고 있
습니다. 무엇을 하든지 다 '하나님의 영광을 위해서' 하라는 것입니다.
우리의 목석이 내 영광이 아니라 나를 만드신, 조물주 되시는 하나님의
영광을 위해서 하라는 것입니다. 지구가 태양의 궤도를 벗어나면 파멸
하고 말듯이 인생도 그렇습니다. 하나님 중심으로 살 때에 우리는 행복
할 수 있다는 것입니다. 그러나 지금 많은 사람들은 목적 없이 방황하
고 있습니다. 여러분들은 삶의 목적을 말할 수 있습니까?

2. 모든 사람을 기쁘게 하여

둘째는 33절에 "모든 사람을 기쁘게 하여"라고 했는데 그것을 향해
가야 나도 기쁠 수가 있습니다. 남들이 불행한데 혼자서 행복할 수는
없기 때문입니다.

인간은 누구나 기쁨을 구하지만 문제는 자신만의 기쁨을 구하는데 있
습니다. 그러나 인간의 참 행복은 타인을 행복하게 하려고 애쓸 때 '부
산물'로 주시는 것입니다. 기억할 것은 행복은 부산물이란 사실입니다.
믿습니까? 행복은 매슬로우가 말한 다섯 가지를 이룰 때 오는 부산물입
니다.

그러면 언제 어떻게 할 때, 모든 사람의 기쁨이 됩니까? 여섯 가지의
경우에 기쁨이 됩니다.

(1) '화목할 때' 기쁨을 줍니다. 보면 똑똑한 사람들이 많이 배운 사람들이 남들에게 기쁨을 주지 못하는 경우가 많습니다. 자신만을 위하기 때문입니다. 그러므로 우리들은 마치 '꿀벌처럼' 서로를 위해 살아야 합니다. 그것이 바로 조화를 이루는 삶입니다. 직장에는 색깔이 다른 많은 사람들이 있기 때문에 서로 다투고, 불화할 때가 많습니다. 그러나 꽃은 여러 색깔의 꽃이 함께 있을 때 더 아름답습니다. 아무리 돈이 많아도 화목하지 못한 가정, 화목하지 못한 직장은 불행한 것입니다.

(2) 무엇을 '창조할 때' 기쁨을 줍니다. 하나님께서 세상을 창조하실 때 '하나님 보시기에 좋았더라'고 말씀을 했습니다. 창조할 때 기쁨이 온다는 것입니다. 그런데 우리도 문화를 창조할 수 있습니다. 그러나 그것은 누구나 다 할 수 있는 것은 아닙니다. 그런데 누구나 다 할 수 있는 것이 있습니다. 그것은 자기가 있는 직장에서 더 좋은 분위기를 창조하고, 서로가 '남을 배려하는 마음을 가지면' 그것이 바로 사랑이요 기쁨이 됩니다. 그러므로 직장생활을 할 때 남을 배려하는 마음을 가지세요. 그러면 여러분도 행복하고 우리 모두가 행복해집니다.

(3) 성장할 때 기쁨을 줍니다. 자녀들이 무럭무럭 자랄 때 부모에게 기쁨이 있습니다. 저는 여러분들이 다 믿음을 가지는 크리스천이 되고, 또 그 신앙이 무럭무럭 자랄 때 제일 큰 기쁨이 있습니다. 저는 여러분들이 돈은 잘 버는데 믿음이 없거나 식으면 저는 슬퍼집니다. 왜 그런지 아십니까? 그것은 그 결과로 여러분들이 불행해지는 것을 잘 알고 있기 때문입니다. 그러므로 회사가 성장할 수 있도록 더욱 힘쓰는 우리들이 되기를 발랍니다.

(4) '열매를 맺을 때' 기쁨이 충만케 됩니다. 성령의 열매를 맺을 때

는 물론 세상적인 것이라 해도 열매를 맺으면 기쁨이 생깁니다. 회사를 성장시키고, 여러분들의 월급이 올라가고 가정들이 행복의 열매를 맺으면 기쁨이 충만한 삶을 살 수 있습니다.

(5) '자랑감이 될 때' 기쁨이 있습니다. 자녀들이 학교에서 공부를 잘해서 상을 받으면 기쁨이 있습니다. 자랑감이 되기 때문입니다. 우리는 뭔가 자랑할 때 가장 기쁩니다. 바라기는 저와 여러분들이 다 하나님의 자랑감이 되고 회사의 자랑감이 되고, 국가의 자랑이 되기를 축원합니다.

(6) 저는 아주 쉬운 방법을 하나 더 말씀드리겠습니다. '항상 웃는 모습과 인사 나누기'를 하시면 회사의 분위기가 변하고 여러분들이 행복해집니다.

3. 많은 사람의 유익을 구하여

자기 개인의 유익을 구하면 참 기쁨과 행복은 결코 오지 않습니다. 그러면 어떻게 할 때 다른 사람들의 유익을 줄 수 있습니까?

(1) 어디서든지 '공헌할 때' 유익을 줄 수 있습니다. 여러분들이 사회에 공헌하는 방법은 사회에 공의의 빛을 비추고, 사랑을 통해 사회를 따뜻하게 할 때입니다. 회사에 공헌할 때 직장이 확장되어 많은 사람들의 일자리가 더 생기게 되면 그것이 많은 사람의 유익을 주는 것입니다. 성공한 사람들의 공통점이 있습니다. '큰 회사보다 작은 회사에서 일하라. 공헌할 기회가 더 많다'고 했습니다. 신생 회사는 조금만 힘쓰면 누구든지 공헌할 기회가 많습니다.

(2) '원가절감을 통해서' 우리 회사와 사회에 유익을 줄 최근에 기름값이 얼마나 비쌉니까? 지난주부터 기름 값 좀 떨어졌지만 그것

은 오래 가지 않습니다. 그래서 가능한 한 등 끄기 운동을 하고, 쓰레기도 줄이고, 쓰레기는 가능한 한에서 재활용을 하고, 그러면 그것이 바로 남들에게 유익을 줄 수 있습니다. 퇴근하면서 불도 끄지 않고, 담배꽁초가 여기저기 있으면 그것은 회사의 손해일 뿐 아니라 결국은 나 자신의 손해가 됩니다.

(3) '나누어 주면' 유익을 줄 수 있는 기쁨이 있습니다. 사회에 큰 공헌하는 것은 아무나 다 할 수 없지만, 그러나 나 한 사람 한 사람이 자기의 등불 빛을 비추고, 소금 맛을 낼 수는 있습니다. 그런 꼭 필요한 여러분들이 다 되시기를 축원합니다.

4. 저희로 구원을 얻게 하라고 함.

성경에 나오는 구원의 개념은 아주 폭이 넓습니다. 치유나. 건강의 회복이나, 위기에서의 탈출, 영혼의 구원 등. 본문 여기서는 넓은 의미의 구원을 말하고 있는 것입니다. 지금 시대를 일본의 하타무라 요타로는 '실패의 시대'라고 정의하였습니다. 이런 때에 우리는 성공을 통해서 하나님께 영광을 돌려야 합니다. 지금 모든 것이 다 본래의 궤도에서 벗어나고 있습니다. 이런 때에 다시 '회복운동'을 일으키면 나 자신은 물론 내 가정과 회사를 구원할 수 있습니다. 그러므로 우리 모두가 구원하는 일에 협력할 수 있기를 축원합니다. 불경기 속에서 회사를 구하고 사회를 구해야 합니다.

이제 설교를 맺습니다. 바라기는 이 시간을 통해 여러분들의 직장이 목적이 이끄는 지장이 되기를 바랍니다. 행복한 직장은 월급의 인상만으로 되지 않습니다. 더 중요한 것은 목적이 이끄는 직장, 사랑하고 따뜻한 직장이 되어야 합니다. 그것은 바로 여러분의 마음가짐과 손에 달려 있습니다.

목적이 이끄는 성공적인 삶

2023년 11월 25일 1판 1쇄 인쇄
2023년 11월 30일 1판 1쇄 발행

저   자 신성종
발행자 심혁창
마케팅 정기영
디자인 박성덕
교   열 송재덕
인   쇄 김영배
펴낸곳 도서출판 한글

우편 04116
서울특별시 마포구 신촌로 270(아현동)
수창빌딩 903호

☎ 02-363-0301 / FAX 362-8635
E-mail : simsazang@daum.net
창   업 1980. 2. 20.
이전신고 제2018-000182

* 파본은 교환해 드립니다
* 정가 20,000원
*

ISBN 97889-7073-627-3-93230